뷰티 마케팅
인문학으로 하라

■ **(주)고려원북스**는 우리들의 가슴속에 영원히 남을 지혜가 넘치는 좋은 책을 만들겠습니다.

뷰티 마케팅
인문학으로 하라

초판 1쇄 2013년 9월 2일
　　4쇄 2020년 4월 10일

지은이 박정현
펴낸이 설응도 편집주간 안은주
영업책임 민경업

펴낸곳 (주)고려원북스

출판등록 2004 년 5 월 6일(제 2017–000034호)
주소 서울시 강남구 테헤란로 78 길 14–12 (대치동) 동영빌딩 4층
전화 02–466–1283 팩스 02–466–1301

문의 (e-mail)
편집 editor@eyeofra.co.kr
마케팅 marketing@eyeofra.co.kr
경영지원 management@eyeofra.co.kr

ISBN : 978-89-94543-61-1 13320

: 뷰티업계의 멘토, 박정현 원장의 인문학 솔루션 :

뷰티마케팅
인문학으로 하라

(주)고려원북스

결국 사장이 문제다!

몇 년 전 내가 읽은 책 제목이 '사장이 문제다'였다. 책의 내용보다는 제목에 대한 인상이 너무나 강했다. 그때 그 책의 제목에서 얻은 영감으로 내 자신을 비롯한 우리 업계의 원장들에게 전하고 싶은 메시지를 정리해 한 권의 책으로 엮게 되었다. 마케팅, 세일즈, CS, 이 모든 것을 혼자 해내야만 하는 업무 특성상 일에 있어 시스템을 갖추기 어렵고 직원관리와 영업관리와 경영관리가 모두 뒤엉켜 무엇 하나도 잘 해내기 어려운 것이 사실이다. 전부 내 탓은 하나도 없고 직원 탓, 경기 탓만 하게 되는 잘 갖추어지지 못한 조직에서 어떤 것을 배우고 훈련하고 보완해야 하는지를 먼저 경험하고 지금도 낱낱이 겪고 있는 선배로서 꼭 들려주고 싶은 이야기가 있기 때문이다.

하지만 우리 뷰티산업의 미래는 밝다. 우리가 하는 일은 누가 뭐래도 확실한 미래산업이기 때문이다. 아무리 세상이 바뀌어도 인간의 정신적 육체적 스트레스를 해소하는 별다른 방법이 없고 무병장수하는 방법도 없다. 무엇보다도 사람의 손을 대체할 다른 어떤 안티 스트레스의 수단이 없기에 에스테틱&스파, 뷰티산업의 미래는 밝을 수밖에 없다. 다만 거대한 파도가 밀려오듯이 우리에게 부딪쳐오는 변화의 요구가 너무도 다양하고 힘에 부쳐 우리는 매일 절망하고 포기하고 싶어진다.

시장은 극명하게 양분화 되고 있고 향후 에스테틱&스파 시장은 의료시장 개방과 대기업의 경쟁으로 거대한 시장이 될 것이 분명하다. 기술력으로만 승부하던 시대가 더 이상 아닌 것이다. 과거에 비해, 힘을 가진 고객은 끊임없이 새로운 것을 요구하고 있고 상대적으로 자본을 가진 거대기업은 시시때때로 변하는 고객의 입맛을 맞출 수 있지만 에스테틱을 포함하는 뷰티 시장을 이끌어가는 주역은 소자본의 면허사업자들이고 이들은 사업가라기보다는 기능인이기에 시장에서 지속적으로 성장하기 어려운 현실이다. 기술만 가지고는 격변하는 시장상황을 무리 없이 받아들이기 힘들어진 것이다.

내가 기능인이냐 사업가냐를 고민하며 머뭇거리는 사이에 고객은 이미 새로운 것에 눈을 돌리고 있다. 내가 '과연 이것을 해야 하나' 고민하는 사이 다른 곳에서는 이미 그것을 응용하여 돈을 벌고 있다. '지금 상황이 어렵고 모두가 힘들다. 경제지표가 바닥을 향해 가고 있다'고 위안하고 있을 때 앞서가는 누군가는 큰돈을 벌고 있다. 자본이 있는 곳에 힘이 있고 Solution이 있는 시대이다. 그렇다고 내가 10년, 20년을 해온 일을 버릴 수는 없지 않은가.

결국 사장이 문제다.

CEO는 회사의 규모가 크든 작든 CEO로서 지켜 나가야 할 신념과 철학이 있어야 한다. 무엇이든 시도해야 한다. 창의적 사고와 창조적 마인드로 새로운 것을 추구하고 고객을 선도하는 마케팅을 해야 한다. 대기업의 마케팅도 결국 사람이 하는 일일 뿐, 내가 하는 일에 내가 가장 전문가임을 간과하지 말자. 돈으로는 무엇이든 할 수 있지만 모든 것에 깨어있고 창조적이며 진취적인 '사장'이 자신의 브랜드를 이끄는 힘을 따라갈 수는 없다. 대자본과 돈으로 싸울 것인가.

세상을 바꾸는 것은 언제나 '사람'일 뿐이다.

내가 달라지면 모든 것이 변한다. 내가 세상을 보는 프레임에 따라 모든 환경이 달라질 수 있기 때문이다. 나를 브랜딩하고 내 사업을 브랜딩하는 것이 마케팅의 시작이다. 나는 이 책이 뷰티업계의 전문가들에게 신선한 충격을 던져줄 수 있으면 좋겠다. 끊임없이 노력하고 변화하려는 의지는 오로지 내가 만드는 것이므로, 결국 '사람'이 중심인 세상이므로……

| Contents |

Part

1

사람, 감동
그리고 인문학

뷰 티　　마 케 팅　　인 문 학 으 로　　하 라

01

인문학으로 마케팅하라

사람을 중심으로 사람을 감동시켜 사람과 소통하는 일,
인문학으로 마케팅하는 것은 사람과 소통하는 일이라고 믿는다.

∴ 스토리텔링의 힘을 보여준 광고 한 편

"여보, 아버님 댁에 보일러 놔드려야겠어요~"

추운 겨울 쌩쌩 부는 찬바람 소리와 함께 들려오는 착한 며느리의
목소리, 아마도 이 광고를 기점으로 TV광고가 상품 정보 전달 패턴
에서 사람의 마음을 움직이는 인문학적 코드로 바뀌게 된 것이 아닌
가 싶다. 개인적으로 나는 이 광고가 참 신선했는데, 오래도록 기억
에 남는 걸 보면, 며느리도 아니었고 보일러 걱정을 하는 형편도 아
니었는데 효도라는 식상한 주제를 풀어낸 스토리텔링 기법에 감동을
받았던 것이리라.

추억을 거슬러 거슬러 이 사업을 처음 시작할 때 나의 마음과 각
오를 생각해보면, 그저 사업을 잘해보고 싶다, 멋진 여성을 위한 뷰

티 클럽 문화를 만들어보고 싶다, 그 누구도 따라올 수 없는 독창적인 서비스 문화를 만들겠다……, 이런 마음이었던 것 같다. 내 사업을 잘하고 싶었지만 프랜차이즈 사업을 했었기 때문에 더불어 잘 되어야 한다는 생각은 기본적으로 가지고 있었다. 시간이 흐르고 경륜이 쌓이면서 뷰티 비즈니스란 단순히 돈을 벌기 위해 선택할 수 없는 직업임을 고객을 통해 배우게 되었다. 고객들은 언제나 내게 크나큰 숙제를 주었다. 그 숙제들을 만날 때마다 내가 어떤 마음가짐으로 이 일을 해야 하는가에 대해 고민하게 되었고 이제 후배들을 위해 무언가를 해야 할 나이가 되니 꼭 남겨주고 싶은 어떤 '정신'이 생기게 되었다. 우리는 자연과 사람을 사랑하고 그것을 바탕으로 고객을 통해 스스로를 점검하여야 한다는 사실이다. 정말 좋은 사업을 영위하기 위해서는 반드시 일한 것에 대한 가치를 인정받아야 하고, 충분한 영리 추구가 되어야 한다. 그래야 좋은 것도 함께 나눌 수 있고, 결국 '사람'을 얻을 수 있을 것이다.

뷰티 경기가 호황일 때는 눈에 보이지 않고 느낄 수 없었던 여러 가지 문제들이 불황이 시작되고 극심한 경쟁체제로 바뀌고 나니 보이기 시작했다. 인터넷과 정보 공개도 한몫을 하고 공동구매 같은 commune마케팅이 활개를 치니 CEO들이 무너지기 시작했다. 지켜야 할 원칙도 지키지 않고 오로지 가격 파괴에만 집중하게 되는 모습을 보며 참으로 안타까웠다. 10년 이상 한결같이 가격을 올리지도 내리지도 않는 나를 보며 주변에서 참 말도 많았지만 내가 자신하고 있었던 한 가지는 바로 '나만의 것'에 대한 강한 애착과 욕심이었다. 나만의 독창성을 가지고 있을 때는 비교 대상이 없으니 가격 파괴를 할 일도 없지 않은가.

어디에든 왕창세일 아니면 1+1같은 문구만 보였고 아예 말도 안 되는 1만 원, 2만 원짜리 가격이 표시된 현수막들이 즐비하던 시절 나를 지켜준 것은 나는 사업을 하는 사람이지 장사를 하는 사람이 아니라는 신념이었다. 장사는 돈을 벌지만 사업은 사람을 얻는 것이니 사람을 얻으려면 진정성은 필수이고 사람을 감동시키는 코드가 있어야 한다는 생각이었다.

인문학에 관심을 갖게 된 것은 내 어릴 적부터 깊이 자리 잡은 개인적 성향도 있겠지만 뷰티살롱(당시는 이렇게 불렀다)을 찾는 고객들이 우리 에스테티션을 자신들과는 다른 부류의 사람으로 보고 있다는 것을 깨닫기 시작하면서부터였다. 서비스업을 하고 있는 우리가 고객들 자신보다 많이 모자란 사람들이라는 인식이 있어 보이는 것이 참으로 이상했다.

불어가 전공이어서 프랑스 고객들과 불어로 얘기하는 모습을 지켜본 내국인 고객들이 "아, 여기 대표는 불어도 잘하네?"라면서 달리 보인다고 말한다는 것이었다. 뷰티 비즈니스에 종사하는 사람들은 외국어를 잘하는 것이 다른 업종 사람들과는 다르게 무척 자랑스럽게 여겨야 할 정도로 우리 업계가 수준이 높지 못하다는 말인가? 고객은 우리를 전문가로 보고 있지 않았다. 결국 장사꾼으로 보거나 돈을 냈으니 무엇이든 서비스할 수 있는 사람들로 본 것이다. 그 사실이 에스테틱 뷰티를 좋아해서 선택한 나의 자존심을 상하게 했다.

60년 역사를 자랑하는 프랑스 프로페셔널 브랜드를 수입했던 경험에 따르면, 브랜드 스토리나 프로그램의 스토리텔링에서 가히 '에스테틱'이라는 말이 왜 피부미용에 붙여졌는지 알 수 있을 만큼 심미적 가치를 최대한 부각시키고 있었다. 에스테틱은 모든 학문의 우위에 있는 최고의 찬사인데, 이 말이 우리가 하는 일에 붙여져 있다는 것은 보통 의미가 아니다.

나는 지금 인문학과 에스테틱을 말하고 있다. 언뜻 보면 관련이 없는 것 같은 두 분야의 접점이 있으니, 사람을 중요시 한다는 것이다. 단순히 돈을 벌기 위한 '장사'를 하는 것이 아니라 고객의 마음, 한 걸음 더 나아가 사람을 얻기 위한 '사업'을 하는 것이다. 에스테틱에 종사하면서 장사를 하는 사람은 오로지 돈이 관심이니, 조금이라도 이익이 난다 하면 무조건 달려들고 손해나는 일은 절대 하지 않을 것이다. 이런 이유로 지난 10년 에스테틱 역사는 가격파괴와 과열경쟁, 프로그램 베끼기로 얼룩졌다.

에스테틱의 주 고객은 여성이다. 그 중에서도 자신의 아름다움을 위해 돈과 시간을 투자할 수 있는 여유를 가진 일정 수준 이상의 여성일 것이다. 수요층도 확실하고, 그들이 원하는 것도 확실하다. 게다가 메이크업이나 헤어스타일링처럼 눈에 바로 결과가 보여 불만족과 만족의 줄타기를 해야 하는 분야도 아니다. 오감을 만족시킬 충분한 시간이 주어지며, 실수를 만회할 기회도 가질 수 있는 매우 안정적인 뷰티 비즈니스인 것이다.

영어 단어 'touch'에 감동이란 뜻도 있다는 점은 시사하는 바가 크다. 우리는 고객을 '터치'함으로써 감동을 줄 수 있기 때문이다. 메이크업이나 헤어스타일링을 받은 후 '만족'을 넘어 '감동'을 받기란 쉽지 않을 것이다. 이런 개념에서 볼 때 에스테틱과 인문학은 아주 중요한 부분에서 닮아 있다. 그 중심에 사람이 있고, 그 사람을 감동시키는 것을 목적으로 하기 때문이다.

∴ 비즈니스에 다양한 인문학적 코드를 접목하라

에스테틱 사업을 말하면서 인문학을 얘기하니 어리둥절할 수도 있다. 하지만 인문학적 마케팅이란 것이 그렇게 어려운 것이 아니다. 고객의 마음을 얻기 위해서는 고객의 마음을 이해하고 동조하고 강화해주는 것이 필요하다. 이런 과정에서 인문학이 적절하게 사용된다고 이해하면 쉬울 것이다. 고객이 스파에 들어와서 처음 접하게 되는 'welcome 메시지'와 감사의 마음을 전하는 '클로징 멘트'에 가장 쉽게 인문학적 코드를 녹여낼 수 있다. 혹은 화장실이나 라커 안쪽에 적절한 메시지를 배치해 고객의 호감도를 높이고, 매출 증대를 꾀할 수도 있다. 말 한마디에서 진정성이 느껴진다면 분명 차원 높은 마케팅과 세일즈가 될 것임을 확신한다. 인문학을 접목시킨 홍보 문구와 메시지를 예로 들어 보겠다.

[체형관리 프로그램]

여성은 금발이든 갈색 머리이든, 날씬하든 뚱뚱하든,

아름답든 못생겼든 그저 여성으로 존중받아야 할 존재일 뿐!

진정한 아름다움은 자신감과 겸손으로 꽉 찬 내면일 것입니다.

슬림M에서는 모든 여성이 유일합니다.

슬림M 고객 여러분, 사랑합니다!!

[체형관리 프로그램]

더운 날씨가 계속되고 있네요. 이럴 때 시원한 냉커피, 청량음료 너무너무 댕기시죠?

하지만 똑똑한 슬림M 알파걸들이라면 절대 유혹에 넘어가시면 안 됩니다.

액상과당류는 바로 혈당으로 합류하여 뱃살을 두둑히 불려주니까요.

특히 피부에 알러지라도 있으신 분들은 더더욱 참으셔야겠죠?

미네랄 가득한 생수를 프랑스 여인들처럼 항상 손에 들고 다니는 센스!

빠리지엔들이 왜 그렇게 날씬한지 아세요? 틈틈이 하루 종일 생수를 마시기 때문입니다.

생수 다이어트, 오늘부터 시작하세요! 그리고 슬림M의 LPG관리와 Lypossage로 몸매를 업그레이드시켜보세요.

[힐링 프로그램]

전해 내려오는 이야기에 따르면 당신이 밤에 잠들 수 없을 때는 당신이 어느 누군가의 꿈에 나타났기 때문이랍니다.

르노벨 healing Sleep이 당신을 잠들게 해드립니다.

[안티에이징 프로그램]

세상에서 가장 로맨틱한 이야기는 함께 '죽는' 로미오와 줄리엣 이야기가 아니고 함께 늙어가시는 우리들의 할아버지, 할머니 이야기일 것입니다.

슬림M 안티에이징 프로그램은 오래도록 사랑할 수 있는 건강한 아름다움을 드리기 위해 언제나 최선을 다할 것입니다.

[수분크림 판매]

시원한 바람이 피부로 느껴지는 가을입니다. 슬림M 고객 여러분의 가을은 어떻게 다가오는지요?

역시 피부로 가장 먼저 인사를 하지요? 이런 가을과 겨울엔 어쩔 수 없이 외부에 수분을 빼앗기니 지질막을 잘 만들어 주어야 합니다. 화장품 고르실 때, 수분이 많은 것이 아니라 지질이 많은 것을 고르셔야 하는 거지요. 수분크림의 비밀은 유분기가 많지 않으면서 지질막이 있는 보호크림이어야 한다는 것입니다! 어떤 브랜드인가 보다는 어떤 제형의 크림인지를 먼저 보세요.

당신의 아름다움은 슬림M의 기쁨입니다.

[가슴관리 프로그램]

여성의 가슴은 작든 크든, 그 자체로 아름답고 소중하답니다.

슬림M에서 탄력있는 가슴라인을 만들어드리는 ***프로그램을 경험해보세요.

당당하고 건강한 아름다움, 슬림M이 추구하는 가치입니다.

[산모관리 프로그램]

세상에서 가장 아름다운 여인은 미스 유니버스가 아니라,

새로운 생명을 태어나게 해준 어머니입니다.

세상에 단 하나뿐인 사랑, 산모를 위한 ***프로그램, 슬림M에만 있습니다.

이해를 돕기 위해서 다양한 프로그램에서 응용될 수 있는 메시지들을 구체적으로 나열해 보았다. 이제 '피부관리 50% 할인'과 같은 글이 쓰인 현수막은 잊어야 한다. 고객의 지갑을 열려면 우선 고객의 마음을 움직여야 하기 때문이다. 나는 우리가 만나는 고객들이 에스테틱의 가치를 이해하고 있는 사람들이라 믿고 싶다. 그들은 결코 우리의 상품과 서비스를 단지 가격만으로 판단하지는 않을 것이란 확신을 갖고 있기 때문이다.

02

브랜딩(Branding)으로 승부하라

패션은 변해도 스타일은 영원하다. 코코샤넬의 말이다.
나는 "회사는 사라져도 브랜드는 살아있다"고 말하고 싶다.
영원히 살아있는 브랜드를 만들기 위해 노력하자.

∴ 강력한 브랜드는 장기적 이익의 원천이다

21세기는 바야흐로 창업의 전성기이다. 불경기가 깊어질수록 창업이 활성화되기 마련이다. 아카데미를 운영하고 있고 교육의 전선에서 매일 1인, 2인 창업이 이루어지는 현실을 보면서 경쟁에서 살아남는 길이 무엇인가에 대해 고민하게 된다. Branding은 자신의 가치를 함축하여 중장기적으로 이익을 내기 위한 사업의 시작이자 끝이다. 에스테틱&스파의 가치는 개인의 역량과 서비스의 차별화를 기반으로 얼마나 고객을 만족시킬 수 있는가에 있다고 할 수 있다. 개인의 역량이 중요하다고 확신하는 이유는, 사람과 사람의 touch를 통해 이익을 얻는 비즈니스 구조 속에서 급변하는 트렌드에 따른 문화적 충격을 최소화하고 무형의 가치를 창출해야 하는 업의 특성상 개인의 스타일과 신념이 마케팅의 기본이 되어야 하기 때문이다.

일찍이 『권력이동』이라는 책에서 미래학자 A. Topler가 예견했듯이 권력은 이동했다. 문제의 해결(solution)이 공급자 및 생산자에서 소비자로 옮겨간 것이다. 재화와 용역을 서비스하는 사람에게 권력이 있었던 시절에 비해 비즈니스에 있어 엄청난 변화를 가져오게 된 것이다. 고객의 소리를 경청하지 않으면 Black consumer에 의해 하루아침에 배가 난파하는 상황을 맞게 될 수도 있게 되었다. 고객이 원하는 최적화된 서비스를 하기 위해서는 끊임없는 자기계발을 통해 스스로 변화하고 실천하는 삶을 살아야 한다.

CEO가 갖추어야 할 덕목 중에서 '통찰력'과 '끊임없는 호기심', '즉각적으로 실행할 수 있는 힘'은 공부하고 노력해야만 얻어질 수 있다. 역경의 파도를 극복하며 고객에게 만족을 주기 위해서는 개인의 역량과 핵심가치가 가장 중요하기에, 마케팅의 기본을 개인의 스타일 개발과 브랜딩에 두어야 한다는 것이다. 소규모 조직의 특성상, 개개인의 역량을 최대한 이끌어내는 것이 오랫동안 고객을 내 옆에 둘 수 있는 힘의 원천이 될 것이다.

또한 개인의 브랜딩을 완성하고도 고객의 니즈를 읽지 못하고 변화의 흐름을 타지 못한다면 영속적인 브랜드 마케팅이 불가능하다는 점에 주목해야 한다. 인문학적 소양이 풍부한 개인이라 할지라도 Power Brand의 속성을 이해하지 못하고 있다면 10년 이상 지속적으로 브랜드 가치를 지키기란 쉽지 않다. Power Brand의 특성은 시장을 선점하고 집중화 해야만 하는 마케팅 불변의 법칙에 근거한다. 누구보다 빨리 널리 알리고 홍보해야 하므로 브랜드 네이밍에서

부터 유통 전략, 커뮤니케이션의 다각화에 대한 철저한 준비와 실행이 필요한 것이다.

⁑ 에스테틱은 인문학이다

에스테틱&스파의 속성은 '유지, 보수'의 개념에 근거한다. 단 한 번으로 승부하는 것이 아니라 얼마나 장기적으로 내 고객을 옆에 둘 것인가, 신규고객을 어떻게 끊임없이 창출할 수 있을 것인가에 역점을 두어야 한다는 뜻이다. VIP마케팅은 바로 이러한 에스테틱의 속성을 잘 담아내야 한다. 에스테틱&스파는 이제 그 문턱이 한없이 낮아지고 있다. 급물살을 타고 진화해 나가는 SNS의 특성과 맥락을 같이 한다. 이제 공급자와 고객이 양방향으로 소통을 하는 것은 물론, 고객끼리 소통을 하기에 이르렀다. 고객의 소리를 경청하지 않으면 더 이상 좋은 상품을 만들어낼 수 없게 되었다.

협업하고(collaboration) 연대하지 않으면 살아남을 수 없는 시대가 왔다. 내가 하고 있는 것을 인정받기 위해서는 고객과의 유대감과 소통능력을 키워야 한다. 그래야 소비자가 신뢰를 할 수 있기 때문이다. 이러한 마케팅의 변화 방식을 잘 이해할 때만이 나의 가치를 올릴 수 있음을 알아야 한다. 뷰티 비즈니스는 오너가 기능인이고 오너가 사업가인 특수한 구조를 가지고 있다. 자신만의 색깔과 가치가 확립되지 않으면 결코 살아남을 수 없다. 앞으로의 뷰티시장은 개인의 브랜딩과 사업체의 브랜딩에 큰 가치를 부여하고 방향을 찾아야 성공할 수 있을 것이다.

우리는 누가 뭐래도 전문가다. 전문가란 자신의 가치를 스스로 만드는 사람들이다. 소셜커머스로 가격을 파괴하고, 자신의 기능과 노동력을 가치 있게 생각하지 않는다면 이미 개인의 브랜딩에 실패한 것이나 다름없다. 고객과 나의 관계, 사회와 나의 관계, 자연과 나의 관계를 인문학에 기초를 두고 파악해야 한다. 그래야 주변의 모든 사람들에게 이익을 나눠주고, 함께 성장할 수 있을 것이다. 인문학에 기초한 품격 높은 브랜딩을 위해 부단히 노력할 때 미래성장산업인 뷰티 비즈니스에서 앞서나갈 수 있을 것이다.

03
무의식까지 자극하는 뉴로마케팅

뷰티 비즈니스는 본능과 감성과 이성을 동시에 터치하는
가히 예술에 가까운 기술을 발휘해야 한다.

∴ 두뇌의 반응시간이 줄어들고 있다

소비자가 상품 구매를 결정하는 시간은 평균 4~5초 정도라고 한다. 이것은 소비자가 본능과 감성으로 구매를 결정한다는 것을 의미한다. 최근 blink이론이 나와, 단 2초 만에 구매결정을 한다는 소비자의 구매심리에 대해 연구가 활발하다. 결국 뇌가 반응하는데 걸리는 시간이 점점 줄어들고 있다는 얘기이다. 필자는 다각적인 채널로 고객의 감성을 자극하는 뇌신경과학을 우리 뷰티업계에도 도입해야 한다고 생각하여 수년 전부터 뉴로마케팅에 대한 강의를 해오고 있다. 더구나 '감성으로 선택하고 논리로 정당화'하는 고객의 생리를 생각해보면 판매종결을 장기티켓이 끝나는 시점으로 봐야하는 우리 스파의 상품을 판매하려면 본능과 감성과 이성을 동시에 터치하는 가히 예술에 가까운 기술을 발휘해야 한다. 이는 참으로 고단한 일이다. 스파 상품의 판매에 반드시 인문학적 코드가 접목되어야 하는 이유도 바로 여기에 있다.

❖ 진화하는 고객, 경쟁력이 답이다

소비자가 왕인 시대, 소비자가 권력자인 세상이 되었다. 우리는 종전에 사업을 영위하던 방식에서 탈피해 전혀 다른 접근방법을 갖지 않으면 망망대해에서 홀로 난파하는 운명을 맞게 될지도 모른다. 정보의 홍수 속에서 나보다 오히려 정보력이 더 좋은 고객을 상대로 사업을 하면서 이러한 시대적 변화를 무시한다면 실패는 필연일 것이다.

대부분 여성의 창업은 '가계를 돕기 위해' 혹은 '보다 나은 삶을 살기 위해'와 같은 개인적인 동기에서 시작된다. 그 동기가 무엇이든 우리의 사업을 흥하게 하고 망하게 하는 것은 모두 고객의 마음에 달려 있다는 사실을 인정한다면 보다 깨어 있는 자세가 필요하다.

CEO나 예비 CEO를 대상으로 마케팅 강의를 하면서 나는 많은 고민을 한다. CEO의 자세나 신념이 중요하고 그 영향력이 사업 전체를 지배한다는 사실을 강조하고 또 강조해도, 여전히 이 사업을 기술 중심의 사업이나 자본 싸움이라고만 보는 것이다. 그런 현실에 부딪칠 때마다 안타까움이 배가된다. 스파를 찾는 고객들은 단순히 마사지를 받기 위해서부터 심신의 안정을 찾기 위해서, 혹은 아름다움을 유지하고 노화를 늦추기 위해서 등 다양한 목적을 갖고 있다. 뷰티 비즈니스는 과거와는 달리 트렌디 산업이 된 것이다.

80년대의 에스테틱은 말 그대로 여드름, 기미 등 문제성 피부의 고객이 찾는 그런 곳이었다. 당시의 에스테틱 문화는 약혼이나 결혼 전에 한두 번 치르는 일종의 호사로 치부되었다. 혹은 밀담을 나눌 수 있는 사교 모임의 초기 형태로, 소수의 여성들이 은밀하게 찾는 closed culture(폐쇄적 문화)였다. 내가 처음 화장품 업계에 입문했던 90년대 초반의 에스테틱 살롱(살롱이라는 이름에서 유추할 수 있듯 특수 계층의 욕구를 수용한 문화적 코드였음이 확실하다)은 간판만 걸어 놓아도 고객이 스스로 찾아와 매출이 일어났다. 화장품이나 관리 가격도 (인터넷이 없던 시대이다 보니) 업주 마음대로 받을 수가 있었다. 더욱이 화장품이 지금처럼 글로벌하게 공급되지 않아 엄청난 마진율로 이익을 남기던 시절이었다. 이 시절 수입화장품을 취급하던 업체들은 실제로 큰돈을 벌었다. 지금과 비교하면 격세지감이 느껴진다.

초 글로벌 시대인 지금, 고객들은 가격이나 프로그램에 대해 대단한 정보력을 가지고 있고, 이러한 요구에 부응한 업소들도 앞 다투어 가격경쟁을 시작했다. 특별한 경쟁력 없이는 고객을 모으는 행위 자체를 할 수 없는 상태가 된 것이다. 공부하지 않으면 절대 시장에서 살아남을 수 없고 소비자의 심리를 모르면 사업을 영위할 수 없다. 우리 업계의 CEO들은 여성의 특성상 시장에 대한 연구보다는 자신의 직관과 감성에 의존하는 경향이 많다. 그러나 이제 그런 태도로는 날고 기는 고객의 니즈에 부응할 수 없는 시대가 되었다.

∴ 미래 10대 기술로 선정된 새로운 마케팅 기법

뉴로마케팅(Neuro Marketing)은 포춘지가 '미래 10대 기술'로 선정할 정도로 과학적이고 획기적인 마케팅 기법으로, 인간의 의사결정과 선택과정에 뇌가 어떻게 작용하는지를 분석하여 이를 마케팅에 적용하는 것이다. 첨단 뇌신경과학을 이용해 마케팅에 혁신적 지평을 연 것이다. 작은 조직일수록 마케팅의 새로운 기법을 적용하기가 쉽다는 점을 고려하여 우리 업종에서도 다양한 마케팅을 시도해 볼 수 있다.

Brain map(뇌 지도)을 분석하면 본능, 감성, 이성을 담당하는 각각의 뇌의 역할에 따라 소비자의 행동심리를 예측할 수 있다. 본능을 관장하는 구뇌는 파충류라면 가지고 있다고 하여 파충류 뇌라고도

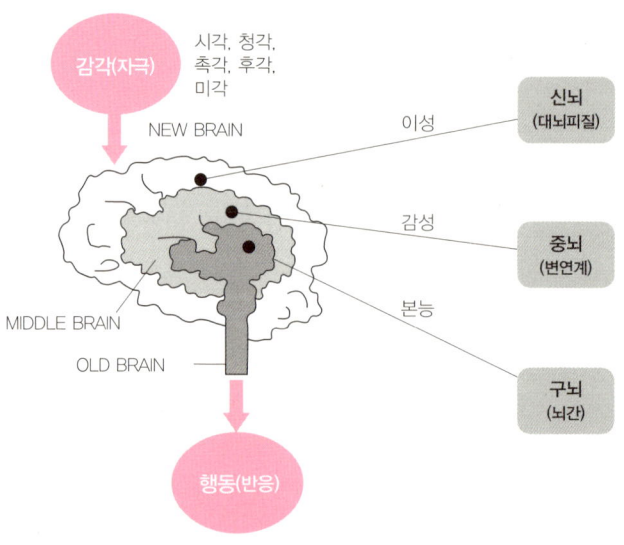

뇌 지도

불리며, 그야말로 동물적인 행동 패턴을 설명한다. 감성을 담당하는 중뇌(변연계)는 직관이나 상상력을 바탕으로 소비자의 행동을 설명할 수 있다. 신뇌(대뇌피질)는 이성을 관장하며 정보 중심의 합리적 소비 패턴을 알려주는 뇌의 영역이다.

이러한 뇌 지도를 근거로 소비자의 몇 가지 행동 패턴을 분류하고, 각각의 스타일과 심리에 맞는 다양한 마케팅을 구사한다면 비교적 손쉽게 세일즈를 할 수 있을 것이다. 지금부터 『시장을 움직이는 49 가지 마케팅의 법칙(정연승 지음)』에서 몇 가지 이론을 발췌하여 뉴로 마케팅과 연계한 뷰티 비즈니스 사례를 소개하려고 한다. 이러한 사례들은 내가 직접 현장에서 경험해 봤고, 또 지금도 사용하고 있는 기법이므로 현장에서 당장 적용해도 좋을 것이다. 마케팅에 있어서는 새로운 시도가 무엇보다 중요하다는 것을 잊지 말자.

∴ 에스테틱&스파에 적용 가능한 뉴로마케팅 사례

나는 광고를 좋아한다. 광고를 보면 움직이는 시장을 읽고, 다양한 아이디어를 얻으며, 공감과 소통의 문화코드를 이해할 수 있기 때문이다. 따뜻한 인간에 대한 사랑과 창의성이 바탕이 되는 소비자 중심의 시대정신을 확실히 읽을 수 있다. 또한 광고는 짧은 시간 안에 소비자의 감각과 무의식을 자극하는 장치들을 곳곳에 배치해 놓고 있다. 앞서서 얘기했던 뉴로마케팅이 가장 활발하게 응용되고 있는 분야가 광고가 아닐까라는 생각이 든다.

나는 다양한 기법이 동원된 상업광고를 보면서, 우리 업계는 왜 이러한 팁들을 사업에 반영시키지 못하는지 안타까움을 느낀다. 인간의 무의식과 감성을 자극하는 신선한 광고들에 감탄만 하지 말고, 사업에 접목시키는 일을 당장 실천해 보자. 오늘 당장 내 사업장의 모든 요소들을 점검해서, 뉴로마케팅을 적용할 수 있는 분야를 찾아보자. 항상 얘기하지만 실천하는 사람만이 결과를 얻을 수 있다.

_잠재의식을 자극하는 '서브리미널 효과'

1969년 아폴로 11호 우주선 비행사의 정신강화 훈련을 통해 처음 소개되었다. 인간이 의식할 수 없는 빠른 속도와 미세한 음이 잠재의식에는 영향을 준다는 이론으로 운동선수들의 집중력 강화, 암환자들의 통증 감소 등에 이용되었다. 이를 마케팅에 적용하자면 잠재의식을 자극하는 상징체계들을 이용해 소비자의 구매충동을 일으킬 수 있다는 것이다.

릴랙스하게 엎드린 여성이 등 관리를 받고 있는 사진이 직설적이고 구시대적인 스파의 광고라면 숨어있는 잠재의식을 깨우는 사진이나 문구는 무엇일까. 필자의 경우 이미 오래 전 스키니 청바지를 입은 여성의 하체 사진과 함께 '올 여름 나는 더 스키니한 바지에 도전한다' 혹은 '나의 하체는 옥주현의 하체보다 아름답다'와 같은 카피로 온라인 이벤트를 진행했고 반응은 폭발적이어서 상당한 매출 증대를 이루었다. 이런 문구를 보면 여성들은 바로 자신이 스키니를 입은 모습을 상상하게 되고 옥주현같은 연예인의 몸매에 내 얼굴을 대비시키게 되어, 잠재의식 속에서 관리를 받아보고 싶은 충동을 느끼게 되는 것이다.

W호텔이 처음 생겼을 때 'W'라는 알파벳이 상징하는 것이 무엇일까 호기심을 불러일으켜, 사람들의 묘한 관심을 불러일으켰다. 실제로 W호텔의 스파는 개점 초반에 다른 호텔과 다르게 내국인 일반 고객의 방문이 끊이지 않았던 걸로 유명하다. 잠재의식 속에서 상징체계가 작동한 것이다. 나는 우리 업계의 컬러나 디자인들이 변화하는 소비자의 욕구에 맞추어 달라져야 할 필요가 있다고 생각한다. 뻔한 네이밍이나 흔한 컬러, 비슷비슷한 홍보 문구나 사진들은 소비자의 구매 욕구를 불러일으키지 못 한다.

창업을 앞두고 있다면 가장 먼저 숙고해야 할 것이 네이밍이고, 그에 걸 맞는 스토리텔링의 개발, 컬러와 디자인 아이덴티티가 필요하다. 특히 네이밍은 부르기에도 좋아야 하고, 음성 파동학적으로도 부드럽고 예술성이 느껴지면 더욱 좋을 것이다. 또한 브랜드가 주는 상징성과 CI, BI에서 느껴지는 철학이 담겨 있으면 금상첨화이다. 가끔 제자들이 스파를 오픈하면서 상호를 지어달라는 부탁을 하는데, 상호엔 오너의 철학과 신념이 담겨 있어야 하기 때문에 절대 쉬운 작업이 아니다.

급변하는 고객의 니즈와 트렌드에 발맞추어 대기업도 전략적으로 상호를 변경하거나 로고의 변화를 주는 것을 볼 수 있다. 고객과 매출이 감소하고, 새로운 혁신이 필요하다면 과감히 상호를 변경해 보는 것은 어떨지. 필자의 경우 90년대 초반부터 'club simone mahler'라는 문화코드를 접목한 체인점 브랜드를 오래 사용했다. 당시 여성들이 모이는 고급 살롱의 의미를 club에 담은 이 네이밍은 프랑스 simone mahler 본사조차 감탄을 하며 칭찬한 것이지만, 2000

년대 초반 뷰티살롱의 경쟁이 치열해지면서 좀 더 세분화된 마케팅이 필요했다. 슬리밍에 초점을 맞추면서 슬림M이라는 브랜드로 상호 변경을 하기 위해 인터넷 포털사이트에 브랜드에 포함된 알파벳 M이 무엇을 의미하는지 추측해 보라는 이벤트를 진행했다. 당시 어마어마하게 쏟아진 댓글과 아이디어에 깜짝 놀란 기억이 있다. 홍보 효과도 이만저만이 아니었다. 상호를 바꾸는데 따른 인지도 문제도 걱정할 필요가 없었다. 이런 행사를 통해 결정된 새로운 브랜드에 대한 인지도가 급상승하는 효과를 보았기 때문이다.

또한 고객은 자신이 투표에 참여하고, 자신들이 결정한 브랜드에 대해 자신도 모르게 애착을 느끼게 된다. 자신의 잠재의식에서 이런 프로세스가 진행되고 있다는 것을 고객은 눈치채지 못 하는 것이다.

_반복 노출의 놀라운 힘 '에펠탑 효과'

심리학자 자종크에 의해 1968년에 주장된 이론이다. 실험에 참여한 사람들에게 한 장의 사진은 25회 이상 보여주고 다른 사진은 1~2회만 보여준 후 호감도를 조사했더니, 많이 보았던 사진을 선호하더라는 것이다. 에펠탑이 처음 건축될 당시에는 반대가 많았다. 못생긴 철탑 이미지 때문이었다. 그러나 매일같이 눈뜨면 에펠탑을 쳐다보게 된 파리 시민들은 시간이 흐르자 에펠탑에 대한 애정을 표현하며, 파리의 상징물로 생각하게 되었다. 광고에서도 이 이론이 그대로 적용된다. 광고에 반복적으로 노출되면 해당 기업과 제품에 대한 호감도가 높아진다는 것이다.

온라인 광고를 오래 해 온 필자는 브랜드의 지속적인 노출이 얼마나 중요한지에 대해서 직접 체험했다. 온라인에서 오버츄어의 상위 노출은 직접적인 매출이 당장 상승하지 않는다 하더라도 소비자의 잠재의식 속에 브랜드를 각인시킨다는 점에서 아주 중요하다. 에스테틱&스파 업종은 평상시에 욕구를 가지고 있어도 실제로 방문하게 되는 데는 특별한 동기가 필요하다. 어느 날 그 동기가 유발되었을 때, 평상시 잠재의식 속에 저장되어 있던 브랜드를 찾는 것은 당연한 일일 것이다.

오프라인에서의 전단지 활용은 그런 점에서 더욱 의미가 있다. 어쩌다 한 번 전단지 작업을 했는데 전혀 고객이 늘지 않았다는 이유로, 전단지의 효과가 없다고 단정하면 안 된다. 전단지는 지역광고에 있어 비용 대비 효과가 가장 좋은 홍보 수단이나, 반드시 에펠탑 효과를 염두에 두고 장기적으로 여러 번 작업을 해야 할 필요가 있다. 전단지 작업은 반드시 반복적으로 시행해야 하고, 전단지의 이미지나 카피는 신선해야 한다. PPL을 활용하는 것도 생각해 봐야 한다. 예를 들자면 스파 내에 작은 엽서 형식으로 신상품 홍보물을 제작하여 라커, 화장실, 파우더룸 등 곳곳에 고객이 볼 수 있게 비치해 둔다. 고객이 스파 내에서 적어도 세 번 이상 같은 PPL에 노출되면 상품에 대한 문의율이 높아지고 구매욕구가 생기게 되는 효과가 있다.

어떤 홍보 수단이든 당장에 효과가 없다고 불평하는 것은 마케팅을 전혀 모르고 하는 소리다. 장기적이고 반복적인 노출만이 좋은 결과를 가져올 수 있다. 간판 하나 달아놓고, 브랜드 노출은 다 했다고 손 놓고 있어서는 안 된다. 감각적이고 참신한 문구로 소비자의 잠재의식을 건드리자.

_사소함의 위대함 '깨진 유리창의 법칙'

범죄심리학에서 건물의 깨진 유리창을 방치하면 사람들이 점점 더 많이 돌을 던지게 되어 건물이 폐허가 되고 만다는 이론이다.

브랜드 컨설팅 전문가 이 모대표가 우리 매장을 찾았을 때 했던 말이 아직도 생생하다. 1층의 화분을 한참 보더니 "고급 브랜드 매장에 저런 화분을 두지 않는다."라고 하는 것이었다. 게다가 화분이 특별히 독특하거나 아름답지도 않으며, 인테리어의 일부로 만들 만큼 관리도 제대로 하지 않으면서 왜 저기 두느냐고 했다. 매장에 화분을 디스플레이 하는 것은 지극히 주부적인 발상이며 인테리어와 어울리지도 않는다면서 외국의 유명 브랜드 매장 사진을 보여주었다.

살짝 너무 주관적인 생각일 수도 있다는 생각을 하며, 그후 고급 브랜드나 명품 매장 등을 유심히 둘러보는 버릇이 생겼다. 정말 화분은 개업식을 할 때만 보였다. 사실 화분이나 조화를 인테리어에 응용한 스파 매장이 많기는 하나, 여기서 화분은 작은 예일 뿐이다. 매장 구석구석에 내부 사람들의 눈에는 캐치되지 않는 작은 결점들이 많은데, 고객의 눈에는 정확하게 보인다는 것이 문제의 핵심이다. 예를 들어 '이 달의 이벤트' 홍보를 할 때도 수기로 쓴 벽보를 붙여놓는 경우가 많은데, 이런 것들이 고객의 눈에는 매우 허술하게 보인다는 것이다.

반대로 좋은 이미지를 가진 기업의 상품은 점점 매출이 늘어 모든 사람들이 좋아하게 되는 파워 브랜드가 된다는 이론으로 재해석할 수도 있다. 환경 친화적 이미지로 성공한 기업의 사례도 마찬가지이다. 프랑스의 마르세이유 비누나 포장재를 거의 사용하지 않는 것으로 유명해진 '러쉬' 브랜드를 필두로 많은 기업들이 친환경이미지를 만들기 위해 노력하고 있다. 에스테틱&스파도 고객의 피부를 생각하여 좋은 제품, 좋은 물, 좋은 재료를 사용한다는 이미지를 형성하는 것이 아주 중요하다. 단지 슬로건만 그렇게 내거는 것이 아니라 매장 곳곳에서, 종업원의 말이나 태도에서 이러한 정신이 깃들어 있어야 할 것이다. '우리 스파는 고객의 피부를 사랑하고 환경을 사랑합니다. 저희가 사용하는 세제는 피부와 환경을 해치지 않습니다'와 같은 문구를 잘 보이는 곳에 게시하고, 이를 고객이 충분히 경험할 수 있는 환경을 만드는 것이 필요하다.

_보편적인 현상을 신뢰하는 '바넘 효과'

몇 년 전 한 고객이 이런 문의를 해 왔다. '탤런트 송혜교가 LPG엔 더몰로지를 받았다는 얘기를 블로그에서 보았는데, 자신이 송혜교와 같은 체형이니 효과를 볼 수 있겠느냐'는 것이었다. 사실 LPG엔 더몰로지는 송혜교와 같은 체형에 덜 효과적이기 때문에 당황스럽기는 했지만, 그후부터 은근히 LPG는 탤런트 송혜교가 날씬해진 관리법이라는 상담을 했고 그 후광효과를 톡톡히 보았던 기억이 있다. 내가 선망하는 사람이 입고 있는 옷이나 장신구를 구입하는 현상은 이미 보편적이다. 온라인과 오프라인 모두에서 완판남, 완판녀라는 얘기가 심심찮게 들릴 정도이다.

한참 유행했던 혈액형 마케팅도 같은 맥락에서 이해할 수 있다. 나와 같은 유형의 사람들이 가진 장점만을 받아들여, 그것을 극대화시키는 마케팅이라 할 수 있다. 예를 들어 관리 프로그램을 만들 때 '성실하고 책임감이 강한 A형 고객을 위한 무제한 패키지 이벤트'와 같은 소개 문구를 만드는 것이다. 고객은 매일 올 수 있다는 최면을 스스로에게 걸게 되고, 제법 비싼 패키지를 구입하는 효과를 기대할 수 있다. '다양성을 좋아하는 B형 고객을 위한 모듬 스파 패키지' '리더십이 강한 O형 고객을 위한 소개 시 포인트 적립 프로그램' '독창성을 사랑하는 AB형 고객을 위한 맞춤관리 프로그램' 등 4가지 유형의 이벤트를 동시에 진행한다면, 스스로가 그렇다고 믿고 싶은 고객들의 호응을 받을 수 있을 것이다.

체형의 특성을 분석, 정리하여 그에 맞는 프로그램을 권유하는 것이 효과적인 이유가 바로 바넘 효과 때문이다. 하체 부종 형이나 셀룰라이트 형의 일반적인 증상들을 질문 형태로 만들어 답변하게 하고 그에 맞는 프로그램을 해답이라고 제시하면 고객들은 신뢰감을 가지게 된다. 즉 보편적이고 일반적 사실을 자신의 것으로 받아들여 선택하게 되는 것이다. 비만 및 체형관리를 하는 스파에서 이런 바넘 효과 심리를 잘 활용하여 상담을 할 경우, 상담 시간이 줄고 판매 클로징이 더욱 쉬워질 것이다.

_문화로 차별화 하는 '컬처코드의 법칙'

세계적 브랜드 랑콤은 당대 최고의 여배우를 모델로 기용하여 '나는 특별하니까'라는 메인 카피의 광고를 집행해 오고 있다. 또한 랑콤은 각 나라별로 광고 모델을 달리 하는 현지화 전략으로 유명한데, 그 나라의 문화 코드를 적용하려는 것이다. 화장품 광고 중 내가 가장 좋아하는 것이 SKII의 광고 시리즈다. 각 국가의 영향력 있는 광고 모델이 테스티모니얼 형식으로 제품의 효과와 성분에 대해 얘기하는 독특한 방식을 취하고 있다. SKII의 광고는 앞서 말한 바넘 효과와 컬처코드의 법칙을 모두 적용한 전략이라 할 수 있겠다.

우리 스파의 슬로건이나 홍보 문구를 결정할 때 내가 주로 상대하는 고객층이 누구냐에 따라 컬처 코드를 달리해야 하는 것이 당연한데도, 그렇지 못한 경우가 너무 많다. 직장인이 주로 이용하는 샵에서는 하루 종일 피곤한 발을 달래주는 풋 스파 서비스가 빛을 발할 수 있지만 주부들이 주 고객층이라면 그보다는 미끼상품이나 1+1 서비스가 더 효과적일 것이다. 아파트 밀집지역의 스파라면 욕조를 이용하는 하이드로테라피 프로그램, 즉 데이스파는 어울리지 않는다. 아침시간을 적절히 활용하는 조조할인 프로그램이나 화장품을 구입하면 마일리지를 적립해 서비스를 이용할 수 있게 한다면 고객층의 컬처코드를 제대로 활용한 마케팅을 하고 있는 것이다. 컬처코드가 맞지 않아 우리나라 스파 업계에서 실패한 사례도 있다. 복잡하고 고가인 하이드로테라피 장비를 사용하는 스파 프로그램들은 물이 흔해서 개방적인 우리나라의 목욕 문화와 맞지 않았던 것이다.

90년대 초반부터 지금까지 에스테틱&스파를 운영해 오면서 내가 체험한 우리나라 여성들의 에스테틱 문화를 정리해 보면 다음과 같다. 독립된 1인실에서 관리받는 것을 좋아하는 외국의 경우와는 달리 2~3인실에서 관리를 받을 때 더욱 편안해 한다. 또 옆에 누운 사람은 무슨 관리를 받는지 궁금해 하며, 프라이버시가 중요한 공간임에도 불구하고 여성 고객끼리의 묘한 연대감이 형성된다. 이런 느낌은 프랑스인들을 주 고객층으로 관리할 때도 느꼈는데, 아마 여성들이 갖는 보편적인 특성인 것 같다.

두 사람이 함께 오면 같은 룸에서 관리받기 원하고, 어떤 모임의 회원들이 같은 공간에서 함께 관리받기를 원하는 성향으로 볼 때 굳이 인테리어를 할 때 독립된 공간을 확보하려고 애쓸 필요가 없다는 생각이 든다. 특별한 신규 프로그램을 론칭할 때도 일부러 3~4인실에서 관리를 함으로써 옆에 누운 고객의 호기심을 자극하여 매출이 이루어지는 경험을 많이 했다. 바로 이런 점이 우리나라 에스테틱 문화의 컬쳐코드가 아닌가 싶다.

04
감각 · 의식을 관리하는 마케팅의 법칙

남성은 눈에 보이는 실물을
여성은 그 뒤에 숨은 가치를 감성으로 받아들인다.
여성을 위한 뷰티 비즈니스에서 감각적 마케팅을 빼고 무엇이 있겠는가~

∴ 기왕이면 다홍치마, 다홍치마의 법칙

이번에는 사람의 '감각'을 움직이는 마케팅과 '의식'을 이용한 판매심리학에 대해 이야기해보도록 하겠다. TV나 잡지를 보면 사람의 오감을 자극하는 다양한 광고를 살펴볼 수 있다. 먹고 살기 힘들던 시절과는 달리 요즘은 제품의 디자인과 컬러가 상품 가치를 평가하는 제1순위에 올라갔다고 해도 과언이 아니다. 에스테틱&스파의 프로그램을 홍보할 때 어디에 주안점을 두어야 하는가 심각하게 고려해야 할 이유다.

사람들은 같은 조건이라면 반드시 보기 좋고 아름다운 것을 선택한다. 그래서 '이왕이면 다홍치마'라는 속담도 있지 않은가. 상품을 만들면서 디자인 감각을 무시하는 것은 상품을 팔지 않겠다는 것과 같은 얘기이다. 물론 디자인은 중요치 않다고 말하는 사람들도 있다. 자신들에게 중요한 것은 오로지 제품의 질이며, 디자인에는 특별한 비용을 지불할 용의가 없다는 의미일 것이다. 그런데 동일한 기능의 소프트웨어 시장에서 보다 슬림하고 보다 아름다운 모델이 속속 출시되고 판매에 호조를 보이는 것을 보면 사람들은 디자인경영을 하는 기업에 대해 기본적인 신뢰를 갖고 있음을 유추할 수 있다. 예를 들어 심볼 컬러가 있는 스파와 없는 스파는 고객에 대한 배려의 유무를 대변한다고 판단될 정도로 마케팅의 중요한 변수로 떠오른 것이다.

∻ 컬러, 무언의 마케팅

내가 2000년대 초반에 온라인 마케팅을 시작하면서 가장 중요하게 생각했던 것 중 하나가 컬러마케팅이다. 당시 수입하던 브랜드의 심볼 컬러는 푸시아(핫핑크)였는데, 이는 단순한 컬러가 아니었다. 여성들에게 '나도 예뻐질 수 있다'는 환상을 품게 해주는 힘이 있었던 것이다. 그린 일색이던 에스테틱 컬러 속에 핫핑크는 상당히 공격적으로 보일 수도 있었을 것이다. 당시 홈페이지를 제작하던 회사 역시 핑크색을 많이 쓰는 것을 꺼려했다. 별색인데다 안정적이지 않다는 것이었다. 하지만 핑크색은 복잡한 여성의 구매심리를 잘 나타내는 색이라서 끝까지 고집을 했고, 반응은 폭발적이었다. 핫핑크의 매력에 한번쯤 빠지고 싶지 않은 여성은 없기 때문이다.

2003년 아카데미를 개원하면서는 파란색을 심볼 컬러로 선택했다. 차크라에서 푸른색은 목에 해당하는 컬러이다. 아카데미는 기본적으로 소통이 중요하며, 집중적으로 뭔가를 공부하고 연구하는데 잡념을 없앨 수 있는 컬러라고 판단했기 때문이다. 이후 나와 관련된 모든 컬러의 아이덴티티는 푸른색으로 통일했다. 나의 신념과 철학이 가장 잘 매치되는 컬러라고 생각했기 때문이다. 에스테틱&스파를 오픈하는 사람들이 가장 먼저 신경 써야 하는 것이 무엇일까. 자신의 신념과 철학을 구체화시키는 것, 그리고 스파의 네이밍과 컬러를 결정하는 일일 것이다. 바로 거기서부터 마케팅이 시작되기 때문이다.

컬러마케팅으로 가장 성공한 사례는 코카콜라의 레드 마케팅일 것이다. 검정색 음료와 빨간색 라벨의 강렬한 조화가 소비자들에게 강하게 각인된 것이다. 바쁜 일상 속에서 편안한 휴식과 여유를 제공하겠다는 의미를 담은 스타벅스의 그린 마케팅도 유명하다. 오래된 프랑스 영화 'Grand Bleu'의 포스터도 아주 성공적인 컬러마케팅 사례로 보여진다. 깊은 바다 속을 잠수하는 느낌을 그대로 전달한 코발트블루의 포스터 한 장이 블록버스터가 아닌 프랑스 영화가 세계시장에서 주목받게 만든 계기가 되었다.

코스메틱이나 에스테틱&스파 마케팅에서도 컬러란 요소는 아주 중요하다. 매장을 직접 찾기 전에 컬러로 그 장소를 이미지화 할 수 있기 때문이다. 우리 업종에서는 대체로 그린 계열의 컬러를 많이 쓰는데 휴식과 안정의 의미가 있기 때문이나 그러나 너무 많은 곳에서 대중적으로 사용되기 때문에 눈에 띄기가 쉽지 않다는 것이 문제이다. 나의 목표고객층이 원하는 것이 휴식인지 기능성인지에 따라 획기적인 컬러마케팅을 시도해 볼 필요가 있다. 프랑스 최고의 슬리밍 기기 제조사인 LPG사는 심볼 컬러를 사이버 이미지의 은회색으로 바꾼 뒤 그 기술력이나 기능적인 면이 훨씬 강조되며 주목받게 되었다. 고가의 기기를 판매하려면 고객의 감각 중에서도 기능에 대한 지적 호기심을 자극해야 하는데, 모던한 은회색이 그 감각에 맞아떨어진 것이다.

　고객의 지갑을 열게 하는 힘은 역시 감각적인 접근에 있다. 폭스바겐의 풍뎅이 차가 검은색이라면 아무도 사고 싶어 하지 않을 것이다. 그것이 노란색, 초록색, 빨간색 등의 원색이었기 때문에, 기존의 권위와 질서를 무시하는 데서 오는 자유로움과 해방감을 느끼게 된 것이다. 결국 트렌디한 스노비즘(snobbism : 자기과시욕)이 작용하여 고객은 앞 다투어 지갑을 연 것이다. 고정고객의 숫자가 성패를 좌우하는 에스테틱&스파는 고객의 이런 '스노비즘'을 적극적으로 활용하는 마케팅을 해야 한다. 어떻게든 모든 고객이 '나만을 위한 프로그램'이라고 느낄 수 있도록 만족을 주어야 하는 것이다.

∴ **호기심을 끌어내는 알파벳의 법칙**

　최근 현대 M카드, S카드, W호텔 같은 알파벳을 이용한 네이밍이 확고히 자리를 잡았다. M카드는 소비자의 상상을 불러일으키는 TV 광고 시리즈로 유명세를 탔다. 후발주자로 나선 W호텔도 W가 보여줄 수 있는 다양한 이미지를 활용하여 신선한 충격을 주며 호텔시장에 성공적으로 자리잡았다. 필자도 사업을 시작하고 십년 가까이 되었을 때, 네이밍을 다시 하면서 대대적인 홍보를 시작했다. 당시 사용하던 상호가 워낙 알려져 있어 우려의 목소리도 있었지만 과감히 변화를 시도했다.

M이라는 알파벳을 사용하여 호기심을 자극하기로 한 것이다. 온라인상에서 M에 대한 이미지에 대해 다양한 질문을 해보았다. 예상대로 소비자들은 Massage, Methode, Management 등의 대답을 가장 많이 내놓았다. 나는 이런 설문조사를 통해 상호 변경이라는 충격을 완화할 수 있었고, 고객 참여와 관심을 높일 수 있었다. 나는 오랜 기간 스파 운영을 해왔고 최근 어려움을 겪고 있는 원장들에게 상호 변경을 제안한다. 원조 간판을 오래 달고 영업을 하는 것도 큰 자랑거리이겠지만 트렌드를 앞서가는 뷰티 업계에서 한번쯤 상호를 바꾸고 새로운 시도를 해보는 것도 나쁘지 않다. 상호를 바꿀 때는 반드시 고객들에게 혁신적인 동기를 보여주어야 한다. 새로운 시스템을 도입한다든지, 스태프가 보강되었다든지 하는 변화 말이다. 그리고 그것을 고객에게 확실하게 각인시키는 것이 정말 중요하다. 이 모든 것이 마케팅이다.

인테리어 리노베이션은 흔하게 하는 일이다. 이러한 리노베이션과 함께, 트렌드에 맞게 상호를 변경하고 스토리텔링 기법(상품을 통해 소비자에게 말을 거는 것, 객관적인 특성을 설명하기 보다는 감각적 · 감성적으로 고객에게 상품을 설명하는 기법)을 동원해 고객에게 다가가면 시너지 효과를 얻을 수 있을 것이다. 많은 돈을 들여 인테리어를 다시 하고 매장을 꾸민다 할지라도 스토리텔링 마케팅을 하지 못한다면 의미가 반감될 것이다.

알파벳 마케팅은 소비자에게 다양한 호기심과 상상력을 불러일으킬 뿐 아니라, 지속적인 서비스를 함축적으로 전달할 수 있어야 한다. 연상작용을 이용하여 S프로그램은 여성 전용 서비스로, M은 남성 전용 서비스로 개발하는 것이다. 여름엔 C, 겨울엔 W와 같이 계절별로 색다른 스토리텔링 기법으로 다가가는 것도 좋다. 커플 스파가 유행하는 요즈음, 알파벳 마케팅을 응용하여 다양한 프로그램에 적용하는 것도 추천할 만하다. 마케팅은 따라가는 것이 아니라 주도하는 것이다.

∴ Touchy-Feely 법칙, 오감의 법칙

에스테틱&스파의 강점은 고객이 매장에 방문만 한다면 바로 감각적인 마케팅을 할 수 있다는 점이다. 매장까지 오게 하기가 어려운 것이지 오기만 한다면 시각, 후각, 촉각, 청각, 미각을 다 만족시킬 수 있기 때문이다. 그 중에서도 촉각과 후각을 놓고 본다면 단연 최고일 것이다. 테라피스트의 숙련된 손길에 몸을 맡기고, 화장품이나 아로마의 향기를 음미하게 되면 이미 고객은 방문 목적의 상당 부분을 달성하게 되는 것이다. 그런데도 이 두 가지 감각에 신경을 쓰지 않는다면 고객에 대한 기본적인 예의를 갖추지 못 한 것이다.

스파를 방문하면 개인용 룸에 '라벤더' '일랑일랑' 등 아로마 이름이 쓰여 있는 것을 가끔 본다. 향기 마케팅을 하려면 실제로 그 방에서 쓰는 오일과 동일한 향기가 나야 할 것이니 쉽지 않은 일이다. 더구나 밀폐된 공간에서의 산소 부족으로 향기보다 좋지 않은 냄새가 나는 곳이 의외로 많다. 제대로 향기 마케팅을 하기 위해 투자해야 하는 비용은 만만치가 않다. 공간이 클수록 그렇다. 기본적으로 향이 워낙 비싸기(화장품 제조에도 fragrance가 차지하는 비용이 가장 크다고 할 수 있다) 때문이다. 그런 것은 중요하지 않다는 생각을 하는 순간, 그저 그런 스파가 되는 것일 수도 있지 않을까. 고객은 눈에 보이지 않는 것을 보고, 준비하지 못한 것을 원하며, 상상하지 않았던 서비스에 감동하는 존재이다. 고객은 이렇게 언제나 우리가 가야할 방향을 알려주는 지표이다.

고객의 90% 이상은 불만족한 서비스에 대해 말을 하지 않는다. 그러나 그 중의 90% 이상은 다시는 그곳을 찾지 않는다. 고객은 서비스 공급자에게 불만을 말하지 않고, 관련 없는 다른 사람들에게 악평을 하는 것이다.

∴ 의식을 이용한 보증효과의 법칙

인간의 의식을 활용한 마케팅의 법칙은 아마 협상이나 설득을 할 때 가장 잘 활용되는 부분일 것이다. 구매심리를 확 당기게 하느냐, 아니면 사소한 표현의 잘못으로 고객의 기분을 상하게 하느냐의 문제가 달려 있기 때문이다. 정식으로 판매심리학을 공부하고 협상의 법칙을 배우고 마케팅을 하는 사람은 많지 않다. 실수를 거듭하고 시행착오를 겪은 후에 비로소 소비자의 의식을 이해하게 된다. 똑같은 가격할인을 하더라도 소비자의 호응을 받지 못 하는 마케팅이 있고, 뜨거운 관심을 받는 마케팅이 있다. 이는 판매하는 사람의 평상시 사고방식이나 커뮤니케이션 방법에 따라 좌우되는 부분이므로 스스로 검증하고 노력하는 자세가 필요하다.

소비자의 의식에 영향을 주는 마케팅을 하기 위해서는 '보증효과의 법칙'을 적절히 활용하면 된다. 신뢰성이 있는 전문가의 의견이나 사진 등을 내세워 나의 상품에 날개를 다는 것이다. 이 법칙은 부정적으로 사용되었을 때 위험할 수도 있다.

소비자 고발 프로그램에서 필링이나 기타 에스테틱 관리에 대한 부정적인 내용이 나온 직후에 고객들의 신뢰가 무너지고 매출이 줄어드는 경우가 그러하다. 따라서 그런 상황에 대비하여 적절한 해결책을 준비해 놓는 것이 필요하다. 역으로 반박성 '보증효과의 법칙'을 활용하는 것도 방법이다. 샵 내에 고객의 동선에 맞추어 게시판을 만들어 두고 다양한 관련기사를 게시하는 것도 좋은 방법이 될 수 있다. 감각 상품으로 인식되고 있는 에스테틱&스파 내에 검증이 뒷받침되는 신문기사나 자료 등을 게시해두는 것은 신뢰감을 증폭시키는 장치가 될 수 있다. 정보에 민감한 소비자들에 대한 작은 배려가 됨은 물론이다.

∻ 사회적 증거의 법칙, 빅마우스 효과

대중은 다수가 선택한 상품을 신뢰한다. 그들은 무언가를 선택할 때 다른 사람의 의견을 선택의 기준으로 삼는다는 의미이다. 이를 적극적으로 이용하는 전략이 홈페이지에 게재된 다양한 체험수기이다. 의도에 의해 만들어진 체험수기라고 생각하면서도 눈이 한 번 더 가고 자세히 읽게 되는 것이다. 거기에 또 다른 고객의 댓글이 달린다면 한층 더 효과적이다. 페이스북의 '좋아요' 버튼 기능을 활용한 기업 페이지는 더욱 효과적이다. 요즈음의 홈페이지는 예전의 전단지만도 못한 일방적인 마케팅이라 할 수 있다. 트위터나 페이스북 등 소셜 네트워킹을 이용한 홍보는 상호 소통을 기본으로 한 것이기에 당장은 효과를 못 보는 것 같지만 장기적으로 파워풀한 결과를 얻을 수 있다. 다른 사람들이 좋다고 하는 것을 무작정 믿진 않아도 한 번 더 살펴보게 되고 그에 편승하게 되는 심리, 입소문을 활용하는 '빅 마우스 효과'이다. 앞으로 계속 연구하고, 지속적으로 시도해볼 만한 마케팅 법칙이다.

요즈음은 파워 블로거나 잡지사 기자들의 뷰티 기사도 직접 취재하는 방식보다 이런 사회적 증거들을 자료로 활용하는 경우가 많다. 다수가 칭찬하는 상품을 기사화하고 소개하는 것이다. 필자가 운영하는 스파의 경우, 10년 전부터 온라인상에 축적된 프로그램의 후기들이 많아 기자들의 기사 자료로 활용되고 있다. 그 덕분에 여름이면 왁싱 문의 전화가 쇄도한다.

변화는 추구하되 지속적이고 꾸준한 마케팅을 수행하면 반드시 빛을 발하게 된다는 것을 몸소 체험했기 때문에 자신있게 권할 수 있다. 눈앞에 결과가 보이지 않는다 해도 포기하지 말고, 차곡차곡 고객의 평판을 쌓아가는 것이 최선이다.

∴ 자물쇠의 법칙

한번 고객이 영원한 고객이 될 수 있도록 자물쇠로 채워놓는 것은 마케팅에 있어 아주 중요하다. 기존 고객은 신상품을 구입할 때도 자신의 경험을 기준으로 삼기 때문이다. 휴면고객이나 기존고객들을 대상으로 연말에 문자를 보내도록 하자. '저희 스파의 영원한 고객님께 드리는 작은 선물' 같은 제목으로 포인트나 마일리지를 소진하라는 마케팅을 하는 것이다. 이 경우 신규고객보다 훨씬 더 매력적으로 프로모션 제안을 받아들이게 된다. 나쁜 기억이 없다면 한번쯤 관심을 가지기 쉽고 훨씬 편하게 지갑을 열게 되어 있다.

신규 고객보다는 기존 고객의 지갑을 열게 하는 것이 훨씬 수월하다는 것쯤은 굳이 경험해 보지 않더라도 알 수 있을 것이다. 그러나 대부분은 기존고객에게 큰 혜택을 주는 것에 인색하다. 최근 거래가 없더라도 생일을 맞은 고객에게 '잠시 잊고 있었던 고객님의 소중한 생신이네요'라는 이벤트 문자를 보내고 작은 선물을 준비한다면 기꺼이 이를 받아들이는 고객이 있기 마련이다. 그것이 우리에게만 있는 정인 것이다. 기존 고객에 대한 통신사 마케팅을 보면 VIP관리가 얼마나 중요한지를 깨닫게 된다. 다른 통신사의 신규마케팅에 대항하여 기존고객을 빼앗기지 않으려는 그들의 노력은 우리가 벤치마킹할 충분한 가치가 있다. 신규고객을 확보하기 위한 마케팅만이 최선이 아니다. 우리와 한 번 인연을 맺었던 고객들이 달아나지 못 하도록 '자물쇠의 법칙'을 활용하는 것이 더 적은 비용으로 더 높은 효과를 얻을 수 있는 방법이다.

∴ 플라시보(Placebo) 효과

아무리 강조해도 지나치지 않은 마케팅 법칙의 하나가 바로 '가짜약 효과'라고 하는 '플라시보 효과'이다. 필자가 즐겨 보는 의학드라마에 나오는 내용이다. 특별한 이유도 없이 계속 무릎이 아프다며 징징대는 환자를 골치 아파하는 인턴에게 의사는 "아스피린 줘서 보내"라고 지시한다. 다음날 환자가 다시 와서 그 약의 효과가 좋았다고 말하니, 의사는 미소 지으며 "다시 아스피린 처방해줘"라고 말한다.

사람은 누구나 내 기분에 따라 몸 상태가 달라지고, 내가 믿는 대로 효과를 체험하게 되어 있다. 판매하는 사람이 자신의 브랜드를 얼마나 가치 있게 만들고 제대로 설명했느냐에 따라 효과의 체감 정도가 달라진다. 열의에 찬 표정으로 프로그램을 설명하고 성의껏 고객의 질문에 답변을 해주면, 고객은 더 좋은 효과를 확신하게 될 것이다. 그것이 바로 브랜드 파워다. 따라서 직원들은 스파의 네이밍부터 사용하는 제품, 관리 프로그램은 물론 타사 제품과의 차별성까지 정확하게 설명할 수 있어야 한다. 또한 감각적이고 긍정적인 언어를 사용해 최선을 다해 판매해야 한다.

잊지 말아야 할 것은, 'we sell hope' 우리는 희망을 파는 사람들이라는 것이다.

05

SNS시대의 뷰티 마케팅

누군가가 자신이 경험한 것을 이야기할 때 믿음이 가고
직접적인 광고나 홍보보다 모르는 사람의 체험담에 더 신뢰를 갖게 되는 것,
그것이 SNS의 힘이다.

∴ 인터넷은 에스테틱&스파를 어떻게 바꾸었나?

강력하고 매력적인 브랜딩이야말로 중장기적인 마케팅 파워를 발휘할 수 있는 무기이다. 브랜딩이란 말 그대로 브랜드에 성격을 부여하여 파워풀한 가치를 만드는 것이고, 내가 판매하는 상품의 강력한 identity이다. 에스테틱&스파의 브랜딩은 사람과 사람의 터치와 감동이 만들어내는 파동 때문에라도 인문학적 코드가 있어야만 한다고 생각한다. 강력한 스토리텔링과 CEO의 매력이 브랜드를 얼마나 빨리, 얼마나 효과적이고 감동적으로 알리느냐를 결정하게 된다. 꼭 큰돈을 들이지 않아도 브랜드를 알릴 수 있는 시대가 왔다. 이제는 돈을 많이 쓰는 광고라 해도 감동을 주지 못 하고, 브랜딩이 되어 있지 않으면 원하는 결과를 얻을 수 없다.

무엇보다 '사람'이 중요한 감동 코드이며, 그 사람들 사이에서 이루어지는 양방향의 복잡한 커뮤니케이션이 전혀 새로운 효과를 창출해 내는 이른바 SNS 시대가 도래했기 때문이다.

1980년대 초, 에스테틱이란 말조차 참으로 생소하던 시절로 거슬러 가보자. 로열젤리나 건강식품의 판매사원들은 가가호호 가정을 방문하여 고객에게 마사지를 해주고, 화장품 방문판매 사원들은 눈썹 정리나 피부 마사지를 해주었다. 그때는 약혼이나 결혼을 앞두고 태어나서 처음으로 에스테틱에서 관리를 받았다. 그들에게 특별한 기술이 없었어도, 마사지는 여성들의 마음을 설레게 했다. 스킨케어라고도 할 수 없는 단순한 마사지가 큰 선물을 받은 것처럼 기분이 좋아지는 문화가 되었던 것이다. 그 시절은 인터넷도 없고 미용 전문 인력도 턱없이 부족하여 고객은 아무런 정보가 없었고 그저 전문가의 손에 몸을 맡기고 처분을 기다리던 시절이었다. 원장이나 관리사가 피부에 대해 조언을 해주면 그게 진리로 받아들여졌던 터라, 그 시절 피부관리를 하시던 분은 전문가로서의 쾌감을 제대로 느꼈을 듯하다.

1990년대에 들어 뷰티업계에도 인터넷 바람이 불어 와 사람들의 관심이 지대해지기 시작했다. 그 시절은 화장품을 포함해 뷰티업계가 양적으로 엄청나게 팽창한 시기이다. 90년대 초반부터 2000년대 초반까지, 약 10년은 정말 뷰티 관련 비즈니스의 르네상스였다고 해도 과언이 아닐 것이다.

내가 프랑스 대사관 상무관 실에 근무하던 당시 화장품을 담당하던 상무관이 했던 말이 생각난다. "한국에서 돈 벌려면 화장품 수입해라!" 당시는 정말 엄청난 수의 브랜드가 수입되고 유통되면서(당시 집계로 프랑스에서 수입되는 브랜드만 250여 개였다) 여성들의 지갑을 열게 하던 시절이었다. 피부미용이 제도권 밖에서 자유직처럼 법적 제제를 받지 않으면서, 중대형 에스테틱이 속속 생기기 시작하고 있었다. 필자는 1994년 업계 최초로 여성 전용의 뷰티센터인 '클럽 시몬 말레'라는 프렌차이즈 사업을 시작하였고, 인터넷이 활성화되자마자 2000년도부터 홈페이지를 만들어 화장품이나 피부관리에 대한 정보를 알리기 시작했다. 당시는 여성들이 피부관리실에 다니는 것이 스노비즘의 하나로 여겨지던 시기였다. 내가 브랜드에 '클럽'이란 말을 사용한 이유는 특별한 사람들이 회원제로 다니는 곳이라는 의미를 전달하기 위해서였다. 단기간에 전국에 약 30여 개의 대리점을 개점하는 개가를 올리게 되었으나, 고객 유치를 위해서는 다른 마케팅이 필요했다.

당시는 홈페이지를 운영하는 회사가 별로 없어 그 자체만으로도 매출이 보장되는 시절이었다. 필자는 가능한 많은 정보를 소비자에게 주기 위해 다양한 방법으로 소통을 했다. 사람들은 다른 사람들이 어떻게 하는가를 들여다보고 따라하고 싶은 호기심이 있다. 그래서 최대한 정보를 노출하는 것이 하나의 브랜딩 방법이었다. 선택한 방법은 target mailing과 고객 체험기 노출이었다. 당시 피부관리실의 문화로는 여성 포털 사이트에 고객 체험기를 낱낱이 싣고 질문을 공개적으로 받는 것은 생각할 수도 없던 시절이었기에 뷰티 전문기자의 생생한 체험기가 노출되자 쇄도하는 문의전화에 업무가 마비될 정도였다. WAWA라는 공동구매 사이트에 신부케어를 최초로 판매하기도 했고, 타겟 메일링을 통해 고객을 계속적으로 창출해 나갔다.

프랜차이즈 사업을 했던 필자로서는 소비자만족도를 객관화하고 소비자가 찾는 브랜드를 만드는 것은 절체절명의 일이었고, 노블레스 마케팅을 유지하면서도 대중들의 훔쳐보기 심리를 활용하여 보다 많은 사람들이 피부관리실로 발걸음을 향하게 하는 것이 중요했다. 당시의 정보공유 방식은 홈페이지가 유일했기에, 매출 증대에 큰 몫을 했었던 것이다. 1998년 IMF가 우리나라를 강타했을 때도 화장품 수입에는 타격을 입었지만 관리실 운영은 문제가 없었다. 그만큼 에스테틱은 경기와 크게 관계없이 확실한 수요층이 존재한다는 것을 의미한다.

∴ SNS 쌍방향 시대의 소통

홈페이지로만 일방적으로 소통하던 시대는 가고 무섭도록 전파력이 빠른 양방향 소통 'SNS 시대'가 왔다. 그런데 이 소통의 방식은 판매자 개인이 온라인상에서 매우 명확한 identity를 가져야만 성공할 수가 있다. 이 또한 큰 변화였다. 90년대에 total, one stop등의 수식어가 따라붙으며 유행하던 포괄적 개념의 뷰티센터들이 마케팅의 방향을 수정해야만 한다는 결론에 도달하게 된다. 마케팅 불변의 법칙에 따른 초점마케팅이 아니면 정보를 공유한다는 것 자체가 모호해진다. SNS의 확산은 보다 구체화된 정보를 더 신속하게 확산시켜야 한다는 점에서 기존의 마케팅 방식과는 확실히 구분된다.

"그곳이 참 좋더라"나 "손맛이 좋다"와 같은 비전문가 방식의 칭찬들이 먹히지 않는다는 것이다. SNS에서는 칭찬도 욕도 아주 구체적이다. 소비자는 급속도로 진화하고 있는데 공급자인 우리는 하루 종일 관리실에서 머물러야 하는 업종의 특성상 뷰티산업 전반에 불어 닥친 SNS 폭풍을 적극적으로 받아들이지 못해 홍보 마케팅에 어려움을 겪고 있다. 인터넷 검색어 광고로는 더 이상 고객 창출이 되지 않는데도 그것을 계속 고집하다가 경영난을 겪기도 하고, 소위 마케팅 대행사들에게 휘둘려 헛돈을 쓰며 갈팡질팡하는 상황을 맞게 된 것이다.

홈페이지 도입 초기부터 운영을 시작해 그 덕을 톡톡히 본 산 증인으로서, 그리고 아카데미에서 다양한 브랜드 마케팅 강의를 하는 사람으로서 한번은 개념 정리를 해야겠다는 생각을 하게 되었다. SNS가 우리에게 무엇을 가져다 줄 것인가 보다는 미래사회를 움직이는 힘임을 이해해야 한다. 지금부터 이를 업계에 어떻게 적용하고, 그에 발맞추어 어떤 준비를 해야 하는가를 공유하고자 한다.

미래학자들은 이미 '권력이동'을 예견했다. 공급자 중심의 사회에서 소비자 중심의 사회로 권력이 아주 빨리 이동하고 있다는 것이다. 권력이란 결국 solution을 가진 자가 갖는 것이다. 소비자가 왕인 시대는 인터넷이나 SNS가 없던 시대에는 상상할 수 없는 일이었다. 정보가 노출되지 않아 공급자가 권력을 휘두를 수 있었기 때문이다. 우리 업종의 예를 들면, 사용하는 제품이나 테크닉이 검증을 받은 것인지 아닌지를 고객이 알 방법이 없던 시절에는 가격이 터무니없이 비싸도 만족도가 떨어져도 공급자가 큰 소리를 쳤던 시절이 있었다는 얘기이다. 이제 공급자는 어떤 방법으로라도 고객을 만족시켜야 하

고, 만족시키는데서 끝나는 것이 아니라 그 리뷰를 널리 공유해야만
한다. 필자가 처음 여성 포털사이트 '여자와닷컴'이라는 곳에 생생한
기자 체험기를 올렸을 때 빗발치던 전화를 생각하면 얼마나 고객들
이 정보에 목말라 있었는지를 알 수 있다.

　지금은 단순히 정보를 주는 것만으로 고객의 욕구를 자극할 수 없
다. 소셜커머스의 무서운 확산으로 이미 모든 정보는 공개되었고
심지어는 고객이 프로그램을 결정하려고 할 정도로 전문성은 개방
되었다. 블로그를 상업적으로 운영하는 파워 블로거들의 한마디가
브랜드를 죽이고 살리는 시대이다. 따지고 보면 블랙컨슈머(Black
consumer : 악성소비자)는 결국 우리가 만들어 내고 있는 것이다.

∴ 홈페이지가 바뀌고 있다

　이렇게 빨리 스마트폰이 전 세계를 강타할 줄은 상상도 못했다. 스
마트폰을 상대적으로 늦게 시작한 필자도 그 편리함에 놀라움을 금
치 못하고 있다. 스마트폰으로 전화통화만 하고 있다면 비즈니스를
할 수 없다. 컴퓨터로 홈페이지를 들여다보는 시간보다 스마트폰으
로 QR코드를 읽어서 정보를 입수하는 사람들이 많아졌다. 덩치 큰
데스크탑이 이미 애물단지가 되어가고 있는 추세인 것이다.

　앞으로 1~2년 안에는 스마트하지 못한 기존 방식의 홈페이지가
애물단지가 될 것이다. 아니 이미 애물단지이다. 보수유지 비용이 많
이 들고 관리업체를 찾기도 힘이 들지만 그보다 더 큰 문제는 소비자
의 속도를 따르지 못 한다는 경쟁력 약화 때문이다. 젊은 층을 대상

으로 한다면 시각적으로 훌륭하며 활자가 적고 간결하며 이벤트 프로모션이 중심이 되는 모바일 홈페이지가 필요할 것이다. 물론 보수적인 고객을 위해 업체를 소개하는 홈페이지도 있어야 하겠으나 말 그대로 소개 페이지 정도면 될 것이다. 현재도 홈페이지 로그 분석을 보면 방문자들이 머무는 시간이 매우 짧고 정보를 검색하는 경우도 드물다.

따라서 블링크 이론처럼 단 2~3초 안에 구매결정을 해버리기도 하는 소비자의 특성상 가장 빠르고 확실하게 홍보할 수 있는 도구가 더 유용할 것이다. 도심권 에스테틱&스파의 주요 고객층이 20~30대이기 때문이다. 단 두어 줄의 짧은 글로 소통을 하는 시대인데 누가 홈페이지 프로그램이나 정보들을 읽고 있겠는가. 홈페이지를 통해 정보를 전달하려고 하는 것 자체가 큰 의미가 없다. 그 정도의 정보는 인터넷을 뒤지면 어디서나 얻을 수 있기 때문이다.

모든 정보는 누구에게나 공평하게 공개되고, 나만의 것이라고 할 수 있는 것은 하나도 없다. SNS의 장점 중 최고라 생각되는 것은 예전과 달리 큰돈 안들이고 홍보할 수 있는 기회가 누구에게나 생겼다는 것이다. 단, SNS 상에서 나의 ID 구축과 이미지 관리 등에 많은 정성과 시간을 할애해야만 브랜딩이 되는 것은 물론이다. 그러니 이제 SNS에 집중할 필요가 있다. 지금 시작한다면 물론 늦은 감이 있지만 지금이라도 시작을 안 한다면 젊은 층은 절대 내 고객이 될 수 없다.

❖ TGIF(Twitter, Google, iphone, Facebook)에 능통하라

인기 작가 이외수 씨의 트위터는 유명하다. 그런데 이런 의문이 들지 않는가? 영향력이 있는 사람이 트위터를 해서 그런 걸까, 트위터를 열심히 해서 영향력이 더 커진 걸까? 후자 쪽으로 보는 것이 정확할 것이다. 이외수라는 작가는 독자층의 호불호가 확실할 뿐만 아니라 기존의 이미지가 매우 특이하여 공감대 형성이 쉽지 않았다. 외모도 소설도 모두 개인의 취향이지만 이런 특이한 취향 때문에 적도 생기는 것이다. 이 외수 작가의 SNS 소통 능력은 그의 이미지 리세팅에 엄청난 기여를 했다. 하루에 몇 시간을 SNS에 투자하여 소통하는 그가 시간을 낭비한다고 생각했다면 오늘은 없었을 것이다. 게다가 그가 원래 갖고 있던 약간의 비호감 이미지가 호감형으로 뒤바뀌어 신간은 나오는 족족 더욱 잘 팔리고 있고 대중의 사랑은 커지고 있다. 이런 소통은 내향적인 사람들에게 더 맞는 방식이다. '내 주제에 무슨 그런 걸 해. 난 내성적이고 소극적인데……' 만약 이런 생각을 한다면 오히려 적극적으로 시도해볼 만한 소통 방식이다.

필자 역시 보여지는 이미지와 달리 상당히 내성적인 사람이다. 다른 사람에 비해 상대적으로 일찍 사업을 시작했고 외부활동을 거의 하지 않아 업계에서 브랜딩에 고충이 있었고 보여지는 이미지 때문에 영업에도 상당히 지장이 있었던 편이었다. 내가 잘하는 방법으로 소통하고 싶고 내면을 보여주고 싶은데 사소한 오해 때문에 브랜드 이미지조차 평범하게 보이지 않는 것이었다.

그런데 고민하던 내가 선택한 브랜딩 방법이 글쓰기였다. 내가 잡지에 글을 연재하기 시작하면서 많은 사람들이 관심을 갖기 시작했다. 글을 통해서 나를 알리게 되었고, 내가 운영하는 아카데미나 스파까지도 브랜딩이 가능하게 되었다. 지금은 블로그나 페이스북, 트위터 등에 짧은 콘텐츠를 누가 효과적으로 빠르게 올리고 공유하여 사람들과 소통하느냐가 중요한 시대인 만큼 누구에게나 글쓰기가 중요해졌다. 대행을 시킨다면 비용이 너무 비쌀 뿐만 아니라 나를 제대로 브랜딩해 주기 어렵기 때문에 반드시 효과적인 스토리텔링 방법을 공부해 두는 것이 좋다.

현대사회의 소통이 양방향 소통이라는 것쯤은 누구나 알고 있다. 이 양방향 소통을 어떤 방식으로 해야 하는지를 잘 판단해야 고객이 권력을 갖고 있는 시대에 큰돈을 들이지 않고도 내 고객을 많이 만들어낼 수 있는 힘을 갖는 것이다.

고객이 고객을 불러 모으는 다양한 방식의 SNS 홍보는 피할 수 없는 이 시대의 강력한 마케팅 도구인 것이다. 최근 국내 소비자 실태조사에 따르면(닐슨, 소비자 500명 대상) 응답자의 92%가 입 소문을 통해 상품에 대한 신뢰감을 갖게 되었다고 답했고, 73%가 온라인의 다양한 체험기나 소비자 의견이라고 답했다. 이는 소비자는 다른 소비자의 의견을 매우 존중한다는 무서운 결과를 보여준다. 장기적 차원에서의 대 고객 마케팅이 절실하다는 것을 보여주는 좋은 예이다. 우리나라는 다른 어떤 나라보다도 더 빠르게 인터넷을 이용한 다양한 소통이 확산되고 있으며, 그 효과도 강력하다. 따라서 한번 소비자에게 외면당하고 좋지 않은 입소문에 노출되고 나면 회복하기가 매우 어렵다. 신규고객 유치보다도 더 중요한 것이 기존고객의 CS(Customer Satisfaction)이며, 모든 마케팅을 장기적 차원에서 펼쳐

나가야 한다는 결론을 내리게 된다.

　홈페이지보다 고객들이 더 신뢰를 하는 것이 블로그인 점을 보면 바로 이런 점이 잘 드러난다. 블로그에 올린 글들이 파도타기를 하며 일파만파 평판을 형성하게 되기 때문에 더욱 더 중요하다. 다만 형식적이고 단발적인 미끼 형식의 콘텐츠로는 고객을 끌어들일 수가 없다. 시간과 정성을 쏟아 부어야 하는 소통 수단이기 때문이다. 그래서 외부 업체에 맡기거나 대충 뛰어들어서는 어김없이 외면당하게 된다. 즉, 홍보의 대상인 소비자를 대상으로 소비자의 마인드에서 마케팅을 해야 한다. 소비자의 마인드가 되려면 소비자의 요구에 귀를 기울여야 하고 모든 연령대를 아우르는 CS 영역을 구축해야 한다.

✣ Viral & Buzz 마케팅

　바이러스가 빠르게 확산되는 것처럼 입소문을 확산시키는 것을 의미하는 바이럴마케팅과 꿀벌이 윙윙거리듯 단시간 내 소비자 간 커뮤니케이션을 확산시키는 것을 의미하는 버즈마케팅은 SNS 시대의 대표적인 쌍방향(양방향) 마케팅이라 할 수 있다. 소비자끼리 교환되는 긍정적 정보보다 부정적 정보들은 더욱 빠르게 확산되는 경향이 있어 매우 위험할 수 있다. 그렇다고 해서 부정적인 정보가 두려워 게시판을 만들지 않거나 소극적 소통을 한다면 소비자들 역시 업체를 신뢰하기 쉽지 않을 것이다. 4G 스마트폰 시대에 아무리 폐쇄형 영업을 하는 에스테틱&스파일지라도 정보 공개는 피할 수 없을 것이다. 오히려 언제나 한발 늦은 마케팅을 하게 될 뿐이다. 좋은 사진,

동영상 등으로 소비자들의 알 권리를 충족시키고 볼거리를 제공하는 것이 최선의 방법일 것이다.

이런 양방향 소통을 위해 가장 좋은 방법은 고객을 활용하는 것이다. 고객들이 스파를 방문한 뒤에 올려주는 긍정적 후기들은 상당히 파워풀한 효과를 가진다. 마케팅업체 직원들의 가짜 후기들은 고객도 금방 알아차리기 마련이고 식상하지만 진정성이 담긴 고객들의 후기나 블로그 포스팅은 효과 만점이라 할 수 있다. 1회성 고객이라 할지라도 최선을 다해 만족할 수 있도록 서비스하고 나의 마케팅 도구로 활용할 수 있도록 최선을 다해야 한다.

직원들은 일의 성격과 포지션에 상관없이 모두가 스마트한 직원이 되어야 한다. 스마트한 직원이란 SNS에 익숙하고 스스로가 홍보맨이 되어 언제 어디서나 내 직장과 일을 마케팅 하는데 최선을 다해야 하는 것이다. 그러려면 직원의 애사심을 고취하는 것이 우선이다. 부지런하고, 높이 날고, 멀리 보며, 스스로를 잘 홍보하고 마케팅 하는 것이 시장에서 살아남는 길이다. 꾸준한 관심과 노력으로 자신의 색깔을 찾아 홍보하는 것이 SNS 마케팅의 첫걸음이다. 내부적으로는 전 직원이 홍보를 위한 도구 사용에 능숙해지고 고객과의 소통을 위해 경청의 자세를 갖고 고객의 반응에 즉각적으로 대처하는 것이 기본 자세이다.

고객의 감사나 만족은 중장기적으로 마케팅을 하기 위한 초석이 된다. 진심이 깃든 CS만큼 강력한 무기는 없다. 고객이 자신의 트위터나 facebook, 블로그 등에 올려주는 체험기나 칭찬은 그 어떤 비싼 광고보다 효과적이다. 고객의 SNS 참여를 유도하는 다양한 기획을 하고 독려한다면 금상첨화일 것이다. 예를 들어 이벤트를 하고 프로모션을 할 때, 후기를 올려주고 SNS에 칭찬의 말을 해주도록 유도하는 보상체계를 마일리지처럼 만들어주는 것이다. 그리고 이 모든 것을 꾸준히, 열심히 하는 것이 중요하다. 홍보는 장기전이다.

강력한 브랜딩을 위한 SNS 마케팅은 단기간에 그 결과가 나오는 것이 아니다. 사람에게 인격이 형성되는 기간이 필요하듯, SNS 세상에서도 소셜 캐릭터가 만들어지려면 노력과 정성과 함께 시간이 필요하다.

06

또 하나의 비즈니스 파트너, 페이스북

좋아하고 화답하고 공유하는 행위, 매일 다른 사람의 생각을 체크하고
내 생각을 타임라인에 담아 과거를 회상하는 최고의 온라인 일기장,
자손에게 물려 줄 나의 일상 스케치, 바로 페이스북이 아닐까?

∵ 이제는 콘텐츠의 시대이다

SNS를 거대한 파도의 물결에 비유해 본다. 90년대의 인터넷이 일
방적인 정보의 전달에 치중했다면, 2000년대의 인터넷은 양방향 소
통이 완전히 자리 잡았다고 말할 수 있겠다. 사람들은 이제 매일같이
이웃과 친구, 심지어 모르는 사람들과 인터넷상에서 대화를 하고 있
다. 인터넷 세상에서는 현실 세상과는 완전히 별개의 캐릭터가 만들
어지고 있다.

내성적이고 소극적인 사람들일수록 인터넷 SNS 채널 안에서 더욱
적극적이고 치밀하다. 블로거들의 블로깅이 파도타기를 하고 사람들
은 사심 없이 좋은 글이나 이슈들을 이리저리 옮겨주며 홍보를 대행
한다. 전혀 모르는 소비자에게 전화가 와서 내가 어딘가 쓴 글에 있

는 상품에 대해 묻고 구매하는 경우가 바로 그렇다. 뜬금없이 내가 잡지에 기고한 글이 어느 블로거의 블로그에 실리면서 전화문의가 오고 매출로 이어지는 상황은 이미 오래 전부터였다.

이제 사람들은 홍보성 글을 신뢰하지 않고 양질의 콘텐츠만을 신뢰한다는 사실에 주목해야 한다. 또한 이런 SNS 사용자들은 비교적 지적 수준이 높고 고학력자들이 많아 다른 분야보다도 지출이 상대적으로 큰 에스테틱&스파의 이용자들을 유입시키기가 오히려 수월하다. 우리가 상대하고 있는 고객들은 단순한 홍보에 혹하는 수준이 아닌 신중한 고객들임이 자명하다. 비록 홍보성으로 보이는 사용 후기도 신규 고객 창출에 도움이 되는 이유가 바로 그것이다. 우리가 판매하는 상품은 특히나 고객의 만족도를 객관화하기 힘들고 점수로 매길 수 없기 때문에 다양한 관점에서의 체험담이 필요하다.

그렇다면 우리의 소비자가 좋아하고 관심 있어 하는 콘텐츠는 무엇일까. 네이버 지식사전에 따르면 contents란 소프트웨어에 담긴 정보, 통신망을 타고 흘러 다니는 정보이다. 그런데 콘텐츠 (Contents)의 사전적인 의미가 '내용, 알맹이, 목록, 또는 만족시키다, 기쁘게 하다'이다. 구체적인 알맹이이자 내용인 동시에 만족을 줄 수 있는 것이라는 의미로 유추해 볼 수 있다.

여기서 '만족을 주어야 하는 것'이 콘텐츠라는 점에 주목하자. 어떤 내용의 정보이든 소비자의 만족을 이끌어내지 못한다면 외면당한다는 뜻이 될 수 있다. 그러니 어떤 정보를 줄 때는 정보의 양보다는 내용과 질에 신경을 써야 한다는 뜻이다. 즉, '수준'이 중요하다는 것이다.

SNS에서의 콘텐츠는 그 내용물이 신선할 경우 양방향 소통을 통해 빠르게 확산되지만 뻔한 내용이거나 직설적인 홍보라면 바로 외면당한다. 하지만 직설적인 홍보 내용이어도 제품을 그대로 노출하면서 홍보하는 방법은 외면당하지만 소비자에게 관심 있는 tip을 던져주면 곧바로 관심을 나타낸다. 마스카라와 같은 메이크업 제품을 성분이나 기능을 들어 설명하면 외면하지만 눈썹을 길게 표현하는 화장법을 설명하면 호기심을 보이며 들여다본다는 것이다. 다른 뷰티상품에 비해 매우 수동적일 수밖에 없는 에스테틱&스파의 상품들은 tip을 주기가 상대적으로 어렵기 때문에 콘텐츠가 재미없고 지루해지기 쉽다. 또 너무 전문적이거나 거꾸로 비전문적으로 보일 수가 있기 때문에 소비자가 늘 궁금해하는 내용을 다루는 것이 중요하다. 또한 그런 내용을 다룰 때에도 사용하는 언어가 감각적이어야 하고 내용이 간결하며 사례 중심일 때 더 관심을 갖게 된다. 콘텐츠의 제목도 매우 중요하다.

에스테틱 콘텐츠는 다양성을 갖기가 어렵다. 그래서 약간의 어프로치 기능을 갖는 것을 추천한다. 예를 들어 제목은 에스테틱 콘텐츠 같지 않게 뽑는 것이다. 만일 컬러테라피를 홍보한다면, '푸른색을 좋아하는 당신은 언어의 마술사'와 같은 제목을 붙이면 마치 심리테스트를 연상케 하여 궁금증을 자아낼 것이다. 내용은 결국 컬러테라피에 대한 평범한 내용일 것이나, 제목에서 많은 사람을 유입하게 되는 것이다. 내용도 어딘가에서 베껴오는 글보다는 내가 직접 진정성을 가지고 만들어 내는 것이 소비자의 마음을 움직일 수 있다.

∴ 새로운 비즈니스의 통로, 페이스북

SNS가 홍보 마케팅의 도구로 인식되기 시작한지 몇 해 되기도 전에 사용자가 급증하며 전 세계적으로 가장 신뢰할 수 있는 SNS 채널로 페이스북이 대두되고 있다. 특히 30~40대 사용자가 많은 것으로 알려져 있는 페이스북은 우리나라에서도 사용자가 2013년 현재 900만에 달하는 것으로 집계되고 있다. 사용자가 많은 것도 많은 것이지만 페이스북의 놀랍고도 다양한 기능이 더욱 매력적이다.

페이스북의 여러 기능 중에 가장 매력적인 것은 전문가의 힘을 빌지 않고도 페이지나 그룹을 꾸미고 홍보할 수 있다는 것이다. 특히 이벤트 페이지를 쉽게 만들 수 있어 초보자라도 누구나 자신의 상품이나 회사를 홍보하기가 수월하다는 점이 큰 장점이다. 페이스북은 국내 최고 SNS 채널인 S에 비하여 사용자의 연령대가 비교적 높은 편이고 사용자의 수준이 높아 나름대로의 문화를 갖추고 있다고 볼 수 있다. 어느 정도 소셜 캐릭터가 형성되고 나면 직접적인 판매가 아니더라도 다양한 협업과 홍보 등을 수준 높게 할 수 있고 이벤트 기능을 활용하여 공동구매를 진행하거나 직간접 광고를 하기가 쉽다. 하지만 SNS의 특성상 너무 대놓고 홍보를 하거나 콘텐츠가 홍보에만 집중되면 오히려 외면당하는 경우가 많아 매우 신중하고 조심스럽게 접근해야 하며 고객을 유입시키는 방법을 창의적으로 시도해야 한다는 생각이 든다.

필자는 2010년부터 페이스북을 시작했고 아주 천천히 그 문화를 몸에 익히고 있다. 아직까지는 실제로 고객 유입이 많거나 홍보 마케팅을 효과적으로 수행하고 있다고는 생각되지 않지만 머지않아 페이스북이 에스테틱&스파 업계에도 고객 홍보에 아주 큰 비중을 차지할 것으로 기대하고 있다. 그런 점에서 나의 경험을 토대로 조심스럽게 페이스북 내에서의 소셜 브랜드, 소셜 캐릭터를 만들어 가는데 도움이 될 만한 내용을 함께 공유해 보고자 한다.

∴ 페이스북으로 소셜 캐릭터 만들기

소셜 캐릭터란 SNS 안에서 나만의 캐릭터를 만들어 내는 것이라 생각한다. 아무리 짧은 글이라 해도 글이란 사람의 정신이나 생각을 투영하는 것이기 때문에, SNS로 자신의 브랜드를 홍보하고자 한다면 나의 개성과 브랜드의 특성을 잘 살려 마케팅 차원에서 접근해야 할 것이다. 한번 포스팅 되어 여러 사람에게 공유되고 나면 걷잡을 수 없기 때문에 우선 자신의 캐릭터를 설정하고 시작할 것을 권한다.

페이스 북은 지켜야 할 에티켓이 많은 공간이다. 반드시 소통을 해야만 하는 공간이므로, 처음에는 시간과 공이 많이 들어가며 무엇보다도 본인이 즐겨야만 한다. 이 공간에서 내가 그 동안 배운 것은 내가 공들인 시간과 노력만큼 결과가 나온다는 것이다. 친구들의 페이지에 들어가서 안부 인사를 남긴다든지, 내 담벼락(요즈음은 타임라인으로 바뀌었다)에 남긴 친구들의 안부 글에 일일이 댓글을 단다든지 하는 행위들을 즐기지 못한다면, 나 개인은 물론이고 내 상품이나 브랜드를 홍보할 수 있는 길은 열리지 않는다. 이미 잘 알려진 브랜드를 페이스북 내에서 광고하는 경우에도 다른 광고매체와는 다르게 personality를 가지고 접근하는 마당에 알려지지도 않은 개인의 브랜드를 홍보하는 것이 그렇게 쉽게 될 리가 없다. SNS 환경을 제대로 이해하고 먼저 나 자신의 소셜화를 시작하는 것이 최우선적으로 할 일이다. 그래서 SNS마케팅은 시간이 걸린다. 시간이 걸리긴 하나 일정 시간 노력한 후에는 그 파급효과에 놀라게 될 것이다.

페이스북의 특별한 캐릭터 중 단연 돋보이는 것은 '좋아요'이다. 누군가의 글을 읽고 '좋아요'를 누르게 만드는 페이스북은 리트윗 기능으로 follower들에게 소식을 확산시키는 트위터와는 다르게 심리학적으로 매우 난이도가 있는 소셜 공간인 셈이다. 일단 페이스북 상에서 친구가 되면 '좋아요'를 많이 누르는 만큼 '좋아요'를 주고받는 '품앗이 심리전'을 펴게 된다. 즉 내가 정성을 들인 만큼 결과가 나오게 된다는 것이다.

개인적인 personality가 확고하게 형성이 된 후에야, 내 브랜드의 페이지나 그룹을 따로 만들어 서서히 홍보하고 마케팅해야 한다. 페이스북이 양방향 소통이면서 특별하게도 호불호가 확연히 가려지는 소셜 공간이기 때문이다. 소통을 하지 못하는 정보나 콘텐츠는 소비자에게 외면당하는 시대에, 개인의 personality가 사업의 성패에 큰 영향을 마치는 사업을 하고 있는 에스테틱&스파의 사업자라면 페이스북을 홍보마케팅의 동반자로 선택해야 한다고 생각한다.

아직도 SNS는 사생활이 노출되어 싫다든지, 그런 것 할 시간에 고객관리나 더 하는 게 낫다는 생각을 하고 있다면 지금 당장 생각을 바꿔야 할 것이다.

세상이 얼마나 빠르게 변하고 있고 우리가 상상할 수도 없는 변화의 물결이 얼마나 거세게 다가오고 있는지를 모른다는 것은 미래를 예측하지 못하는 CEO라는 것이다. 그들은 언제나 두려움 속에서 미래를 맞이해야 할 것이다. SNS를 십분 활용하는 브랜드는 그만큼 정보전달이 빠르고 소통 능력이 있어 앞서가는 것이고, 그렇지 못 한 브랜드는 그만큼 뒤처지는 것이다.

개인의 소셜 personality가 확립되고 나의 페이지가 양방향 소통을 효율적으로 하고 있다고 판단되면 서서히 브랜드 페이지와 그룹을 만들어서 홍보를 시작할 수 있다. 내 친구들이 아무 사심 없이 내 브랜드에 '좋아요'를 눌러주고 자연스러운 호기심을 갖게 될 것이므로 홍보가 수월할 것이다. 단, 홍보가 수월하다 하여 매출이 갑자기 늘어나고 고객에게 전화가 오는 것을 기대하는 것은 절대 금물이다. 다양한 이벤트를 무료로 진행할 수 있고 페이지를 꾸밀 수 있고 사진과 동영상을 자유자재로 올릴 수 있다는 것만으로도 매우 고무적이라고 생각해야 한다.

140자의 짧은 글로만 소통을 해야 하는 트위터보다는 페이스 북이 훨씬 더 홍보에 효과적인 이유는 다양한 콘텐츠를 게시할 수 있고 공유할 수 있으며 기본적으로 내용에 충실할 수 있도록 구조가 만들어져 있다는 점이다. 해외에서는 이미 기업들이 활용해야 할 필수도구가 된지 오래이다. 최고의 가치를 지닌 이 황금 소셜 미디어를 그저 개인의 홈페이지 정도로 인식하고 있다면 곤란하다. TGIF(Twitter, Google, iphone, Facebook)에 능통해야 할 사람들은 바로 우리와 같이 뷰티 업종에 종사하는 사업자들이다. 단발성 고객관리보다는 끊임없이 네트워킹을 해나가야 하는 특성을 갖고 있는 뷰티 업종에서 우리는 반드시 자신만의 소셜 캐릭터를 구축해야만 한다.

막대한 비용을 들여 아웃소싱을 해도 결국 그들이 하는 일이 블로그나 페이스북, 미투데이 같은 SNS를 활용해서 검색 엔진에 걸리게 하는 일이므로 조금만 부지런하다면 비용을 들이지 않고도 스스로 할 수 있다. 내 사업의 주체는 나이고 내 사업의 콘텐츠는 결국 내가 제공해야만 한다. 다른 사람이 대신 해주는 것은 한계가 있고 내용물이 충실할 수 없기 때문에 고객이 금방 알아차리게 된다. SNS의 기본은 진정성과 지속성이다.

∴ 검색 엔진의 중요한 기반이 된 페이스북

2009년 웹 트래픽 분석 업체의 자료에 따르면 주요 포털사이트로 유입되는 트래픽의 13%가 페이스북으로부터 온다고 한다. 이는 매우 중요한 사실이다. 이제 사람들은 검색 엔진을 통해 나오는 정보를 믿을 수도 없고, 너무 방대해 취사선택하기가 어려워진 것이다. 그보다는 페이스북의 친구들이 올려놓은 정보를 먼저 체크하고 거기에 링크된 URL로 유입되어 들어간다는 것으로 설명이 된다. 이는 새로운 형태의 검색 문화인데, 페이스북 사용자들은 먼저 페이스 북으로 접속하고 그 이후에 다양한 콘텐츠를 따라 움직인다는 것이다.

따라서 페이스북의 홍보가 직접적인 매출로 이어지지 않더라도 콘텐츠에 따라 상당히 신뢰를 주는 정보가 될 수 있다는 것을 의미한다. 더구나 동영상과 사진 등이 많이 노출되어 시각적으로 호기심을 자극하는 효과가 있으며, 페이스북 친구의 네트워킹이란 특성상 포스팅 된 콘텐츠를 무시하기 어렵기 때문에 간접홍보 효과를 누릴 수가 있는 것이다. 즉, 자의적 신뢰가 기반이 되는 홍보이므로 효과는 강력하다.

  또한 페이스북은 대부분 실시간으로 자신이 체험한 장소나 상품 등을 사진과 함께 업데이트하기 때문에 고객들이 만족했을 경우 자발적으로 홍보를 해주는 효과가 있어 신뢰를 더할 수 있다. 즉 내가 굳이 나서지 않고 친구들에 의해 홍보가 된다는 점이 특별하다. 사진과 함께 오늘 방문한 매장을 올리고 좋다고 홍보하면 그 사람들의 친구들이 '좋아요'를 누르고 소통하는 것이 실시간으로 공개되어 극적인 홍보효과를 누리는 것이다. 실제로 필자는 사용하는 화장품이나 다양한 상품 등의 체험담을 포스팅하면서 홍보효과를 많이 경험하였다. 페이스북에서 네트워킹이 많고 신뢰를 주는 사람일수록 그 파급효과가 더 크다는 것 또한 경험했다.

  모든 정보를 개방하고 공유하는 방식을 택한 페이스북의 승리가 아닐 수 없다. 그러므로 이런 매체를 이용하여 나의 콘텐츠를 개방하고 공유한다면 그보다 더 효과적인 홍보는 없을 것이다. 뿐만 아니라 스마트폰 시대에 가장 걸맞는 소셜 미디어라는 것도 중요하다. 간단한 어플리케이션으로 다양한 기능을 수행하며, 심지어는 직원 간 업무 교신조차도 페이스북으로 가장 빠르게 진행할 수 있다는 사실이 너무 환상적이다. 실제 우리 회사는 페이스북으로 비공개 그룹을 만들어 업무 내용을 실시간으로 자리 이동 없이 공유하고 있고 중요한 업무보고 역시 실시간 쪽지로 하고 있다. 메일 기능도 너무 잘 되어 있어 업무적으로도 그 활용도가 매우 높다고 할 수 있다. 페이스북을 하고 있는 고객이 많으므로 페이지나 그룹을 만들어 고객 가입 이벤트를 진행하고 실시간으로 빠르게 체험기나 추천 정보를 올리도록 하는 등 네트워킹 이벤트를 진행해 본다면 실 구매력이 있는 고객들로부터의 반응이 신속하게 올라올 것이다.

모든 사람이 이미 하고 있고 큰 효과를 보지 못하고 있는 매체를 통한 마케팅을 답습할 것이냐, 새로운 가능성에 적극적으로 도전하고 마케팅을 주도할 것이냐, 현명한 CEO라면 선태의 기로에서 옳은 선택을 할 것이다. 아직도 페이스북에 가입하지 않았다면 당장이라도 가입하고 소셜 캐릭터를 만들어 가자. 그리고 비용이 들지 않는 다양한 홍보를 시작해 보자. 돈이 들지 않으니 잃을 것도 없지 않은가.

어느 날 준비가 전혀 되어 있지 않은 상태에서 페이스북 마케팅 전성시대를 맞게 된다면 그때는 후회해도 늦을 일이다.

아름다움을 파는
아름다운 전략

뷰 티   마 케 팅   인 문 학 으 로   하 라

01

'나'를 세일즈하는 판매의 기술

세일즈는 내가 존재하는 의미를 소소하게 느낄 수 있는
일상의 성과이다.

❖ I can sell!

나는 언제나 판매를 ART(같은 의미라도 기술보다는 예술에 무게를 두고
싶다)라고 부른다. 비굴하지 않게 판매하기 위해서는 상대방의 스타
일을 읽는 눈과 빠른 판단력, 그리고 반대를 극복할 수 있는 여유, 상
품 전반에 대한 지식, 사람을 소중하게 여기는 인문학적 자세가 필요
하다고 생각하기 때문이다. 어떻게든 고객의 지갑을 열게 할 수는 있
어도, 그 고객의 마음을 풍요롭게 채우는 일은 그리 쉽지 않다.

CEO든 직원이든 뷰티 비즈니스를 하면서 가장 두려워하는 것이
'상담'이다. 학원에 문의가 많이 들어오는 부분이기도 한데, 이 상담
은 결국 판매가 완결됨을 의미하는 것이다. 판매를 잘하고 싶은데 그
방법을 배운 적이 없어 절차와 원칙이 무시된 좌판 늘어놓기 식 판매

를 하는 경우가 많다. 과거 다양한 업계의 판매 왕들이 밝히는 판매 노하우는 대부분 감성을 건드리는 내용, 성공 스토리에 집중되어 있기 때문에 따라 하기도 어렵고, 나에겐 적용되지 않는 방법들뿐이다. 직원을 채용할 때는 직원의 판매 능력을 기대하지도 않다가 판매를 잘 하지 못하면 무능하게 느끼게 된다. 그 업장의 특성에 맞는 판매 방법을 가르친 적도 없으니, 그냥 전쟁터에서 몸으로 칼과 총을 막으라는 격이 아닐 수 없다.

내가 생각하는 에스테틱&스파 인력이 가진 문제점은 '나는 판매하는 사람이 아닌 테라피스트라는 생각', '판매를 시도했다가 거절당할 것에 대한 두려움', '판매방법을 교육받은 적이 없어 어떤 접근을 해야 할지 모르는 무지'이다. 사실 경영난을 극복하지 못하고 한없이 가격 할인을 해야 하는 문제점을 알고 있으면서도 어쩔 수 없이 하루하루를 무기력한 영업을 하고 있는 우리 업계의 현실이 가장 안타까운 취약점일 것이다. 생각을 변화시키고 세일즈 마인드가 제대로 된 직업인의 자세를 갖게 하는 교육을 할 수 없는 현실이 참으로 답답하다.

20년 전 화장품 업계에 처음 발을 디뎠을 당시 나의 모습은 paper work에만 길들여져 필드에서의 현장 감각이 없다 보니 교육을 담당하는 전문가로서 결여된 세일즈 마인드를 갖는 것이 가장 힘든 일이었다. 판매에 초점이 맞추어진 교육을 해야 하는데 도대체 어떤 방법을 써야 자연스럽게 판매에 대한 적극성을 길러줄 수 있을지 막막했다. 내 마음속 깊은 곳에 있는 나름대로의 잘못된 직업관과 계층의식을 깨지 못 하고, 자꾸만 세일즈는 좋은 직업이 아니라는 생각을 했기 때문이다.

그때 나에게 있어 스승이 되었던 것은 직접 물건을 들고 다이렉트 셀링을 해본 경험이었다. 탁상공론이 아닌 소비자의 마음을 직접 움직이는 마케팅은 상품개발 단계에서부터 반드시 개념을 잡고 가야 하는 험난한 길이었다. 고객이 좋아하는 언어, 고객을 감동시키는 접근방식을 스스로 체득할 수 있도록 직접 화장품을 들고 거리에 나가게 했던 당시 나의 상사는 지금도 잊지 못할 인생의 스승이라고 생각된다. 고객은 세일즈를 하는 사람에게 기본적인 거부감을 갖는다. 멋진 상점을 차려놓고 누구나 사고 싶어 하는 명품을 판매하는 사람들조차 판매의 기술을 가지고 있는데, 눈에 보이는 것도 아니고 꼭 필요한 생필품을 판매하는 것도 아닌 우리가 아무런 기술이나 연습도 없이 필드에 나가고 영업을 한다는 것은 정말 말이 안 되는 일이지 않은가.

　판매는 학습과 연습이 가장 중요하다. 나를 그냥 변화시킬 수는 없다. 원칙이 있는 기본 기술과 반대를 만났을 때 이를 극복할 수 있는 힘을 기를 수 있는 것은 연습뿐이다. 나는 2003년 아카데미를 오픈하면서 가장 중요한 커리큘럼 중의 하나로 '판매 상담 롤플레잉' 과정을 만들었다. 이러한 역할극의 장점은 일어날 수 있는 상황을 미리 학습하고 연습하여 결과 도출을 위한 자신감을 갖게 하는 것이다. 판매 역할극은 지금까지도 우리 아카데미 고급과정의 핵심 축이 되어 졸업 시에는 언제나 롤플레잉 컨테스트로 마무리를 한다. 고객과 상담자가 되어 주어진 문제를 풀어나가는 수행을 하게 하는 것이다. 열심히 준비한 학생들의 열띤 경연은 가히 감동적이며 컨테스트를 마치고 얻어지는 충만감은 이루 말할 수가 없다.

나에게 있어 업계 입문의 계기가 된 것은 화장품이었다. 당시 프랑스에서도 유일무이한 전문 체인 브랜드 S사의 제품과 기술력을 수입했던 경험은 판매의 기술을 교육받고 선진국형 판매를 경험할 수 있는 좋은 기회였다. 물론 선진국형 판매라 해서 별 다를 것은 없다. 다만 감각적인 직관에 의지하지 않고 밀어붙이기 식이 아닌 단계별 행동양식을 학습하게 하고 고객을 불편하게 하지 않으면서 거절당하지 않을 프로토콜을 교육한다는 것이 중요한 것 같다.

우리나라 여성들은 특별히 자신이 고유하다는 것을 나타내고 싶어 하는 과시욕이 있으면서, 동시에 연대감을 갖고 싶어 하는 편이어서 그럼 심리를 잘 이용하여 한국적 스타일의 판매 방식을 적용한다면 대략 성공적인 판매를 할 수 있을 것이다. 이제부터 내가 경험한 판매의 기술과 상담에 대한 행동수칙을 하나하나 얘기해 보도록 하겠다.

_내 자신의 판매 능력을 알아볼 수 있는 자가질문

1. 평소에 같은 업종의 제품이나 프로그램을 구입해본 경험이 없다.
2. 나는 테라피스트이지 세일즈맨이 아니다.
3. 관리 중 상품 정보를 주기 위해 말을 하는 것이 부담스럽다.
4. 관심 가는 물건을 구입한 후에 후회를 많이 하는 편이다.
5. 판매를 할 때 내가 제시하는 상품 가격이 비싸게 느껴져서 할인을 해주면 기분이 좋다.

위의 질문에서 3가지 이상이 yes에 해당된다면 판매에 대한 저항이 많은 것으로 봐야 한다. 판매는 기술이기도 하지만 자신의 역량을

최고로 끌어올려 타인을 설득하는 것이므로 훈련과 마인드 전환이
반드시 필요하다.

∴ 판매를 위한 insight

1. 절대적 우위에 서있는 우리의 입장을 깨달으라!

팔기 위해 뭔가를 제시하고 살 것인지 말 것인지를 결정하게 하는
시대는 갔다. 세일즈 기술을 교육하면서 필자가 가장 강조하는 것은
운 좋게도 우리 매장의 문을 열고 들어온 고객은 이미 100% 판매가
이루어진 경우가 대다수라는 점이다. 문턱이 높은 특수 상품인 에스
테틱은 매장에 들어온 순간 판매가 확정된 것이다. 에스테틱의 특성
상 장기 고객화 하지 못하면 판매가 되지 않았다고 여기는 습성 때
문에 직원들은 상당히 패배감에 휩싸이게 된다. 단 1회를 받아도 판
매는 100% 이루어진 것이므로 절대적 우위에서 상담이 시작된다는
점을 잊지 말자. 관심이 없다면 매장 문을 열고 들어올 수 없다.

2. 이미 판매는 되었으니 집중하라!

판매가 이미 이루어진 것이므로 모든 상담은 현재와 미래가 공존
하는 대화법이어야 한다. 고객에게 하시겠습니까, 안 하시겠습니까
를 묻는 것이 아니라 구매를 했을 경우 고객이 얻게 될 절대적 이득
을 들어 상품을 고르게 해야 한다. '~하신다면'이라는 조건법을 사
용하는 대화는 이미 50%의 확신만을 줄 뿐이므로 고객에게 빠져나

갈 구멍을 열어 두는 것이나 다름없다. 이미 판매는 되었으니 그것으로 얻을 고객의 이득을 설명한다면 자연스럽게 고객 심리는 구매심리로 전환되기 마련이다.

> "고객님께서 전화로 상담하신 **프로그램은 오늘 뵈니 고객님께 적절한 프로그램이 아닌 것 같습니다. **을 권해드립니다. 같은 체형의 저희 고객분들 80% 이상이 성공적으로 결과를 보장받은 프로그램인데다, 마침 이달의 프로모션 상품입니다."

이런 상담 법은 성공률이 아주 높을 뿐만 아니라 고객의 결정을 쉽게 만들어 판매 클로징을 아주 손쉽게 만들어준다. 무엇보다 자신감을 갖는 것이 중요하다.

∴ 판매를 위한 기본 자세

_브랜드를 입는다.

내가 어떤 브랜드를 판매할 것인가 보다 중요한 것이 있다. 내가 어떤 브랜드인가를 보여주는 것이다. 즉 나의 identity가 확립되어야 하고, 내가 소속된 조직의 이미지가 나에게서 스며나와야 한다. 우리나라 에스테틱&스파는 최근 들어 브랜드를 마케팅의 중요한 핵심 요소로 인식해 가고 있는 시점이긴 하나 아직도 그저 피부실, 피부관리실 정도로 자신의 업장을 규정짓고 있는 경향이 있다. 롤 모델로 삼을만한 브랜드가 있는데 바로 '아베다'이다. 아베다 매장을 방문하면 내 말이 어떤 의미인지 바로 느낌이 올 것이다. 모든 직원이 자사의 브랜드를 입고, "저희 아베다에서는, 아베다의 프로그램은……"처럼 브랜드를 자주 입에 올리며 홍보한다. 고객은 자신도 모르는 사이, 브랜드를 반복적으로 인지하게 되어 호감도가 높아지는 것이다.

_자긍심이 나의 소득을 결정한다.

내가 테라피스트인지 판매하는 사람인지 정체성을 모르겠다면, 내가 진정으로 원하는 것이 무엇인지 적어보도록 한다. 내가 진정으로 원하는 것은 아마도 이 직업을 통해 부와 명예를 얻는 것일 것이다. 다른 소명의식이 있다면 그건 판매나 고객관리에 있어 약간의 걸림돌이 될 수 있다. 부와 명예를 얻기 위해 힘들게 일하는 사람은 아무리 상황이 힘들어도 짜증이 나거나 집어치우고 싶다는 생각을 하지 않는다. 마지막 꿈이 창업이라면 더더욱 그럴 것이다. 이 직업에 몸담고 있다면 '나는 전문가이면서 돈을 잘 버는 사람'이라는 인식이 필요하다. '전문가'란 우리에게도 얼마든지 적용되는 개념인 것이다. 자신의 일에 긍지를 가지고 일을 열심히 하는 사람을 볼 때 고객일지라도 진정 감동하지 않을 수 없을 것이다.

_해박한 상품 지식을 갖는다.

판매할 상품과 주변 연계 상품, 경쟁 상품에 이르기까지 상품 전반에 대해 잘 알고 있어야 할 뿐만 아니라 사용감이나 장단점에 대해서도 완전히 숙지하고 있는 것이 매우 중요하다. 만일 직원들이 판매에서 성과를 내기 원한다면 제품 교육, 프로그램 교육에 더 많은 시간을 할애해야 할 것이다. 지식을 가지고 있는 사람은 응용이 가능하지만 지식 기반이 없이는 어떠한 기술도 발휘될 수 없다.

_반대를 두려워하지 않고, 결과에 연연하지 않는다.

내 일에 최선을 다하면 좋지 않은 결과에 대해 두려워할 필요가 없다. 판매를 하면서 비굴한 생각이 든다거나 클로징(판매 종결)이 잘되지 않을 경우 자신감을 상실하게 되는 경우가 많다. 이런 감정 상태는 판매의 방법론에 따라 상당히 달라진다. 이후 언급할 판매 프로세스를 잘 지킨다면 조금은 마음의 부담을 덜 수 있게 될 것이다.

∴ 판매 프로세스(Sales Process)

이제 스파의 고객 맞이부터 클로징까지 단계별 판매 과정을 통해 판매 방법과 스킬을 알아보도록 하겠다.

_어프로치(스타일 리딩)

고객이 전화로 예약할 당시의 말투나 태도를 잘 파악하여 고객의 스타일을 리딩하는 것은 매우 중요하다. 고객의 스타일에 따라 어프로치 화법을 달리해야만 올바른 소통이 시작되기 때문이다. 어프로치는 '인사 및 접대'와 '칭찬 화법'으로 구성되는데, 예를 들어보겠다.

"안녕하십니까, 어서 오십시오. 이쪽으로 앉으세요. 저희 스파를 방문해 주셔서 감사합니다. 차는 무엇으로 드릴까요? 녹차와 홍차가 있습니다. 전화 예약하실 때 하체 비만이라 하셨는데, 너무 날씬하신데요? 차가 준비되는 동안 간단한 설문지 부탁드리겠습니다."

이러한 칭찬은 고객으로 하여금 마음을 열게 하고 자기 자신의 문제를 꺼내어 놓기 쉽게 만드는 적절한 어프로치이다. 어프로치가 끝나면 고객이 스파의 내부에 호기심을 가질 수 있도록 차가 준비되는 동안 스파 라운딩을 제안한다. 화장실, 파우더룸, 관리실 등을 안내할 때 고객보다 한발 앞서서 자연스럽게 길을 막지 않아야 한다.

_경청의 시간: 스킨 애널리시스 & 체형 애널리시스

고객의 말을 경청하라 하는데, 요즈음 고객은 말을 많이 하지 않는다. 말도 안 하지만 듣기도 싫어한다. 이럴 때 정말 좋은 경청을 할 수 있는 도구가 설문지이다. 피부관리 자가 설문지나 비만 설문지를 활용해 경청의 상담을 하는 것이 매우 효율적이다. 모든 종류의 SAQ(Self Assessment Question)는 매우 놀라운 결과를 선사한다. 우선 설문지를 작성하는 동안 고객의 스타일을 집중적으로 살필 수 있다. 5분 정도의 시간에 고객의 태도를 보고 스타일을 가려내는 것이 중요하다. 고객은 설문지를 작성하는 동안 상담을 받는 심리상태가 된다. 이미 자신의 문제점을 인정하게 되어 책임을 관리자에게 전가하지 않게 되므로, 잘 만들어진 설문지는 항상 좋은 결과를 도출한다 (다양한 설문지에 대한 내용은 『에스테틱&스파 뷰티바이블』 부록을 참고하면 된다). 체형분석을 위해서는 보다 구체적인 상황이 필요하다. 적어도 체성분을 분석하는 임피던스 측정기가 준비되어야 하고 전신 거울이 최소 ㄱ자로 두 면에 배치되어 있으면 좋다. 전략적으로는 고객이 일부 탈의를 한 상태에서 거울을 보며 분석하는 것이 더 좋으나 스파 특성상 상담 시 탈의를 하기는 어려우니, 착의상태에서 설문지를 통한 상담으로 대체한다. 이 단계에 들어오면 고객은 거의 자포자기 상태가 되어 관리를 받아야겠다는 생각을 하게 마련이다. 물론 체형의 단점은 절대 언급하면 안 된다는 것을 잊지 말자!

> "고객님, 지금 무릎 안쪽과 허벅지 승마 부분의 셀룰라이트(손으로 비틀며 거울로 함께 본다)가 1, 2, 3도로 볼 때 2도 정도 되시네요. 다리 라인이 예쁘신데 이것은 반드시 관리해야 할 부분입니다. 제가 집중해서 관리해드릴 부분이 바로 이 부분이며 주 2~3회, 정기적으로 20회 받으시면 많이 좋아지십니다."

이러한 멘트는 '관리를 받아보시면'이나 '회원이 되시면'이라는 가정법을 사용하는 것에 비해 천만 배 더 효과적이다. 마치 이미 관리를 시작했다는 듯이 전문가의 소견을 얘기하는 것이다. 심리적으로 고객은 따라오게 되어 있다.

특히 체형상담실이나 원장실에 고객이 누울 수 있는 간이 베드가 있으면 아주 좋다. 사이즈를 재거나 셀룰라이트를 측정할 때 거울로 함께 체형을 보는 방법과 고객이 누운 상태에서 측정을 하는 방법은 매우 추천할 만하다. 고객은 약간의 수치심과 소극적 태도를 보이게 되고 심리적으로도 위축되어 판매 클로징이 아주 쉬워진다. 사실 우리는 전문가이므로 체형상담에 있어 신중해야 하고 자세한 관찰이 필요한데도 어수선한 곳에서 간단히 상담을 하고(주로 가격상담이지 않은가) 어두운 관리실에서 바로 관리에 돌입하는 경우가 많아 오히려 고객이 우리를 신뢰할 수 없게 만드는 경향이 있다. 상담 시 말은 많이 줄이고 적절한 질문을 하며 고객을 누인 채 촉진을 하는 방법을 써보니 매우 효과적이었다. 지금도 내 방에는 멋진 인테리어 소품 대신 많은 책과 베드가 있다. 고객은 우리를 전문가로 보아야 한다. 그런 의미에서 적절한 상담실의 조화로움은 필수이다.

_프로그램 상담

관심 프로그램에 대한 전반적인 설명을 간략하게 한다. 가격을 자꾸 강조하거나 강요하는 느낌은 주지 않도록 노력한다. 프로그램의 과학적인 효과를 부각한다. 단, 이달의 프로모션이나 이벤트는 언급하여 시연관리를 하는 동안 생각할 기회를 미리 주는 것은 중요하다. 이때는 미끼효과, 떡밥효과를 유도해야 하는데 한국인들 정서에는 떡밥을 주려면 처음부터 거절할 수 없을 정도의 떡밥을 주는 것이 더 잘 통한다. 내가 쓰는 방법을 예로 들어 보겠다.

프로그램 상담 시 가장 중요한 점은 프로그램을 할 것이냐, 말 것이냐가 아닌 어떤 프로그램을 선택하느냐를 결정하게 하는 상담 법을 쓰는 것이다. 가격보다는 그것으로부터 얻을 고객의 이득을 강조하고 결과에 대해 집중하는 것이 중요하다.

"***와 ***프로그램 중 고객님께 가장 적합한 프로그램은 ***입니다. 효과를 더욱 더 내기 위해서 제가 딸라소 랩핑 회당 5만 원 관리를 4회 서비스하면서 4주간 관리를 해드릴 겁니다. ***프로그램으로 결정하시는 것이 체중감량에 더 효과적입니다."

"자, 이제부터 관리를 받으실 겁니다. 테라피스트 **에게 잘 받으시면서 궁금하신 것은 물어보시고요, 오늘 바로 관리 프로그램 구입을 결정하시면 패키지 관리 외에 오늘 관리를 무료로 받으십니다. 1회만 받고 싶으실 경우 편안하게 1회 금액만 내시면 됩니다."

이러한 멘트는 성공률 80% 이상이다. 눈치보고 감으로 판단하여 이 고객은 사겠다, 안 사겠다를 속단하는 것은 큰 오판이며 고객이 안 살 마음이었더라도 사게 만드는 것이 판매란 사실을 명심해야 한다.

_시연관리(단계별 자세한 설명 필수, 고객은 자면서도 듣는다)

첫 관리를 담당하는 담당 테라피스트는 각 단계별 관리 내용과 사용 제품을 고객에게 설명할 의무가 있음을 명심한다. 고객의 스킨, 체형 분석 내용을 숙지하고 있음을 알리는 절차가 필요한 것이다. 차트를 읽어보는 모습을 반드시 고객에게 보이고 몇 가지 사항을 함께 확인하는 것이 좋다. "고객님, 렌즈를 착용하시네요, 렌즈를 빼시고 관리하시는 것이 좋겠지요? 출산한지 2개월이 안 되셨으니 온열 요법을 중심으로 하겠습니다."와 같은 멘트가 효과적일 것이다.

분석단계에서 상담자가 아무리 메모를 잘 했다 하더라도 실제 관리를 하는 사람이 그 차트를 무시하고 똑같은 질문을 반복해서 하는 무신경함을 보인다든지, 아예 상담 내용을 무시한 관리를 한다면 판매 종결은 기대할 수 없다. 아무리 비싸고 좋은 제품으로 맞춤관리를 하더라도 설명이 따르지 않는다면 고객은 아무것도 모르기 때문에 가치를 인식할 수 없는 것이다.

상품 구입을 권유했을 때 거절당하면 어쩌나 하는 두려움을 느끼게 되는데, 각 단계별 관리를 설명할 때에 구매에 대하여 굳이 언급할 필요는 없다. "지금 사용하는 클렌징은 ***타입으로 고객님처럼 피부 결이 섬세하고 예민한 피부에 가장 적합한 제품으로 집에서 사용하실 때는 비누 사용을 제한하시고 이걸로만 아침저녁 씻어내시면 됩니다"라고 말하면 된다. 마치 이미 구입한 제품을 설명하듯이 한다는 것이 팁이다.

'사신다면, 사가시면'이라는 말을 사용하지 않았으므로 구입하지 않는다 해서 내가 상처받을 일이 없다. 고객 역시 직접적인 구매 권유를 받지 않았으므로 부담은 없으면서 충분한 정보를 제공받았다는 생각을 하게 된다. 오히려 제품에 대한 관심과 호감도가 더 높아질 수 있다. 이것이야말로 고급스러운 판매 기술이라 할 수 있다. 고객이 자든 말든, 듣든 말든, 나는 내 일을 해야 하는 것이다. 그렇지 않으면 직무유기다.

_필요한 제품 선정 및 설명

고객에게 가장 필요하다고 판단되는 제품을 선정한 다음, 확신을 가지고 장점을 설명하는 단계로 다음과 같은 멘트를 구사하게 된다. 앞에서 얘기했듯 직접적인 판매 문구는 쓰지 않으면서 고객의 관심을 끌도록 하는 것이다. 클렌징부터 마무리까지 단계별로 판매할 수 있는 매뉴얼을 예로 들어보도록 하겠다.

1. 클렌징단계

"고객님의 피부가 예민하셔서(이런 멘트는 특별 서비스를 받고 싶어 하는 대다수의 여성고객을 만족시킨다) ***브랜드의 ***성분이 들어 있는 저 자극 클렌져를 사용해서 클렌징해드립니다. 향을 느껴보세요~ 어떠신지요? 저 자극이어서 집에서 사용하실 때 화장 지우실 때는 두 번 사용하시면 되고, 러빙하시고 물로 씻어내시기만 하면 됩니다. 소비자 제품은 150ml가 준비되어 있습니다."

2. 딥클렌징 단계

"지금부터는 각질 제거를 하겠습니다. 블랙슈거 성분으로 부드러운 알갱이가 체온과 함께 녹으면서 부드럽게 스크럽을 합니다. 고객님께서 주 1회 스파에 오셔서 관리를 받으시기 때문에 딥클렌징은 소비자 판매를 하지 않습니다."

고객이 이미 멤버십 회원이 되었다는 전제 하에 하는 이러한 멘트는 매우 효과적이다. 마사지하는 시간은 충분히 고객을 편안히 쉬게 하고 최대한의 기술을 발휘한다. 이 시간 만큼은 고객이 방해받지 않고 즐기도록 둔다. 마사지 후의 마스크 단계는 역시 제품과 성분의 설명이 들어가야 한다.

3. 마무리 단계

"지금 사용해 드리는 앰플은 소비자용이 10ml로 10개 들어 있어 아침저녁 반씩 사용하시면 20일 분이고 20일 후에 주름의 깊이가 줄어드는 효과가 임상실험으로 입증된 제품입니다. 사용감 어떠세요? 고객님의 피부는 약간 민감하시기는 하지만 결도 좋으세요. 단 한 가지 중년이시니까 리프팅에는 신경쓰셔야 하는데 많이 바르지 않고 효과적인 제품을 쓰시는 것이 효율적입니다. 저희 스파 이달 프로모션 제품입니다~"

고객은 다양한 정보를 들었으므로 선택의 폭이 넓어지고 특히 제품 구입에 대한 새로운 개념이 생긴 것이다. 사라고 강요하지 않았으므로 사지 않는다고 비굴할 이유가 없으며 정보가 많이 들어온 상태에서 프로모션이 가미되면 고객은 그것을 혜택으로 인식하게 되므로 매우 효과적이다. 그래도 구매하지 않는다면? 쿨하게 보내라~!

명심할 것은, 관리 프로그램이나 제품에 대해 정보를 듣는 것은 고객의 권리이며 이러한 책임은 관리사에게 있다는 사실이다. 듣든 말든, 자든 말든, 싫어하든 말든 내 할 일을 하라!

_Up selling의 기술

전문가의 입장에서 조금 더 비싼 관리 프로그램을 권할 때 쓰는 멘트를 예로 들어 보겠다. 이러한 멘트 역시 직접적인 비용에 대한 언급은 없지만 이심전심 전달되는 부분이므로 up selling에 성공하게 되는 경우가 많다.

"지금 받으시는 관리가 고객님의 피부에 최적의 관리는 아닌 것 같습니다. 많이 건조하시니 저희 프로그램 중 ***프로그램을 더 추가해드리고 싶습니다. 괜찮으신지요?"

명심하라! 고객의 지갑을 여는 것은 쉽지 않지만 시도도 하지 않으면 기회도 없다. 시도하라, 그러면 답이 생긴다.

_장기 멤버십을 유도해야 하는 경우의 상담 법

슬리밍 관리 같은 장기 고객화 해야 하는 프로그램을 판매해야 하는 경우, 금액이 크고 큰 결심을 해야 하는 경우가 많아 대체로 관리실 내에서 관리사가 고객과 어떻게 소통하느냐에 따라 판매 클로징이 달라질 수 있다. 이런 경우 각별히 부담을 느끼는 관리사들이 있어 손쉬운 방법을 소개하겠다.

"고객님, 오늘 해드리는 이 관리는 ***목적으로 하고 있으며 정기적인 관리가 필수입니다. 고객님께서는 주 2회 오실 것이기 때문에 최초 3주는 오늘 받으시는 관리와 같은 관리를, 그 이후 3주는 ***관리를 추가하여 병행할 것입니다. 하체 근육이 잘 생기시는 체질이시기 때문에 급격한 근력운동을 병행하지는 마시기 바랍니다."

현재와 미래가 공존하는 이런 식의 상담은 이미 나의 고객이라는 전제 하에 하는 상담이므로 고객의 심리를 긍정적으로 만들어준다.

_클로징 상담(클로징은 반드시 좁은 공간에서 1:1로 한다)

관리가 끝난 고객은 파우더룸으로 안내하고 클로징 공간에 차와 판매 가능 상품을 준비해 둔다. 클로징은 관리를 담당한 테라피스트가 아닌 어프로치를 했던 원장이나 매니저가 하는 것이 좋다. 좁은 공간에서 마주보고 eye contact을 하는 것은 매우 중요하다.

고객은 장기 프로그램 구입이냐 제품 구입이냐를 두고 망설이게 된다. 데모관리 단계에서 단계별로 제품 설명을 해주었다면 장기 프로그램 구매를 하지 않을 고객에게 적어도 제품이라도 판매할 수 있는 기회가 제공되는 것이다. 만일 장기 프로그램 구매 시 제품을 선물로 주겠다는 제안을 할 경우, 제품만 사든지 장기 프로그램 구매를 해서 선물도 받든지 둘 중 하나의 결정을 하게 될 것이다.

> "관리해주신 **선생님께서 고객님 피부에 이 앰플을 사용하는 것이 좋다고 추천했는데 어떠신지요? 프로모션으로 마침 가격이 10% 할인되었습니다"

관리 시 강조했던 제품을 클로징 테이블에 놓아두고 시각적으로 다시 한 번 고객에게 꼭 필요한 제품임을 상기시킨다. 직접적인 판매 권유는 하나도 없이 지갑을 열 수 있도록 유도하는 멘트인데 사지 않을 경우라 해도 정보를 제공했으므로 다음 기회를 기약할 수 있는 것이다. 또한 판매 권유 멘트를 하지 않았으므로 실망하거나 창피한 감정이 들 이유도 없다.

판매를 하려면 약간의 부담은 피할 수 없다. 하지만 구매 의사가 크게 없다 하더라도 문턱이 높은 스파를 직접 들어와서 옷을 벗고 데 모관리를 받았을 정도라면 50% 이상의 긍정적 희망은 존재하는 것이다. 아이쇼핑 하듯이 쑥 들어왔다 나가는 상점이 아니기 때문이다.

_Happy Call(눈에 보이는 결과가 없더라도 꼭 해야 하는 일)

고객이 업장에서 나갈 때 SNS 문자 메세지를 바로 발송한다. '방문해 주셔서 감사합니다. 즐거운 시간이 되셨기를 바랍니다' 혹은 '**스파의 고객이 되어주셔서 감사합니다. 사랑과 정성으로 모시겠습니다'와 같은 정도면 된다.

중요한 것은 다음날이다. 관리 다음날 너무 이르지 않은 시간에 담당 관리사가 해피콜을 한다. 고객은 귀찮아할 것 같아도 은근히 시스템적으로 접근하는 스파가 어딘가 달라 보인다고 생각할 것이다.

판매는 단순한 기술이 아닌 종합예술이다. 위에 기술한 판매의 단계는 나와 내 직원들이 실제로 실천하고 있는 방법이며 학생들에게 교육하고 있는 실제 내용으로 그 효과가 검증된 방법이다. 판매에 임하면서 이것을 한 단계 한 단계 무조건 실천하고 실행한다면 반드시 좋은 결과가 도출될 수 있다. 특히 소셜커머스의 활성화로 1회성 고객이 많은 요즈음, 당당하게 50% 할인권을 미리 결제하고 방문한 고객들에게 효과적으로 접근하는 방법을 찾지 못해 울상 짓는 스파라면 한 번 시도해볼 일이다.

이렇게 오는 고객들은 절대로 다른 건 안 산다고 생각하는가. 그러나 절대로 그렇지만은 않다. 교육이 되어 있지 않은 마구잡이 상담, 혹은 입을 꾹 다물고 관리만 하는 부정적인 모습이 문제일 수도 있지 않은가. 직원들도 원장도 판매하는 방법이나 원칙을 모르고 있는데 고객은 밀려들고 있다. 그 동안의 습관대로 VIP 고객에 의존하며 스파를 운영하는 시대는 지나갔다. 이 시대의 고객은 마구잡이로 간을 보듯이 스파에 온다. 그렇다고 반토막난 가격에 체험관리만 해대며 한숨만 쉬고 있을 수는 없다. 우리도 마구잡이로 다양한 시도를 하며 당당하게 판매를 해야 한다. 실패를 생각하며 두려워할 시간에 무조건, 듣든 말든, 자든 말든, 싫어하든 말든, 나는 판매를 한다. 나는 팔아야만 하므로. 잊지 말자, I can sell whatever!

TIP

power sales를 위한 체크리스트

1. welcome message
   보통 차를 대접하기 직전 고객이 대기하는 시간에 받아보는 메시지로 다음과 같이 구성된다.
   '안녕하십니까, ***고객님! 저희 **를 찾아주셔서 진심으로 감사드립니다. 행복한 시간을 만들어드릴 것을 약속드립니다'
2. 일목요연하게 정리된 상담 매뉴얼(추천 프로그램 강조)
3. 어프로치를 위한 다양한 SAQ
4. 작고 너무 밝지 않은 상담실
5. 약도나 예약 전화를 위한 안내 카드(로고가 들어간 예쁜 카드)
6. 관리와 홈 케어를 위한 간략한 설명 편지

02

고객을 움직이는 판매 심리학

심리학을 모르고 사람을 설득할 수 없다.
생각의 프레임을 바꾸고 사람을 연구하라.
거기에 답이 있다.

∴ 고객의 마음을 움직이는 언어의 힘

얼마 전 내가 주관하는 CEO 조찬 포럼에서 강연을 해주신 분께서 마케팅과 세일즈의 개념을 명쾌하게 정리해 주었다. '마케팅은 내 업장에 오기까지의 단계, 세일즈는 나와 마주한 시점부터의 단계!' 참으로 명쾌하다. 여러 가지 이유로 마케팅이 어려운 상황이더라도 내 앞에 마주한 고객을 설득하는 힘, 그것이 파워 세일즈일 것이다.

상점에는 시각, 촉각, 청각, 후각을 자극하는 상품이 있다. 쇼핑몰에도 멋진 물건들이 주인이 선택해 주기를 기다리며 한껏 포즈를 취하고 있고, 어딜 가도 판매될 물건들이, 음식들이 멋지게 포장되어 선택되기를 기다리는데 에스테틱&스파의 상품은 도대체 보여줄 방법이 없다. 처음부터 끝까지 무형의 상품을 설득을 통해 판매해야 하고 만족도를 Feed Back 하는 것 자체도 객관성을 유지하기가 쉽지 않다. 너무 어려운 판매를 해야 하는 것이 사실이다.

따라서 우리는 보이지 않는 상품을 팔기 위해 소비자의 니즈를 잘 알고 있어야 하고 소비자가 좋아할 만한 것들을 데이터화 하고 분석해 놓아야 할 이유가 더 확실하다. 그런데도 사실 이런 분석과 판매의 원칙들이 무시되면서, 팔리면 팔고 안 되면 말고 식이나 상대방의 니즈와 상관없는 1차원적 판매가 주를 이루는 것이 안타깝다. 마케팅의 부재이다. 무형의 상품을 팔고 있긴 하지만 우리도 고객의 오감을 자극하는 판매를 해볼 수는 없을까. 지금부터 통계적으로 성공적인 몇 가지 마케팅 법칙을 가지고 고객을 설득하는 방법을 함께 생각해 보도록 하겠다.

_감성과 이성, 호기심까지 자극하는 메뉴판

고급 레스토랑을 찾는 고객은 일반 식당을 찾을 때와 달리 메뉴에 대한 기대를 갖게 된다. 비싼 음식을 먹게 되니 그 기대는 당연한 것이다. 게다가 이해하기 어려운 불어나 이태리어로 된 메뉴판을 보면서도 스트레스보다는 기대감이 더해져 무엇이 맛있는지 질문을 하면서 학습을 해나가게 된다. 고급스러운 곳을 찾는 사람들이 오히려 자신의 생각과 태도를 고급스럽게 바꾸고(luxury attitude) 지저분한 곳에서는 지저분해도 된다는 심리를 갖게 되는 깨진 유리창의 법칙(1982, 제임스 윌슨)이 적용되는 것이다.

에스테틱&스파를 찾는 고객들은 의식주의 기본 생활 이외에 자신의 아름다움을 가꾸는데 돈을 투자하는 여성들이다. 생활수준은 일단 중산층 이상으로 보아야 할 것이다. 이런 고객들의 심리가 어떤지 파악하는 것은 매우 중요하다. 고객의 심리 중 대표적인 것이 언제나 새로운 것을 찾는다는 것이다. New 선호법칙, 즉 쿨리지 효과(Coolidge Effect, 미국 30대 대통령 쿨리지 부부에서 유래한 말로 매일 보는 사람보다 새로운 사람을 만나면 더 호감을 갖게 된다는 의미)이다. 새로운 것을 찾는 마음이 핸드폰이나 가전제품에만 해당되는 것이 아니라는 사실을 오랜 시간 에스테틱&스파를 운영하며 알게 되었다. 고객은 신상품을 원하는데 기존의 것보다 업그레이드된 것, 그리고 디자인이 아름다운 것, 실용적인 것을 찾는다. 관리 프로그램을 만들 때 매력적인 네이밍을 하고 기능적인 프로그래밍을 하는 것은 내가 판매할 대상에 대한 최소한의 예의이다. 프랑스 프로페셔널 화장품 브랜드를 수입했던 나는 프로그램 네이밍을 할 때 상품명을 이용하면서도 느낌이 전달되도록 했다. 그리고 그 아래에 스토리텔링이 될 만한 문구를 작성했다. 네이밍만큼 중요한 것이 스토리텔링이기 때문이다.

_매력을 발산하는 네이밍

얼굴축소, 얼굴경락, 성형경락 등등, 다양한 프로그램 네이밍이 있다. 간단하게 그 효과를 어필할 수 있는 네이밍이지만, 문제는 옆집도 앞집도 다 쓰고 있는 식상한 것이라는 점이다. 얼굴이 작아지고 싶긴 해도 네이밍 자체에 얼굴축소란 말이 들어있으면 왠지 얼굴이 큰 사람으로 인식이 되어 기분이 썩 좋진 않을 것이다. 그보다는 기능과 효과를 강조하면서도 너무 직접적으로 고객의 문제점을 건드리지 않는 네이밍이 효과적이다.

'작은얼굴 금단비가'는 개인적으로 특강 때마다 자주 언급하는 브랜드인데 고객심리를 잘 활용한 좋은 네이밍의 예이다. 이미 나의 얼굴은 작은 것이지 큰 얼굴을 작게 해주겠다는 의미가 아니므로 호감도 상승이다. '골근 위 뷰티'의 경우에도 이미 시장에서 형성된 골기법이 연상되는 '골근'이라는 전문적 어두와 '위'(위는 대표님의 성이지만), 즉 우리라는 의미를 덧붙였다. 거기에 조금 무거울 수 있는 '골근'을 부드럽게 상쇄시키는 '뷰티'라는 단어 덕분에 전체적으로 전문성이 강조된 대중적 브랜드로 인식된다는 점에서 좋은 네이밍이다.

프로그램 네이밍의 경우에도 '25분 만에 V라인 만들기'가 얼굴축소나 얼굴성형 경락보다는 훨씬 기능을 강조하면서도 내가 어떤 얼굴인지를 지적하지 않아 보다 고급스러운 네이밍이라 할 수 있다. 필링 프로그램의 경우에도 거부감이 살짝 있는 필링이라는 말보다는, 같은 외국어를 쓰더라도 '리쥬브넌스'나 '쥬네스(회춘, 젊음)'라는 단어를 사용하여 'rejuvenance brightening care'와 같은 네이밍을 한다면 고객의 궁금증은 더욱더 커질 것이고 심리학적으로는 레스토랑의 쉐프를 찾아 메뉴에 대해 묻고 선택하듯이 프로그램에 대한 선택권을 관리자에게 넘기며 경청하게 되는 효과가 있다. 과거 외국계 프랜차이즈 M사의 경우에도 모든 프로그램이 외국어나 약자로 표기되어(알파벳의 법칙) 소비자들의 호기심을 증폭시키는 효과를 누렸었다. 이러한 네이밍은 처음에는 고객들이 생소해 하지만 시간이 흐를수록 그 생소한 외국어를 스스로 발음하며 프로그램을 정확하게 각인시키는 효과까지 누릴 수 있다.

⁜ 스토리텔링으로 감동을 선사하라

스토리텔링 기법을 활용한 광고나 홍보가 얼마나 효과적인지는 누구나 알고 있다. 영상물 같은 것을 사용하는데 제약이 많은 에스테틱&스파 프로그램에서의 스토리텔링은 주로 후광효과를 볼 수 있는 유명연예인을 활용한 마케팅을 한다든지 체험단의 관리결과를 홍보하는 수준에 그치기 마련이지만 이마저도 너무 천편일률적이어서 식상하고 고객에게 감동을 주기가 어렵다.

다른 방법, 다른 발상이 필요하다. 현재 TV프로그램에서 아주 인기가 좋은 꼭지를 따와서 프로그램을 설명하는 방법은 어떨까. 예를 들어 한 케이블 TV의 '슈퍼 맘 다이어리'라는 프로를 보면 아이를 키우는 연예인 엄마의 일상을 다큐로 다루며 그 연예인의 인간적인 면을 보여주며 시청률을 올린다(블로그 효과). 이 프로그램을 모방하여 어느 체험 고객의 스토리를 만들어 보는 것이다.

'***고객의 슈퍼맘 다이어리'라는 제목으로 한 30대 직장 여성의 애기를 담는 것이다. 육아와 일을 병행하면서도 꾸준한 운동과 자기관리를 통해 날씬한 몸매를 유지하고 있는 그녀는 늘 피곤과 스트레스에 시달리다가 ***에스테틱&스파에서 릴랙싱 케어를 체험하고 정신적으로도 육체적으로도 밸런스를 찾게 되었다는 스토리를 전하는 것이다. 비슷한 처지의 고객들에게 매우 공감이 가는 스토리텔링이 아닐 수 없다(동병상련의 현수교 법칙).

나는 이렇게 실제 인물들의 사진을 올리거나(동의하에) 스토리텔링으로 정말 좋은 프로모션 효과를 본 경험이 많다. 모 대학 불어과 교수로 재직 중인 프랑스 여성의 체중 줄이기 프로젝트를 만들어 시리즈로 게시하면서 폭발적인 반응을 얻기도 했다. 사람들은 이렇게 비슷한 처지의 사람들이 겪는 감동적인 스토리를 통해 공감하고 지갑을 열 결심을 하게 되는 것이다. 물론 이런 스토리텔링을 얻기 위해서는 많은 노력이 필요하다. 그러나 그 어떤 검색어 광고나 지면광고보다 효과가 있음을 알았으면 좋겠다.

스토리텔링 홍보를 할 때에는 너무 직접적인 표현이나 사진(신체부위 노출) 등은 자제하는 것이 좋다. 사진을 찍더라도 옷을 입은 상태에서 identity를 보여주는 것이 중요하고 말하고자 하는 결론은 마지막에 간략하게 전달하고 서정적으로 스토리를 만드는 것이 좋다. 내가 사용했던 스토리텔링 홍보의 한 예가 '탤런트 송**의 육아일기'였다. 출산한지 한 달밖에 안된 탤런트가 일터에도 아이를 데리고 다니며 모유 수유를 한다는 이야기를 하면서, 자연스럽게 슬리밍 관리를 받으러 오면서도 모유 수유를 한다는 얘기를 곁들인다. 몸매관리는 역시 여성의 특권이라는 내용으로 마무리하는 홍보를 한 것이다. 소재가 모두가 관심 있어 하는 연예인이기는 했지만 반응은 역시 폭발적이었다.

_약점을 강점으로 만들어라

에스테틱&스파의 프로그램이 무형의 상품임을 감안할 때 글로만 표현할 수밖에 없다는 한계점이 있고, 짧은 글에 함축적인 내용을 담아 감동을 주기란 쉽지가 않다. 고객의 심리는 매우 다양하고 복잡하여 시시각각으로 변한다. 또한 우리 스파의 프로그램이라는 것이 다른 곳과 비교하여 강점을 드러내기가 어렵다. 예를 들어 우리 스파는 매우 청결하고 고객의 피부에 문제가 되는 성분이 들어있지 않는 좋은 제품을 사용한다는 내용을 전달하고 싶을 때 직접적으로 우리는 다른 곳과 다르다는 표현을 해버리면 신뢰를 주기 어렵다.

'우리는 유기농 제품만을 사용합니다'라는 문구보다는 '화장품의 성분이 피부를 망칠 수 있습니다'라는 경고성 문구와 함께 작은 차이가 명품을 만든다는 의미를 전달하는 것이 더 효과적이다. 다른 곳을 헐뜯지 않고 고급스런 포장을 하는 기법을 쓰는 것이다. '우리는 임산부의 마음까지 배려합니다'라는 표현을 쓴다면 연상작용을 통해 궁금증을 유발하는 심리적 효과까지 얻을 수 있다. 수많은 마케팅 성공사례를 보면 홍보 효과 역시 소비자의 마음을 사로잡는 배려에서 비롯된다는 것을 알 수 있다. '작은 얼굴보다는 탄력 있는 얼굴이 아름답습니다'라는 표현을 쓴다면 얼굴이 작아진다는 신뢰할 수 없는 표현보다 더 큰 신뢰를 줄 수 있을 것이다(정직의 법칙). 대형 스파에 비해 상대적으로 인테리어가 떨어지지만 기능적인 면에서 훨씬 훌륭하다는 메시지를 전하려면 '에스테틱&스파의 힘은 역시 손맛에 있습니다'라는 홍보 문구를 사용해 보자. 인테리어나 기타 하드웨어의 장점보다 내용물에 주력한다는 메시지와 함께 우리 스파의 손맛은 누구도 따라올 수 없다는 내용을 신뢰성 있게 전달하게 되는 것이다.

_유사성의 법칙을 활용하라

사람들이 무언가에 공감하고 끌리는 이유를 살펴보면, 사는 동네가 비슷하거나 이름이 비슷하거나 전화번호 생일의 끝자리 등이 비슷할 때가 특히 그러하다는 것을 알 수 있다. 이것은 묘한 연대감을 형성하여 '그가 하면 나도 한다'는 심리학적 근거에서 비롯된다고 할 수 있다. 혈액형 마케팅이 성공적으로 자리 잡게 된 것도 그런 이유에서이다. 롤모델이 되는 누군가가 나와 비슷한 체형이라는 것을 발견하고 나도 노력하면 저 사람처럼 될 수 있다는 터무니없는 유사성을 발견하기도 한다. 따라서 관리 프로그램이나 프로토콜을 만들 때 유형별 카테고리를 만들어 적용하는 것은 매우 중요하다.

혈액형별 관리법이 성공하는 사례는 많다. 사람들은 같은 혈액형의 사람에게 호감을 갖거나 그 혈액형의 좋은 점을 자신의 장점으로 인식하는 경향이 있어 고객을 심리적으로 설득하기가 아주 좋기 때문이다. 긍정의 힘인 것이다(바넘효과). 예를 들어 A형의 고객은 성실하고, 성실한 고객은 관리를 받고 효과를 경험하는 빈도가 높다는 내용의 홍보를 할 수 있다. O형의 고객은 리더십이 있으므로 다른 사람들에게 모범이 되고 롤 모델이 될 수 있다는 내용을 홍보해 고객의 소개를 이끌어낼 수도 있다. 맞춤형 하체관리 프로그램을 소개하면서 AB형 고객의 독창성을 자극해 up selling을 이끌어낼 수도 있고, B형 고객의 호기심을 부추기는 전략을 사용할 수도 있다. 유사성의 법칙을 활용한 마케팅은 홍보 전략을 세울 때 카테고리 별로 다양한 시도를 할 수 있고 비슷한 처지의 사람들에게 연대감을 느끼게 할 수 있는 것이다.

_고객은 위험을 피하려고 중간을 선택한다

어느 레스토랑의 주인이 매니저를 새로 뽑으면서 이런 과제를 냈다고 한다. 그 레스토랑의 점심 메뉴는 7만 원 코스와 5만 원 코스가 있는데 어떻게 하면 7만 원 코스를 많이 판매할 수 있겠느냐는 것이었다.

대다수의 지원자들이 5만 원 메뉴보다 저렴한 메뉴를 만들어 7만 원 메뉴가 최고가의 고급 메뉴로 보이도록 했는데, 한 사람만이 10만 원의 고가 메뉴를 제시했다. 사장은 10만 원의 고가 메뉴를 제시한 사람을 새로운 매니저로 발탁했다. 이후 사장의 의도대로 7만 원 메뉴가 가장 많이 팔리면서 매출이 상승하게 되었다고 한다. 이는 고객의 안정적인 선택을 유도하기 위해 대조효과를 이용한 것이다. 사람들은 고가의 고급 메뉴나 저가의 메뉴보다는 중간 상품을 선택하는 경향이 있다는 심리학적 코드를 잘 읽어낸 매니저의 마케팅 기법이 통했던 것이다.

스파의 메뉴를 만들 때도 내가 주력하고 싶은 메뉴를 중간에 두고 가격을 구성하는 것이 바람직한 이유이다. 저렴한 메뉴 일색일 때 사람들은 거기서 거기라는 인식으로 마음을 결정하기 어렵고, 고가 일색의 메뉴일 때 불만을 가지게 된다는 것이다. 비슷비슷한 가격, 비슷비슷한 문구와 네이밍 일색인 에스테틱&스파 업계에서 주목해야 할 부분이 아닐 수 없다.

_단순하고 명쾌한 설명이 돋보이는 프로그램을 만들자

단순한 것이 가장 아름답다. 체형관리 프로그램을 오랫동안 운용해 오면서 얼마나 많은 시행착오를 겪었는지 모른다. 사실 우리 에스테틱&스파 업계를 가만히 들여다보면 다양한 기기와 새로운 테라피가 늘 생겨나지만 스파의 메뉴는 언제나 늘어놓기 식의 좌판 같은 느낌을 지울 수 없다. 예를 들어 초음파와 고주파 중주파를 모두 가지고 있으면서 이것들을 활용해 훌륭한 프로그램을 만들어 내지 못 하는 것이다. 초음파, 고주파, 중주파가 가지고 있는 장점을 모두 늘어놓으며 효과가 좋다고 한다면 고객은 오히려 프로그램에 대한 신뢰를 갖지 못 할 것이다. 앞서 얘기한 체형별 유형별 분류를 한 뒤에 각각의 기기나 테라피를 단순 명쾌한 프로토콜로 만들어 제시하는 것이 중요하다. 무엇이든 토털 패키지로 묶어 복잡하게 늘어놓는 것은 고객이 자신에게 맞는 프로그램을 선택할 수 없게 만드는 것이다. 단순명쾌한 프로토콜을 만드는 것은 그래서 매우 중요하다. 하체 비만형의 체형은 A코스로, 상체 비만형의 체형은 B코스로, 전신비만형은 C코스로 분류하는 것은 무형의 상품을 판매하는 우리에게 가장 시급한 일이 아닐 수 없다. 모든 사람을 만족시키기도 어렵고, 시킬 필요도 없다. 어떤 것이 꼭 필요한 사람을 만족시키는 것이 우리가 할 일이기 때문이다.

_향기로 기억의 잠재력을 깨워라

향은 보이지 않는 또 하나의 identity이다. 독특한 향기를 가진 매장이나 커피 향기가 가득한 카페는 소비자에게 훨씬 더 매력적으로 다가가는 효과가 있다. 에스테틱&스파는 반드시 향기를 가지고 있어야 한다. 좋은 향은 우리에게 심리학적으로 추억을 떠올리게 하는 효과가 있다. 향이 우리에게 주는 긍정적인 효과이다. 일관성을 가진 좋은 향이 뇌의 변연계에 작용하여 기억장치를 깨우게 되는 것이다. 사람들은 향을 쫓아 과거로 돌아가게 된다(Mood Cela Syndrome : 향

수정서 자극의 법칙).

과거의 좋은 기억을 쫓아 자신이 자주 가던 카페, 거리, 상점을 찾는 심리나 과거 관리 받을 때의 편안한 손길이 그리워 다니던 스파를 또 다시 찾게 되는 것은 어쩌면 당연하다(습관 지향의 법칙). 그러므로 어떠한 경우에도 고객과는 불화를 만들어서는 안 되며 마지막을 항상 처음처럼 아름답게 마무리해야 할 것이다.

_우리만의 문화, 컬처코드가 있어야 한다

앞서 말한 스토리텔링과는 조금 다른 것으로 컬처코드가 있다. 글로벌한 자동차 브랜드나 향수, 화장품 브랜드들이 현지의 모델을 사용하여 조금씩 다른 컬처코드의 광고를 하고 있는 것이 좋은 예이다. 온통 비슷비슷한 서비스 속에서 독특한 컬처코드를 만나면 신선함을 느끼게 되는 것은 당연하다.

예를 들어 보자. 저녁시간에 관리 받는 고객들은 하루 종일 신발을 신고 일을 하다가 오는 경우가 많아 발 냄새가 날까 조심스러워 하는 경향이 있다. 테라피스트가 발을 만지려 하면 불편해 해서 직장인이 대다수를 차지하는 우리 스파의 경우 누워서 받을 수 있는 족욕(나무통) 서비스를 기본으로 하였더니 큰 서비스도 아닌데 고객만족도가 아주 높았다. 서비스 하는 사람도 특별히 손이 가고 힘들지 않으면서 고객의 마음을 편하게 해주니 일거양득일 것이다. 하지만 이 서비스는 주부들이 주 고객인 주택 단지에 위치한 스파에서는 그다지 크게 어필할 수 있는 서비스는 아닐 것이다. 고객 성향 파악과 지역적 특성에 따른 문화코드를 접목하는 것이 중요하다. 다른 곳과는 다른 특별한 스트레칭의 방법이 있다든가 무언가 다른 문화가 느껴지는 프로그램을 만들어 보라.

고객의 심리를 무시한 마케팅은 시장에서 외면당하고 오래가지 못한다. 상품이 제 아무리 훌륭하다 해도 그것을 포장하는 마케팅이 뒷받침 되지 않으면 팔리지 않는 것이다. 여성의 경우 기능보다는 디자인과 컬러가 더 중요한 구매준거가 되고, 신상품을 선호하는 심리가 아주 강하다. 무형의 상품을 판매하는 우리들이지만 내 스파의 디자인, 컬러를 고객 심리에 맞추어 세심하게 배려하고 각각의 프로그램을 감각적인 언어와 스토리텔링으로 디자인한다면 고객의 소비심리를 자극할 수 있다. 무한 경쟁시대에 돌입한 에스테틱&스파, 어떤 상품을 어떻게 팔아야 하는지에 대해 고민하고 연구해야 할 때이다.

소셜커머스가 단 한 번의 대량판매를 위한 도구로 이용될 것인가, 내 스파가 도약할 수 있는 심리 마케팅 도구로 쓰일 것인가는 스파 종사자들의 생각에 따라 100% 달라질 수 있다. 내가 곧 고객이다. 나의 마음이 곧 고객의 마음이며, 내가 사고 싶은 상품이 고객이 사고 싶은 상품이다. 이제 남들이 다하는 마케팅이 아닌 내 스스로 케어하는 심리 마케팅을 할 때다. 트렌드에 민감한 상품을 판매하는 우리는 언제나 시대 변화에 촉각을 세우고 변화를 주도해야 한다. 사랑이 움직이듯이 고객은 움직이는 대상이므로.

03
클레임 원천봉쇄 전략

고객은 언제나 우리에게 가르침을 준다.
고객의 클레임을 나의 스승으로 여기라.
반대극복은 고객 클레임을 해결함으로써 얻어지는 선물이다.

∴ 스스로 고객이 되어 보라

클레임의 범위는 단순한 불만사항부터 크고 작은 사건까지 다양하다. 고객이 말로 표현하는 클레임은 오히려 수정할 수 있는 기회가 주어지므로 해결이 가능하지만, 말로 표현하지 않는 클레임은 CS 범위 중 가장 까다로운 것이라 할 수 있다. 여러 가지 통계에 따르면 고객의 90%는 자신이 불만족한 것을 말로 표현하지 않으며, 그 중 90% 이상은 다시 그 매장을 찾지 않는다고 한다. 매장을 다시 찾지 않을 뿐만 아니라 적어도 20명에게 불만 사항을 얘기하여 부정적인 잠재 고객을 만들어낸다. 한 번도 그 매장을 찾지 않은 고객에게 무섭게 퍼지는 침묵의 네거티브 바이러스는 또 다시 무섭게 확산되며 잠재적인 부정 고객을 기하급수적으로 생산하게 된다.

가장 훌륭한 CS를 하고 싶다면, 내가 고객의 입장이 되어보면 된다. 서비스 받을 때 불편사항이나 원하는 것을 체크리스트로 정리해 프로그램과 서비스 매뉴얼을 만드는 것이다. 고객의 기대와 요구사항은 항상 우리의 서비스를 앞서가고, 고객이 만족하는 정도도 우리와 상관없이 고객이 결정하는 것이기 때문이다.

평상시에 고객의 입장으로 에스테틱&스파의 서비스를 받아보는 것은 그래서 매우 중요하다. 정기적으로 직원과 오너 모두 다양한 스파 서비스와 에스테틱 프로그램을 경험해 보라. 그 경험을 토대로 새로운 서비스 메뉴를 만들고, 불필요한 프로그램을 삭제하고, 고객만족도가 높은 프로그램을 상품화 하면 된다. 상품화 한 후에는 pre-open 서비스를 통해 고객에게 검증받는 절차를 거치면 된다.

❖ PRE-OPEN 서비스, 아낌없이 주고 빚진 마음이 들게 하라

에스테틱&스파의 그랜드 오픈만이 오픈이 아니다. 크고 작은 서비스의 개발과 신상품을 론칭할 때마다 소소한 행사를 준비한다. 클레임이 발생할 수 있는 다양한 요소들을 미리 점검하여 차단하고 더 질 높은 프로그램을 정착시킬 수 있는 좋은 방법이다. 예를 들어 신상품(프로그램)을 론칭하기 전 VIP를 초청하여 무료로 맛보기 행사를 진행한다.

보통 2~3일 정도의 기간 동안 바쁘지 않은 Happy Hour에 VIP 초청 Pre-open 행사를 진행한다. 간단한 spa food와 Gold Book(간략한 후기와 인사말을 적을 수 있는 노트)을 준비하고 진지하면서도 지루하지 않도록 행사를 구성하면 된다. 100% 경품잔치를 진행하는 것도 즐거운 이벤트가 된다. 해면이나 화장 솜, 팩 붓 등의 작은 경품들로부터 관리 프로그램, 화장품들을 경품으로 준비하면 이벤트가 풍성해진다. 마케팅 기법 중 '만찬기법'에 해당한다. 풍성하게 먼저 베풀고 주는 것은 소비자의 마음을 무장해제 시키는 놀라운 힘을 발휘한다. 베푸는 것이 곧 마이너스는 아니란 말이다.

어떤 프로그램이나 상품을 고객에게 선보일 때라도, 고객의 소리를 겸허하게 경청하겠다는 태도는 고객을 무조건 내편으로 만드는데 아주 효과적이다. '~~하면'이나 '~~한다면'과 같은 조건법은 지양한다. 시대적 상황은 마케팅의 매우 중요한 변수로 작용하는데, 얄팍한 눈속임이나 상술이 먹히지 않는 시대인 만큼 진정성은 기본이다. 여기저기서 너무 많은 미끼상품들이 난무하고 있으므로 장기적인 고객관리를 위해서는 반드시 정공법을 쓰도록 한다. 2~3일간의 VIP 초청 행사를 통해 철저히 우리만을 위한 긍정적 리뷰를 얻게 되므로 설사 매출이 발생하지 않는다 해서 조급해 할 필요가 없다.

모든 행사는 행사 자체로 의미를 갖는다. 직원은 직원대로 고객사은 행사를 통해 CS의 의미를 깨닫게 되고 베푸는 즐거움을 맛볼 수 있게 된다. 그것만으로도 큰 수확이다. 행사가 끝나고 나면 반드시 매출이 발생하게 되는데 그 의미가 남다르다. 고객은 기꺼이 지갑을 열고 지갑을 열면서 전혀 아깝지 않다는 생각을 하게 된다. 대가 없는 서비스를 미리 받아 배가 부른 상태이므로 매우 너그러워지는 것이다. 이것이야말로 고객에게 받는 진정한 보상이다.

∴ 고객의 소리를 경청한 New Program 개발

에스테틱&스파에서의 must have item은 고객에 의해 결정된다. 고객이 원하는 서비스는 고객이 가장 잘 알고 있으므로, 일정기간 고객에게 '받고 싶은 서비스', '우리 스파에서 꼭 만들어 줬으면 하는 서비스'를 제안할 수 있도록 설문지를 준비하여 가장 빈번히 나오는 아이디어를 상품화 한다. 상품화 할 때는 고객이 추천한 must have item이라는 슬로건을 붙여 스타상품으로 포장할 필요가 있다. 상품을 만든 사람들이 주체적으로 캐릭터를 만들어 주고, 가치를 부여하는 것이다. 우리는 모두 스스로 자긍심을 갖는 것을 아주 좋아한다. 상품의 탄생 배경이 고객의 아이디어임을 알린다면 고객은 상품에 대해 더욱 호감을 가질 것이 확실하다.

필자는 15년 전 쯤, 등 관리(약 15분)를 포함하는 facial 프로그램을 만들었다. 등 관리 서비스가 흔치 않던 시절이어서 그랬는지, 고객들은 걸핏하면 "나 오늘은 복부 받고 싶은데 복부도 해주면 안 되나요?" 혹은 "발이 피곤한데 발 좀……" 하는 식의 부탁을 하는 것이었다. 에스테틱에서 얼굴 관리를 받으며 다른 서비스를 받는 것이 좋았을 뿐만 아니라, 돈을 많이 내니 당연히 다른 서비스를 받고 싶은 심리가 생기는 것이었으리라. 직원들은 프로그램에 정해진 것 외의 서비스를 하는 것을 매우 불편해 하고, 고객은 끊임없이 다른 서비스를 첨가해 주기 바라는 현상이 일어나 난처한 경우가 한두 번이 아니었다. 그렇다고 고객에게 계속 거절을 할 수도 없는 일이어서 오히려 고객에게 칼자루를 쥐어주기로 했다.

"고객님, 등보다는 복부를 관리 받으시는 것이 좋으세요? 아니면 등, 복부, 발 중 한 가지를 선택하시는 게 좋으세요?"라고 정중하게 물었던 것이다. 고객은 그거 아주 좋은 생각이라며 등보다는 어깨 쪽을 더 풀어주고, 복부는 어떻게 하고, 발은 어떻게 해달라는 주문을 하는 거였다. 너무 좋은 아이디어라고 하며, 그럼 오늘은 복부를 받으시겠냐고 물었다.

고객은 더 이상 등과 복부를 다 받겠다는 요구를 하지 않고, 자신이 만든 규칙을 즐겁게 받아들이는 모습을 보였다. 우리 생각에 등이 중요하다고 해서, 복부를 원하는 고객의 의견을 무시해서는 안 된다. 고객이 원하는 서비스가 가장 좋은 서비스라는 단순한 진리를 고객을 통해 배우게 된 것이다.

우리의 서비스는 대부분 우리가 원하는 방식이다. 고객이 원하는 것을 들어주면서도 내가 지나친 양보를 하지 않는 방법은, 고객에게 가이드라인을 정해주고 그 안에서 자유로운 아이디어를 낼 수 있도록 하는 것이다. 즉, 열린 질문이 아닌 닫힌 질문을 함으로써 내가 원하는 결과를 얻고 자연스럽게 고객이 스파의 규범 속으로 들어오게 하는 것이다.

"사랑하는 **고객님들을 위해 20분의 자유이용권을 드리려 합니다. 10만 원 이상의 서비스 상품을 구매하시는 분께 드리는 20분 동안의 스피드 프로그램입니다. 아래 4가지 중에서 어떤 서비스를 받으실지요?
(Foot spa와 발꿈치 각질제거 / 발 마사지(발목까지) / 두피마사지＋스케일링 / 안티 스트레스 승모근 관리)

앞의 멘트는 시간과 프로그램을 정확히 예시하였으므로 더 길게 해 달라든가 다른 걸 해 달라는 등의 추가 요구 없이 곧바로 의견 수렴을 할 수 있는 닫힌 질문의 좋은 예이다.

∴ 매장관리의 Feedback

마케팅 법칙 중 '깨진 유리창의 법칙'은 범죄심리학에서 그 근원을 찾을 수 있다. 사람들은 깨진 유리창이 있는 폐허를 지나갈 때 처음에는 놀라지만 점차 그곳을 가치 없게 여기게 되어 돌을 던지거나 쓰레기를 던지게 되는 심리를 갖게 된다는 것이다. 따라서 더럽고 지저분한 곳은 얼마 지나지 않아 더욱 더 심각한 상태가 되며 사람들은 그곳을 그렇게 방치하고 무시하는 행위가 당연하다고 느끼게 된다.

서비스 프로그램의 feedback 방법 중 최고로 효과적인 것이 설문조사이다. 즉 수기 테크닉이나 기기관리의 느낌, 테라피스트나 에스테티션의 서비스하는 방법이나 말투 등을 구체적인 항목으로 만들어 질문하고 통계를 내는 것이다. 사전에 미리 요구사항을 접수하여 서비스하는 것이 좋겠지만, 사전에 의견을 수렴하고도 지키지 않는 경우 오히려 더 큰 불만을 초래할 수 있으므로 서비스 관리 직후에 설문을 하는 것이 보다 중요하다. 불편했던 고객이나 만족했던 고객 모두가 그 나름대로 비교적 솔직한 답변을 하게 되므로, 설문을 하는 측도 고객의 평가에 매우 겸손해질 수 있다.

모든 평가는 그 자체로 가치를 갖는다. 고객의 feedback은 아주 좋은 회의 자료가 되고 발전의 계기가 될 수 있다. 이것이 자료수집으로 끝나서는 안 되며, CS의 소중한 동기 부여가 되어야 한다. 매장 관리에 대한 feedback은 우선적으로 노블레스 오블리주 정신을 철저히 지키는 것이 최우선이 되어야 한다. 마케팅의 법칙 중 깨진 유리창의 법칙을 뒤집어 적용한다면 청결하고 정갈하고 정리정돈이 잘 되어 있는 곳에서 사람들은 대개 긴장하고 행동을 바르게 하려고 하는 심리를 갖게 된다.

티끌 하나 없는 깨끗한 화장실에서 볼일을 볼 때면 다음 사람에게 폐가 될까봐 전전긍긍하게 되고 그 상태를 유지하려고 뭔가 노력을 하게 되기 마련이다. 사실 고객의 평가가 많이 이루어지는 곳이 화장실이다. 호텔이나 고급 패밀리 레스토랑 화장실에는 관리 체크 리스트와 담당 직원을 게시하는 일이 흔하다. 그런 장소에서 고객들의 행동이 관리되고 깨끗함이 유지되는 것은 스스로 노블레스 오블리주를 실천하고자 하는 심리학적 효과를 보았기 때문이다. 결국 솔선수범의 무서운 진리가 숨어있는 마케팅이다. 선진국형 관리방법이 아닐 수 없다.

_매장관리를 위한 체크 리스트

1. 화장실과 탕비실 등에 청결 정돈 항목이 자세히 명시된 체크리스트를 만들고 담당자 이름과 사진을 부착한다. 고객과 관리자 모두에게 feed back 효과가 있는 노블레스 오블리주 실천 방법으로 매우 긍정적인 효과가 있다.

2. 있어야 할 물건과 도구가 있어야할 곳에 있는지를 체크하기 위한 매장관리 체크 리스트가 필요하다. 인포메이션 데스크, 매대,

테스터, pop와 부수적으로 필요한 도구들이 제자리에 있도록 잘 보이는 위치에 아크릴판 등에 메모된 리스트를 꽂아 둔다. 담당 관리자의 이름과 사진은 필수사항이다.

_인포메이션 데스크 필수 체크 아이템

메모지와 볼펜 / 거울(전화기 옆) / 전화상담 노트 / 예약 판 / 고객리스트와 연락처 / 고객 챠트 / 계산기 등

_매대 및 테스터 필수 체크 아이템

작은 거울 / 가격표 / 계산기 / 티슈, 알코올, 화장 솜, 면봉 / 작은 휴지통 / 메모지, 볼펜 / POP, 리플렛, 카달로그 등

자가 관리를 위한 다양한 체크리스트는 서비스 매뉴얼의 기본이며 여러 가지 크고 작은 클레임을 미리 예방하는 self assessment 항목이다. 필자가 운영하는 회사는 공간별 담당 직원을 위한 체크리스트가 있는데 그 중 하나를 다음에 소개하니 참고하기 바란다.

클레임은 일단 발생하면 부정적인 결과를 초래하게 되고 아무리 잘 해결하더라도 기분이 나빠지는 사건이 아닐 수 없다. Risk management(위기관리)를 위한 사전 자가 관리가 진정한 CS의 시작임을 잊지 말자.

시설 관리 체크 리스트

날짜: 월		일(월)	일(화)	일(수)	일(목)	일(금)	일(토)
구분	확인 내용	오전/오후	오전/오후	오전/오후	오전/오후	오전/오후	오전/오후
상담실	상담 테이블은 깨끗한가?	/	/	/	/	/	/
	책장은 정리되어 있는가?	/	/	/	/	/	/
	의자는 정리되어 있는가?	/	/	/	/	/	/
	제품 진열장은 잘 정리되었는가?	/	/	/	/	/	/
	휴지통은 비워져있는가?	/	/	/	/	/	/
	바닥은 깨끗한가?	/	/	/	/	/	/
	모든 유리문은 깨끗한가?	/	/	/	/	/	/
	소개자료, 입학원서, 설문지 등 서류는 충분한가?	/	/	/	/	/	/
	원두기계 전원과 물, 커피(차), 컵은 준비되었는가?	/	/	/	/	/	/
	원두기계 주변은 정리되었는가?	/	/	/	/	/	/
	신발장은 잘 정리되어 있는가?	/	/	/	/	/	/
	고객 슬리퍼는 잘 정돈되어 있는가?	/	/	/	/	/	/
	건물 주차공간은 깨끗한가?	/	/	/	/	/	/
퇴근시	휴지통은 비워져있는가?	/	/	/	/	/	/
	간판, 테라스전구를 확인하였는가?	/	/	/	/	/	/
	각층 전원을 확인하였는가? (멀티탭, 컴퓨터)	/	/	/	/	/	/
	창문 개폐 여부를 확인하였는가?(베란다)	/	/	/	/	/	/

04

클레임을 기회로 만드는 특급 솔루션

해답을 얻기 위해 실수하는 것은 발전을 위한 단계이다.
해답은 언제나 고객으로부터 얻는다.
내가 싫은 것을 절대 하지 않는 것, 아낌없이 주는 것, 그것이 해답이다.

∴ 클레임 1순위, 속보이는 미끼상품을 없애자!

에스테틱&스파의 서비스는 고객의 입장에서 보면 매우 불확실한 무형의 상품에 대해 선결제가 이루어지는 흔치 않은 고부가가치 상품이다. 그렇기 때문에 고객이 상품을 구입하기 전에 미리 얻는 정보가 매우 중요하다. 요즈음은 대부분 홈페이지나 체험 수기 등의 선정보를 통하여 관리 프로그램의 패턴에 대해 미리 감을 잡고 오긴 하지만 관리를 시작하기 전에 결제를 하는 것은 매우 드문 일이 되었다.

10년 전만 하더라도 피부미용실이 이처럼 대중적이지 않았으므로 주로 경험자들이나 소개를 받고 오는 경우가 많아 오히려 판매 클로징이 쉬웠다. 요즈음은 정보가 다 공개되었음에도 불구하고 1회 체험이 당연시 되어 장기 구매가 잘 일어나지 않는다는 어려움이 있다.

이는 다양한 상품이 쏟아져 나오면서 소비 패턴이 달라진 데에서 그 이유를 찾을 수 있겠다. 정보와 관리 패턴, 시간과 가격 등이 모두 공개된 상태에서 실제 서비스 관리 내용이 다를 경우 곧바로 클레임을 걸게 되는 것이다.

미끼상품을 활용하는 경우도 마찬가지이다. 대부분의 소비자는 미끼상품에 대한 기대 없이 문을 열고 들어오지만 미끼상품 때문에 기분 나빠하는 소비자도 있을 수 있다는 점에 주목해야 한다. 클레임은 입 안의 가시 같아서 만족한 사람이 99명이고, 단 한 명의 고객이 클레임을 걸었다 해도 전반적인 팀워크가 흐트러지고 매출에 영향을 미칠 수 있다는 점에서 정말 중요한 사안이 아닐 수 없다.

_PRE TASTING SERVICE(미리 맛보기 서비스)

"만원이라고 쓰여 있어서 들어왔는데, 들어와 보니 이건 완전 미끼군요" 고객들이 가장 많이 하는 클레임이다. 미끼상품은 매우 훌륭한 어프로치로 작용할 수 있으나 반대로 아주 불행한 결과를 초래할 수 있다. 따라서 미끼상품에 익숙해 있는 요즈음 소비자들의 무관심에 대응하는 방법을 강구하는 편이 더 현실적이다. 우선은 현수막이나 전단지에 만원짜리 상품을 만들어 놓았다면 소비자가 미끼라고 생각하지 않을 그럴듯한 네이밍을 하는 것이 좋겠다. 예를 들어 보자.

[PTS 시스템]

"값비싼 관리 프로그램이 궁금하시고 불안하시죠? 우리 ***에서는 고객님들의 궁금증 해결을 위해 첫 회에 2~3가지 프로그램을 만나

보실 수 있는 PTS 시스템을 운용하고 있습니다. 관리 가격이 반값이므로 관리시간은 정상 관리 프로그램의 1/2입니다. 단, 두 가지 이상을 하실 경우 한 가지를 더 서비스해 드립니다."

아예 다양한 PTS 상품을 메뉴판에 한 페이지로 만들어 둔다면 고객의 클레임도 미리 예방하고, 관심도 높일 수 있는 적극적인 대응책이 될 것이다.

_진정한 고객을 위한 DEMO 프로그램

위에서 언급한 프리 테이스팅 서비스와는 다르게 적용할 수 있는 데모 프로그램은 고객 중에 제대로 된 관리를 다 받아 보고 싶어 하는 신중한 유형의 고객들에게 적용할 수 있겠다. 요즈음 첫 회 관리에 50% 할인을 해주는 체험권이 온라인상에서 많이 유통되고 있다.

고객이 관리를 시작하기 전에 1회를 체험해 본다거나 전화상담 시 1회 체험을 미리 얘기할 경우 판매자는 의욕이 떨어지고 부정적인 생각을 갖게 되어 공개된 정보와 다른 서비스를 하게 되거나 제품을 제대로 쓰지 않는 경우가 발생하게 된다. 이런 경우 100% 클레임이 발생하게 되므로 체험권보다는 데모 프로그램을 운용하는 것이 효과적이다. 아래 사례는 판매자와 고객의 대화 내용으로 구성해 본 것이다.

"전신 수기 관리도 받고 싶고, 기기관리도, 스파와 딸라소테라피도 제대로 받아 보고 싶어요. 모두 받아 봐야 나한테 맞는 걸 선택할 수 있으니까요"

"네, 우리 ***의 데모 프로그램을 이용하시면 됩니다. 기기와 수기법 그리고 다양한 드레니지 프로그램을 한 번에 받아보실 수 있습니다. 다만, 조금 무리가 될 수 있으므로 중간에 휴식시간을 넣었기 때문에 관리 시간이 3시간이 조금 넘는데 괜찮으신지요. 다 받아보시고 가장 좋았던 프로그램을 선택하시면 됩니다. 가격은 세 가지 프로그램의 1회 가격에서 20% 정도 할인된 금액입니다."

보통 1회 가격이 패키지 가격보다 비싸므로 패키지의 1회 가격으로 얼마든지 데모 프로그램을 운영할 수 있다. 간단한 SPA FOOD와 함께 제공한다면 진정한 DAY SPA 프로그램이 될 수 있을 것이다.

∴ 고객은 판매 행위에 거부감을 갖는다

에스테틱&스파의 고객과 에스테티션&테라피스트의 관계 중 가장 힘든 점은 고객이 우리를 세일즈맨으로 보지 않는다는 점일 것이다. 고객이 나를 떠나는 이유 중에 가장 큰 비중을 차지하는 것이 '나를 판매의 대상으로만 본다'는 것이다. 좁힐 수 없는 이해의 폭이며 심각한 부조리가 아닐 수 없다. 유독 우리나라의 고객들이 그런 이유는 에스테티션과 마사지 테라피스트를 구분하지 않기 때문일 것이다.

마사지 테라피스트의 경우 테라피를 일단 판매하고 나면 더 이상의 up selling이나 리테일 판매가 일어나지 않는 것이 당연할 수 있으나, 코스메틱 제품을 사용한 스킨케어를 주된 업으로 삼고 있는 에스테티션의 경우 화장품 판매는 당연한 일이다. 그러나 소비자들의 화장품 구매 패턴이 문화적으로 맞지 않고, 길지 않은 에스테틱의 역사나 우리나라 에스테틱 환경이 판매보다는 물리적인 서비스에 집중되어 왔기 때문에 고객에게 더 거부감을 줄 수가 있다.

이점은 교육자로서 매우 답답하게 느껴지는 부분이고 전반적인 에스테틱 프로그램과 교육의 방향이 달라져야 한다는 생각이다. 소비자의 성향이 그렇다면, 거기에 맞춘 마케팅을 해야 하기 때문이다.

일례로 전화상담이 다 끝날 무렵에 다짜고짜 "예약하시겠어요?"라고 말한다면 고객이 부담스러워 할 것이다. "고객님, 실례가 되지 않는다면 예약을 잡아드릴 테니 관리를 한 번 체험해 보시겠습니까? 저희 ***는 1회 체험만으로도 아주 소중한 경험이 되실 것입니다"와 같은 멘트를 통해 판매 부담을 준다는 클레임에서 벗어날 수가 있다. 실제로 이런 소소한 판매 시의 스킬 때문에 문제가 되는 경우가 많다.

하지만 모든 서비스는 결국 판매가 우선되어야 한다. 전화나 인터넷 실시간 상담 등으로 프로그램의 가격을 문의하는 사람들은 본인이 묻고 있는 상품이 우리가 판매하고 있는 상품이란 사실을 인식하지 못 한다. 우리가 그 상품을 팔기 위해 노력하는 것은 당연하다는 사실을 생각도 못 하는 것이다. 전화상담이든 방문상담이든 판매를 위한 기본적인 단계임에도 불구하고, 마치 eye 쇼핑 나온 사람이 점원이 가까이 다가서면 싫은 기색을 하듯이 우리의 판매행위 자체를 인정하지 않는 것이다. 이 점을 충분히 이해하고 있지 않으면 판매를 하면서 상처를 받게 되고 얼굴을 붉히며 불편한 상황이 만들어진다.

스킨십과 애정이 기본이 되는 일상적인 기존 고객관리에서는 기본적으로 클레임이 발생하는 경우가 극히 드물다. 단순한 상품에 대한 불만으로 클레임이 발생하지도 않는다. 우리 업종에서 클레임 발생을 미리 막기 위해서는 attitude(태도)의 문제를 잘 교육하고 연습해야 할 것이다. 기본적으로 사고자 하는 사람과 팔고자 하는 사람은 동상이몽을 한다는 것이 문제의 핵심이다. 대부분의 고객은 구매 후에 보상심리가 있어 끝없는 서비스를 원하기 때문에 클레임 관리에 있어 이 부분의 완급조절도 중요한 쟁점이 될 것이다.

∻ 서비스 할 상품을 상세하게 알려라

고객에게 정보의 전달이 제대로 되고 있는지 모니터링 하는 것이 필요하다. 사람은 누구나 조금씩 본인이 원하는 정보만을 받아들이는 습성이 있다. 따라서 시간, 서비스 내용이 활자화 되어 고객에게 미리 제시되는 것은 매우 중요하다. 그래서 메뉴판은 매우 간결하게, 그러나 구체적으로 만들어져야 한다고 생각한다.

뿐만 아니라 환불에 대한 다양한 규정이 미리 제시되어야 함은 물론이다. 고객이 원할 경우 환불은 합리적으로 이루어져야 한다. 환불을 결심한 고객에게 설득을 하는 것도 매우 중요하지만 환불을 막아보겠다는 심리전이 계속될 경우 관계가 더 악화될 수 있음을 명심해야 한다. 소비자보호법이나 공정거래법에 의거한 환불규정을 잘 알고 대처해야 함은 물론이다.

일방적으로 나의 입장을 고집하고 싸움으로 번지게 될 경우, 대부분 소비자에게 우선권이 있으므로 분쟁이 일어날 소지가 있으면 100% 환불을 하는 것이 옳다. 특히 약속이 되었던 서비스에 대해 그 약속을 이행하지 않았을 경우는 더욱 더 그러하다. 예를 들어 매장 이전이나 서비스 내용이 변경될 경우, 기존의 서비스에 첨가된 다른 서비스를 보장하더라도 환불을 요구하면 수용해야 한다. 몇 가지 예를 들어보겠다.

_기기 고장으로 다른 기기로 대체할 경우

어떠한 경우에도 그 사실을 합리화하며 내가 유리한 쪽으로 해석하는 것은 옳지 못하다. 주로 1~2회의 서비스를 더 하는 것으로 마무리하거나, 비슷한 다른 기기로 대체할 경우 미리 그 효과나 방법 등을 설명하여 충분히 이해를 시킨 후에 서비스를 실시한다. 계약이란 미리 고지하였을 경우에만 합당한 절차에 따라 계속 진행될 수 있는 법이다. 고객에게 아래와 같이 말하고, 사인을 받아두도록 한다.

"고객님, 저희가 서비스하기로 되어 있던 고주파 기기의 불량으로 초음파로 대체하려 합니다. 효과는 비슷하지만 고객님께 미리 알려 드립니다. 죄송한 마음에 저희가 1회 서비스 10만 원권을 선물로 드리겠습니다. 괜찮으시겠습니까?"

_관리 횟수가 남았는데, 시일이 많이 경과한 경우

일반적으로 서비스 약관을 만들 때 소비자보호법에 저촉이 되지 않는 범위 내에서 기간을 정하고 사인을 받아 두는 것이 중요하다. 장기 프로그램의 경우 고객의 변심이 있을 수 있다는 점을 감안하여 서비스 중도 해약의 기간을 정해둔다.

법으로 30일 이내의 변심에는 관리 횟수를 제한 나머지 금액을 반환해야 한다고 규정하고 있음에도 불구하고, 무조건 환불을 안 된다는 일방적인 약관을 만든다면 공정거래법 위반 사항에 해당된다. 모든 서비스를 1년 이내에 받아야 한다는 약관을 정해두고 미리 고객의 사인을 받아 둔다면 1년이 지난 후에 환불을 요구하는 사태를 미리 막을 수 있다. 이 부분은 별다른 법적 제한이 없으므로 적절한 기간을 정해 두고 서로가 약속을 한다면 큰 문제는 없을 것이다. 소비자가 왕인 시대에 소비자를 이길 방법이 별로 없기 때문에 반드시 알아 두어야 할 사항이다.

∻ Cool하게 사과하고, 확실하게 보상하라

이 세상에 쿨한 사과만큼 좋은 대응책은 없다. 서비스 산업은 모든 산업의 꽃이다. 대체로 무형의 상품을 팔고 있기에 고객 감동으로 이어지기만 한다면 무한한 가치가 생성될 수 있기 때문이다. 사과를 하면 나의 잘못을 인정하게 되는 꼴이니 더 큰 손실을 입을 수 있다는 생각을 버려야 한다. 대개 이런 생각 때문에 사과의 시점을 놓치게 되어 뒤늦게 후회하는 재앙을 맞게 되는 것이다.

사과도 형식적인 사과가 있고 진심이 깃든 사과가 있다. 필요하다면 무릎을 꿇어서라도 더 큰 클레임을 막아야 한다. 그리고 나의 사과가 반전이 되어 고객과 친해지고 충성도가 높은 고객을 만드는 계기가 될 수 있다. 어찌 보면 블랙 컨슈머(악의적인 고객)는 우리가 만들어내고 있는지도 모른다. 심리학에서는 뇌로 들어오는 새로운 정보가 끊임없이 기존 정보를 지우고 있다고 한다. 따라서 화를 내고 문제를 삼고 있다가도 쿨하게 사과하고 클레임에 적극적으로 대처하는 모습을 보인다면 고객에게 오히려 좋은 인상을 심어줄 수 있을 것이다.

"네, 고객님. 정말 죄송합니다. 바로 시정하도록 하겠습니다."
"너무 죄송합니다. 고객님, 어떤 말로도 죄송한 마음이 표현될 것 같지 않습니다. 대신에 ***서비스를 해드리면 어떨지요"

위와 같이 즉각 사과하고 작은 클레임이라도 신속하게 대처하고 수정한다면 고객도 수긍하게 될 것이다. 반드시 피해야 하는 부정적인 대처방법들은 다음과 같다.

"그럴 리가요. 저희는 그렇게 한 적이 없는데요"
"저희는 그런 서비스를 절대 하지 않습니다"

우리는 고객에게 표정으로 말로 부정의 의사를 전달하고 있는 경우를 자주 접하게 된다. 일반적으로 청결이나 위생을 가장 중요시 여기는 업종에서 가장 흔하게 발생하는 문제가 고객이 접촉성 피부염 등으로 컴플레인을 하는 경우이다. 신규고객의 경우, 이렇게 대응하기가 쉽다.

"아, 저희 샵에서 그런 게 맞나요? 그럴 리가 없는데……"
"저희는 지금까지 그런 일이 한 번도 없었는데요"

내 업장에서 내 직원들이 혹시나 이런 대응을 하고 있지는 않은지 반드시 점검해야만 한다. 고객의 요구에 NO라는 대답을 너무 쉽게 하고 있지는 않은지 "그게 아니고요" 등의 부정적인 말로 고객과의 대화를 시작하고 있지는 않은지 체크해야 한다. 이러한 클레임에 대처하기 위해서는 모든 업장에서 매뉴얼을 가지고 있어야 한다. 매뉴얼 작업은 고객과의 분쟁을 최소화하는 가장 적극적이고 스마트한 대처방법인 것이다.

고객만족(CS)을
극대화하는
인문학 코드

뷰 티   마 케 팅   인 문 학 으 로   하 라

01

이 시대가 요구하는 진정한 고객만족

우리는 전문가이다. 전문가의 CS는 고객에게
정확한 결과를 보장하고 고객 스스로 감사의 마음을 갖게 하는 것이다.
CS는 위선이다. 그러나 아름다운 위선이다.

∴ 에스테틱&스파는 고객감동 코드이다

아무리 판매를 잘하고 상담을 잘해도 CS가 제대로 되어있지 않다면 고객 감동은 어려울 것이다. 나는 뷰티 비즈니스 중에서 특히 에스테틱은 단순한 판매가 아닌 전문 카운셀링을 해야 하므로 CS의 코드가 그 무엇보다 우월해야 한다고 생각한다. 과연 고객에게 다가가는 리더십이 서번트 리더십이어야 하는가에 대한 의문을 갖게 된다. 고객과 동등한 입장에서 카운셀링을 하고 판매를 해야 하는 우리는 '주치의' 개념의 따뜻하고 안정적이면서도 전격적인 신뢰를 줄 수 있는 관계여야 한다고 믿고 있다.

서비스업 종사자들에게 당연하게 요구되는 것이 CS(Customer Satisfaction)이다. CS 하면 당연히 예절을 떠올리게 된다. 인사하는 법이나 전화 받는 법 같은 흔한 서비스로 생각하는 것이다. 나는 오래 전부터 과연 고객만족을 이러한 예절 교육으로 이뤄낼 수 있는가에 대해 많은 고민을 해왔다.

예절의 뜻을 갖는 영어 형용사로 POLITE, COURTEOUS 등이 있으나 주목할 만한 형용사 CIVIL이 있다. 이 단어는 민간인, 시민이라는 뜻을 동시에 갖는 형용사로 결국 예절이란 '인간이 살아가는 세상에서의 기본'을 의미하는 것이라는 생각을 하게 된다. 예의범절이 세상살이의 기본이라면 우리 같은 고객 서비스를 하는 사람들은 기본만 해서는 안 되지 않겠는가. 내게 있어 CS는 그래서 더 이상 고객만족이 아닌 고객감동 경영이다.

큰 기대를 하지 않다가 받게 되는 감동. 그런 감동은 어디서 오는 것인가. 고객의 피부를 관리하고 장시간 소통해야 하는 에스테틱&스파의 서비스 상품은 특별히 감동의 서비스를 하기에 적당하다. TOUCH라는 영어 단어는 만진다는 뜻도 있지만 감동하다의 의미도 있다. 'I'm touched' 하면 감동받았다는 의미이다. 따라서 우리처럼 touch를 일상으로 하는 에스테틱&스파는 고객을 감동시킬 만한 필요충분 조건을 갖추고 있는 것이다.

∴ **고객 감동을 위한 준비 'LUXURY ATTITUDE'**

사람과 사람 사이의 감동은 누군가에게 어떤 물질적인 선물을 받았다고 해서 만들어지는 감정이 아니다. 어떤 서비스를 받았을 때 마음이 움직인다는 것은 상대방의 태도에서 느껴지는 직업에 대한 자긍심과 높은 자존감에서 시작된다. 흔히 사회적 잣대로 볼 때 훌륭하다고 평가되지 않는 직업을 가진 사람이 자긍심과 자존감을 가지고 즐겁게 일하는 모습을 보고 우리는 감동하게 된다. 그 사람을 통하여 사람과 세상에 대한 믿음이 생기기 때문이다.

스스로 자신을 아끼지 않는 사람을 그 누가 사랑하고 아낄 수 있겠는가. 직업은 돈을 버는 수단이기 이전에 자아를 실현하는 도구로서 더 큰 가치가 있다. 어떤 직업을 가지고 있냐 보다 더 중요한 것은 일을 하는 자세이고 자신을 사랑하는 것이다. 그것이 바로 진정한 luxury attitude이다.

일반적으로 명품을 판매하는 사람과 시장에서 저렴한 물건을 판매하는 사람의 태도가 다른 것은 자긍심의 차이라기 보다는 상대하는 고객의 수준을 판매자 스스로 판단하여 그에 따라 행동을 달리 하기 때문일 것이다. 하지만 진정한 luxury attitude는 상대방에 따라 태도가 달라지는 것이 아니다. 자신감과 자긍심은 사람을 편안하고 겸손하게 만든다. 특히나 무형의 상품을 판매하는 우리는 자신이 가지고 있는 내면의 힘에 의해 판매 종결 여부가 결정된다 해도 과언이 아니다. 서비스를 하는 사람의 말과 행동이 판매를 좌우한다 해도 과언이 아닐 만큼 판매자의 전문성과 자신감, 그리고 스스로를 존중하는 마음이 중요한 변수가 된다. 이중 하나라도 부족하게 되면 마지막 순간에도 판매 결정이 번복되는 경우가 많다.

우리가 판매하는 상품은 '예뻐지고 싶다, 존중 받고 싶다, 통증을 해결하고 싶다. 쉬고 싶다' 등의 본능적 욕구를 해결해 주는 것이다. 본능 상품이라 할 수 있다. 이와 비슷한 본능 상품으로 먹거리가 있다. 아무리 싼 음식을 먹어도 맛이 없으면 화가 난다. 본능의 상품이기 때문이다. 테라피도 결국은 본능의 상품이다 보니 고객의 입장에서 관리가 만족스럽지 못하면 화가 나게 되어 있다. 반대로 만족스러울 경우 만족을 넘어선 감동을 선물할 수 있게 되는 것이다.

반대의 경우를 생각해 보자. touch를 기본으로 하는 우리의 서비스는 서비스하는 사람의 소소한 감정 선까지 고객에게 전달된다는 점에서 매우 위험할 수 있다. 어떤 경우에는 화를 부르게 되기도 한다. 미끼상품에 끌려 들어와 큰돈을 내게 될 경우 환불이나 기타 분쟁까지도 부를 수 있기 때문이다. 우리의 서비스가 고객만족을 얻기 위해서는 반드시 선행되어야 할 것이 있다. 우리가 제공하는 상품과 서비스에 대해 우리 스스로 자신이 있어야 한다는 점이다.

∴ 훌륭한 서비스를 위한 서비스의 가치 책정

얼마 전 프랑스 브랜드 론칭 행사에서 그 회사 대표와 이야기를 나눌 기회가 있었다. 전반적으로 제품 공급 원가가 비싼 유럽에서 1회 관리 비용 책정을 어떻게 하는지 궁금하여 질문을 했는데 나의 질문이 끝나기도 전에 "1분에 1유로!"라는 대답이 돌아왔다. 일반적으로 유럽, 특히 프랑스 전역의 에스테틱에서 이 같은 기준을 가지고 있다는 것이다. 얼마나 부러운 일인가. 그 나라에서의 에스테틱의 가치가 새삼 부럽고 부러웠다. 그것이 파리든, 지방이든 어느 곳이든 전문 브랜드를 사용함은 물론 에스테티션 기술의 적정가격에 대한 기준이 있다는 것은 에스테틱 선진국의 대표적인 가치임에 틀림이 없다.

서비스업에 종사하는 사람들 중에 고객이 무엇을 원하고 있는지 알면서도 모르는 척하는 경우가 많다. 그 모르는 척의 이면에는 '이 정도면 된다'는 자신의 이기적인 잣대가 존재한다. 이 정도 돈을 받았으니 이 정도만 서비스 하면 된다는 생각이 지배적인 이유는 내가 손해 볼 수 없다는 생각 때문이다. 서비스의 기본은 '물질적으로는 손해 보지 않겠지만 다른 것으로는 충분히 손해를 보아도 된다'는 생각을 가져야 한다는 것에 있다. 우리가 하는 서비스는 무료 서비스가 아니므로 돈을 낸 고객에게 100% 만족을 주어야 한다.

그런데 우리는 실제로 사람들이 가치를 두는 것이 무엇인지를 간과하는 경우가 많다. 우리가 가장 먼저 해야 할 일은 나의 서비스 가치를 확고히 만들어 두는 것이다. 서비스의 가치는 현대사회에서 사람이 살아가는데 가장 중요하게 여기는 가치의 잣대를 적용하여 책정하는 것이 옳다. 내가 중요하게 생각하는 서비스 가치 책정의 첫 번째 기준은 원가이며, 이 원가(코스트)를 결정하는 시간, 노동, 제품 등의 구성요소가 그 다음이다.

_시간

현대사회의 가장 중요한 가치 중 하나인 시간은 서비스를 받는 사람이나 주는 사람 모두에게 중요하다. 시간이 바로 돈인 시대이기 때문이다. 따라서 서비스의 가격을 책정하는데 있어서 첫 번째 기준이 시간이 되어야 하는 것은 당연하며 이것이 바로 선진국형 서비스이다.

대체로 얼마의 시간 동안 고객이 관리를 받게 되는지 명확한 기준을 설정하여 가격에 반영하는 것이 중요하다. 생산성의 관점에서도 지대한 영향을 미치기 때문이다. 그래서 메뉴판을 작성할 때 반드시 기재해야 하는 것이 시간이다. 시간이 차지하는 비중을 전체 서비스의 10% 정도로 본다면, 우리나라의 시간당 최저임금을 적용해 보아도 에스테틱&스파의 서비스는 한 시간에 약 5만 원 정도는 받아야 적당하다고 본다. 위에서 얘기한 것처럼 프랑스가 가지고 있는 시간과 기술의 가치는 1분에 약 1,500원 정도이니 한 시간에 9만 원이 기준이다. 이에 비해 우리의 가격이 매우 저렴하다고 느껴지지만 우리 나름대로의 기준을 정립해야 한다고 생각한다. 고객이 우리가 하는 일을 단순 노동으로 보지 않게 하기 위해서 반드시 필요하고 시급한 일이 아닐 수 없다.

_전문 노동인력의 가치

전문성을 갖는 노동력은 서비스의 결과에 따라 가치를 인정받게 된다. 또한 고객 감동의 key가 되는 부분이다. 땀흘려 서비스를 했어도 고객이 만족할 만한 결과를 주지 못한다면 그 가치는 마이너스가 될 것이다. 내가 판매하는 상품의 서비스에 적절한 전문인력을 배치하지 못한다면 큰 실수가 된다.

이것을 잘 관리하는 업계가 헤어 미용일 것이다. 헤어 미용에서 스태프의 영역과 전문가의 영역이 확실히 구분되어 있는 점에 주목해야 한다. 따라서 전문 인력의 인재양성이 매우 시급하고 전문 인력이 되기 위한 자기계발이 필수적이며, 이를 위해 처음 시작하는 사람은 인고의 세월을 견뎌내야 하는 것이다. 이 세상에 공짜점심은 없다는 것, 우리 업계가 알고 가야 할 현실이다.

_제품

에스테틱&스파 서비스의 가치를 높이는 필수 요소는 화장품이다. 고객이 어떤 제품을 사용하냐고 물을 때 자신 있게 대답할 수 있는 임상이 풍부한 제품을 사용하는 것, 소비자가 쉽게 만나 볼 수 없는 희소성을 가진 제품으로 관리하는 것, 그 자체가 고객의 피부와 건강을 생각하는 것이며 배려일 것이다. 또한 그 가격으로 가치가 결정되는 것이므로 원가 비용을 결정하는 중요한 품목임을 간과할 수 없다.

이렇게 가치 책정이 되고 나면 서비스를 하는 사람은 상품에 자신감이 생기게 되고 그 자신감을 바탕으로 제대로 서비스를 할 수가 있다. 제공하는 서비스에 비해 지나치게 가격이 낮게 책정되어 있다면 서비스 하는 사람이 자긍심을 갖기 어렵기 때문이다. 직원들의 고객만족 서비스를 이뤄내기 위해서 CEO가 반드시 점검해야 할 일이 바로 내 업장의 모든 프로그램의 정직한 가치 책정을 하는 것이다. 그래야 비로소 고객만족, 감동 경영을 위한 첫 번째 준비가 끝난 것이다.

02

서비스 콘텐츠 개발하기

인문학적 특성이 가장 잘 드러나는
다양한 서비스 콘텐츠를 개발하는 것은
여성이 가장 잘할 수 있는 창의적 창조이다.

∴ 성공 요소 스토리텔링

유튜브에서 엄청난 조회 수를 기록한 2013 칸 광고제 수상작 DOVE의 광고는 정말 감동 그 자체이다. 한 여성이 그림을 보고 있다. 그림은 두 개이고 하나는 그녀가 자신을 표현한대로 화가가 실물을 보지 않고 그린 그림, 또 하나는 그녀를 아는 사람이 그녀의 모습을 표현한대로 화가가 그린 그림이다. 화가의 독백과 여성의 독백으로 이루어지는 이 모노톤의 광고는 중년의 여성들이 자기 자신의 모습을 사랑하지 않게 되는 여러 가지 이유를 알게 되고 결국 타인이 보는 시선이 훨씬 아름답다는 것을 깨닫게 되는 단계를 조용히 그림을 통해 보여준다. 이 광고는 "당신은 당신이 생각하는 것보다 훨씬 아름답습니다."라는 멘트로 끝이 난다. 이 광고 하나로 도브라는 브랜드를 바라보는 여성의 시각도 달라질 것이다. 이런 감동이 없이는 상품을 팔 수 없는 시대가 3.0 마켓이다.

사람과 사람이 만나는 순간부터 어떤 스토리가 만들어지게 마련이다. 그러니 어떠한 프로그램을 만들더라도 각각이 가지고 있는 역사와 스토리텔링을 보여주어야 감동을 이끌어낼 수 있다. 보험광고를 하면서 굴러가는 낙엽과 굽은 노인네의 등을 보여주기도 하고, 추운 겨울바람에 '여보, 아버님 댁에 보일러 놔드려야겠어요'라고 하는 며느리의 착한 멘트로 효심을 자극해 매출을 높이기도 한다.

주로 여성을 대상으로 하고 그 여성들의 아름다움을 책임지고 있는 우리 에스테틱&스파도 이제는 정말 심사숙고하여 독특하고 감동적인 스토리텔링과 역사를 만들어내야 한다. '단순한 에스테틱 프로그램 제목에 무슨 스토리텔링 효과까지?'라고 생각할 수도 있겠으나, 사실 직원들이 매뉴얼상에 구성된 프로그램 설명을 그대로 옮겨 놓기만 해도 원하는 결과를 얻어낼 수가 있다.

나는 오랜 역사를 가지고 있는 프랑스의 프랜차이즈 전문 브랜드를 수입했었는데, 제품 판매를 위한 교육용 매뉴얼과 테크닉 매뉴얼을 들여다보며 감탄을 하지 않을 수 없었다. 내가 수입했던 브랜드의 창시자는 유럽 에스테틱 계의 대모 격인 인물로 브랜드 스토리에서 만나는 한 장의 흑백사진과 실험실 분위기가 나는 고전적인 집무실 사진만 보아도 훌륭한 스토리텔링이 완성되는 브랜드였다. 이렇게 역사도 신뢰를 갖게 되는 동기가 되는 것이다.

말콤 글래드웰이 '첫 2초의 힘'을 역설했듯이(블링크 이론) 소비자는 섬광처럼 순간적인 판단을 하게 된다. 소비자의 눈과 귀를 사로잡는 요소로는 컬러나 네이밍 혹은 한 줄의 광고 문구를 들 수 있다. 에스테틱&스파의 상품은 2초의 블링크 이론에서 더 나아가 감각적인 터치의 감동이나 향기 같이 조금 더 스토리텔링적인 감동코드가 있어야만 성공적이라고 볼 수 있겠다. 따라서 프로그램 구성과 그에 따른 서비스 매뉴얼이나 상담 매뉴얼의 구성, 또한 반복적인 훈련과 학습을 통한 몸에 익히기가 얼마나 중요한지는 새삼 말할 필요가 없겠다.

∴ 브랜드의 프로그램 매뉴얼 중 스토리텔링 기법의 예

프로그램 매뉴얼을 만들 때도 스토리텔링이 얼마나 성공적으로 접목될 수 있는지 직접적인 사례를 들어 설명하겠다. 아래 프로그램은 화학 필링을 이용해 동안을 만들어준다는 컨셉으로 구성되었다.

_프로그램 매뉴얼

Active Jeunesse(악티브 쥬네스) Return to Youth

젊은 시절의 피부로 돌아가는 아름다운 여정

'글리콜릭과 ***의 환상적인 조합으로 나의 피부를 10년 전으로 돌려주므로, 파티에서 가장 아름다운 나를 발견할 수 있습니다(la plus belle pour aller danser).'

사용제품: 악티브 쥬네스 세럼 ***ml, neutralisant ***ml, 악티브 쥬네스 크림 ***ml

_고객 메뉴판용

"이것저것 다 써보았습니다. 그러나 아무 결과도 없이 세월만 흘렀습니다. ***에서 내가 만난 악티브 쥬네스 덕분에 나는 다시 파티에 갈 수 있습니다. 쉿! 비밀입니다. 아직까지는 당신만을 위해 간직하세요. 4주 안에 당신은 빛나는 파티의 주인공이 됩니다."

_고객 상담용 질문

피부가 거칠고 윤기가 없으신가요?

가끔 모공이 크다는 생각이 드시나요?

다크 서클이 불편하신가요?

눈가 잔주름이 거슬리시지요?

피부색이 밝아졌으면 하고 바라시나요?

아무도 모르게 예뻐지고 싶으신가요?

성형외과나 피부과적 시술이 부담스러우시죠?

필링은 궁금한데 통증 같은 것이 두려우신 거죠?

위의 질문들을 가만히 보면 고객에게 생각을 많이 요구하는 개방형 질문이 아니고 우리가 답을 이미 알고 있는 것들이다. 다시 말해 고객의 심리상태를 질문 형식으로 표현한 것임을 알 수 있다. 이런 질문을 받을 경우 대다수의 고객들은 설득의 심리학을 경험하면서 내가 원하는 결론에 다다르게 된다. 즉 '뭔가 여기서 하는 것은 다를 것 같다'라는 생각을 하게 되는 것이다. 이런 질문 후에 스토리텔링 효과가 확실한 회춘 필링 프로그램을 내놓는다면 성공률이 아주 높아지므로 SAQ(Self Assessment Question)는 반드시 닫힌 질문이어야 하고, 끝으로 갈수록 목적이 분명해지도록 구성되어야 한다.

∴ 서비스 매뉴얼 제작 시 콘텐츠 구성

업종에 따라 다르긴 하지만 우리가 직접 만들어 볼 수 있는 서비스 매뉴얼 콘텐츠는 아래의 8가지로 구성된다. 이 중에서 가장 중요한 인사법과 프로그램 상담 매뉴얼에 대해 예문을 제시하고 구체적인 방법론을 제시해 보도록 하겠다.

1) 인사법

2) 브랜드 스토리 구성

3) 프로그램 안내를 위한 상담 매뉴얼

4) 제품 및 프로그램 판매 상담 매뉴얼

5) 반대 극복 매뉴얼

6) FAQ

7) 클레임 처리 방법 매뉴얼

8) 전화상담 매뉴얼

_인사법

여기서는 음성, 시선 처리와 몸가짐을 포함하는 총괄적인 Attitude(태도)를 다룬다. MOT(진실의 순간)를 결정짓는 첫 번째 대면이 고객과 만났을 때 주고받는 인사이다. 인사는 다양한 방법의 인사와 계절별 상황별 인사법이 있겠다.

인사법에 대해 제대로 교육받은 일이 없는 대부분의 직원을 위해 문장 하나하나를 그대로 외워 사용하도록 매뉴얼을 만든다. 예를 들어 예약 전화를 할 때 인사 법, 첫 고객을 위한 인사 법, 재방문 고객을 위한 인사 법, 헤어질 때 인사 법 등을 상황별로 만들어 롤 플레잉(역할극)을 하고 서로 수정할 부분을 논의하여 최종 결정하면 된다.

"안녕하십니까 고객님. 슬림M 관리사 ***입니다. 식사는 하셨는지요. 필요하신 것이 있으시면 말씀해 주십시오. 날씨가 많이 더운데 찬 음료수를 드릴까요, 찬 것보다는 따뜻한 음료가 갈증 해소에는 더 좋을 것 같습니다."

말을 할 때의 표정과 몸짓, 시선 처리는 그 자체로 예절의 틀을 결정하게 된다. 배꼽인사와 고객의 눈 아래쪽에 머무는 시선, 입 꼬리를 올리고 배려하는 표정 등은 하루아침에 학습되는 것이 아니다. 활자화된 매뉴얼을 읽을 때는 이런 인사법들이 당연하게 느껴지겠으나 실제로 스파에서의 인사는 대체로 많은 것이 생략된 채로 진행된다. "어서 오세요, 차는 뭘로 드릴까요?" 정도의 인사가 전부인 것이다. 이런 인사법이 쓰이는 이유는 매뉴얼의 부재와 연습 부족이다. 반드시 정해진 인사법을 쓰도록 교육해야 한다. 칭찬에 인색한 우리 문화의 특성상 필요한 얘기만 하게 되므로, 자주 방문하는 고객에게 무표정한 말투와 태도를 보이게 된다. Attitude가 서비스의 질을 결정짓는 가장 중요한 요소가 된다는 것을 명심하라!!

_프로그램 상담

상담 매뉴얼을 만들 때는 "저희 ***의 ***관리 프로그램은~, 고객님이 받아보실 저희 ***스파의 ***프로그램은~" 등과 같이 브랜드와 프로그램 네이밍을 많이 언급하는 것이 중요하다. 얼굴 관리, 등 관리, 전신 관리 등의 개성 없는 통칭은 고객이 특별한 대우를 받고 있다는 느낌을 갖지 못 하게 한다. 어려운 프로그램 네이밍이어도 스스로 자꾸 언급하고 이야기하다 보면 고객도 자연스럽게 프로그램의 네이밍을 언급하고 즐기게 된다.

> "저희 ***의 악티브 쥬네스 프로그램은 고객님의 피부에 탄력과 생기를 만들어 드립니다. 사용하는 제품은 악티브 쥬네스 라인으로 클렌징부터 마무리 크림까지 모두 재생기능이 훌륭한 레티놀 성분으로 만들어진 특수라인입니다. 레티놀은 필링을 유도하지만 빠른 재생을 촉진하여 타 관리실에서의 재생관리 프로그램에 비해 2~3배 빠른 결과를 드립니다."

∴ 적절한 질문의 미학

대체로 같은 말을 두 번 이상 듣기 싫어하는 현대인들은 간략하게 정리되고 기능이 함축된 설명을 요하면서도, 반대를 위한 반대를 하게 된다. 예를 들어 "재생속도가 빠른 ***성분으로 인해 3주 만에 놀라운 효과를 체험하실 수 있습니다"라고 설명할 때, "설마요, 피부가 그렇게 좋아질 리가 있겠어요?" 등의 반대 입장을 표현할 때가 있다.

이런 골치 아픈 상황을 만들지 않기 위하여 미리 설문지 형태로 적절한 질문을 만들어 주어야 한다. 질문은 처음부터 끝까지 연결성을 갖고 답변에 따라 빠져나갈 구멍이 없이 내가 원하는 결과를 도출할 수 있도록 맥락을 가져야 한다. 질문에 답하는 과정에서 스스로 결론에 도달해 관리를 받겠다는 결심을 하게 만드는 것이다. 이 부분에서 상당히 심리학적인 요소와 통찰이 필요한데, 관리를 단지 1회만 체험하고 싶다는 의사를 표현할 수 있는 여건도 만들어 두어 공연한 시간 낭비를 하지 않으면서도, 고객이 관리 후에 살짝 빚진 마음이 들어 프로그램 구입을 문의할 수 있도록 유도하는 것도 중요하다.

상담자: 다른 곳에서 관리를 받아보셨습니까?

고객: 네, 근데 별로 효과를 보지 못했어요.

상담자: 그러시구나.(할 말을 잃으며 부정적 사고로 전환, 여기서 고객에게 주도권을 빼앗기는 상담자)

고객: 여기는 뭐 다른가요?

상담자: 저희는 프랑스 유기농 화장품 ***로 관리합니다.

고객: 유기농 화장품이 진짜 있나요?

상담자: 네, 그럼요. 저희 ***제품은…… (상담은 이제 고객의 질문과 상담자의 궁색한 대답으로 이루어진다)

고객: 몇 회나 받으면 좋아지나요?

이런 종류의 상담은 고객이 관리 받는 곳을 신뢰하지 못 하도록 한다. 대체로 상담이 이런 식으로 이루어지다 보니 고객이 상담의 주도권을 잡고 서비스 영역이나 시간, 가격 등을 조정하려 하며 상담을 부정적으로 이끌어가게 된다.

　나는 현재 리포사지(Lypossage)라는 글로벌 체형관리 프로그램을 도입하여 운영하고 있다. 리포사지는 기존의 슬리밍 관리와는 완전히 다른 개념의 테크닉과 상담 프로그램을 가지고 있다. 일단 시간이 짧다. 시간이 짧다는 것은 고객에게 불만을 야기할 수 있으므로 성공적인 상담과 설득을 위해서는 반드시 프로그램의 배경과 관련 이론을 숙지하고 있어야 한다. 고객에게 끌려가지 않으면서 슬기롭게 반대를 극복하는 테크닉을 사례로 살펴보자.

상담자: 고객님의 설문지 답변과 상담내용, 체형분석을 보면 고객님은 누르고 미는 일반적인 마사지요법으로는 원하시는 결과를 얻기가 어려운 체형이십니다. 관리를 받으실 때 마사지 받는 즐거움 때문에만 큰돈을 지불하시는 것은 아니지요 고객님?

고객: 아, 물론 그렇죠.

상담자: 그렇다면 고객님처럼 날씬하신 편이지만(칭찬) 셀룰라이트와 부종이 있으신 분께 딱 맞는 프로그램인 리포사지를 권해드립니다. 들어보셨나요?

고객: 아, 아니요(모르는 것에 대해 약간 민망해하며). 어디서 들어본 것 같기도 하고.

상담자: 아, 저는 관리를 많이 받아보셨기 때문에 리포사지를 경험해보셨을 거라고 생각했습니다. 설명을 좀 드려도 될까요?

고객: 아, 네(궁금해 한다).

상담자: 저희 스파에서 가장 인기 있는 must have item입니다. 리포사지는 셀룰라이트를 물리적으로 제거하는데 가장 효과적인 프로그램으로 짧은 시간에 가장 많은 사이즈 축소효과를 드립니다. 혹시 고객님은 관리 받는 시간이 긴 것을 선호하십니까?(이 질문은 리포사지가 다른 마사지에 비해 관리시간이 짧기 때문에 역으로 질문하는 것이다)

고객: 아니, 꼭 그런 것만은 아닌데, 왜요?

상담자: 슬리밍관리는 고객의 유산소 호흡이 매우 중요하기 때문에 고객이 관리 받으시는 동안에 주무시는 것이 도움이 되지 않기 때문입니다. 그래서 리포사지는 부위별로 딱 30분씩 가장 지방분해가 잘 될 수 있는 전문 테크닉으로만 구성되어 있습니다. 혹시 가장 문제가 된다고 생각하시는 부위가 있으신가요?

고객: 네, 허벅지요(관심을 초점화 한다).

상담자: 허벅지라면 하체의 림프가 모여 올라가는 서혜부의 중요한 림프절과 복부 림프절을 포함하는 관리를 하셨을 때 가장 사이즈가 많이 줄어듭니다. 하나만 선택하라면 허벅지에 가장 효과를 보시고 싶은 것이지요?(질문이지만 예, 아니오로 대답해야 하는 닫힌 질문(closed question)으로 이미 이때가 되면 고객은 상담자 쪽에게 주도권을 빼앗기게 된다)

고객: 네…… 어느 정도나 빠지나요?

상담자: 관리 프로그램은 총 18회 세션입니다(전문적인 용어를 쓰는 것이 고객을 제압하기 좋다). 18회 세션을 하시는 동안 매번 전후 사이즈를 재서 결과치를 보여드립니다. 고객님은 저희 스태프와 함께

노력하셔서 다시 늘려오지만 않으신다면 최종적으로 허벅지 3~4센티 힙 4~5센티를 감량하실 수 있습니다. 체중이 많이 나가는 몸매가 아니시니 사이즈 축소가 더 중요하시겠지요?(이러한 설득형 닫힌 질문을 활용하여 상담을 하는 것이 매우 중요한 스킬이다. 만일 여기서 '체중감량이 중요하신가요?'라고 상당히 열려있는 질문을 한다면 고객은 체중감량이 중요하다고 대답할 것이고 그렇다면 다음 상담은 주도권을 빼앗기게 될 것이다)

고객: 18회나 해야 하나요? 너무 길어서 올 수 있을 것 같지 않은데.

상담자: 고객님 그렇죠? 하지만 슬리밍 관리 많이 받아보셨지만 늘 10회만 하시고 그만두게 되셨던 가장 큰 원인은 10회가 넘어가야 체형이 새롭게 구축되는 것이 보이기 때문입니다. 10회를 하시게 되면 결과를 예상하실 수가 없으셔서 중간에 관리가 하기 싫어지시거든요. 식사도 몰아서 드시는 것보다 조금씩 나누어 드시는 것이 훨씬 다이어트에 도움 되시는 것처럼 관리시간은 줄이고 횟수를 자주 여러 번 길게 하시는 것이 슬리밍 관리를 성공적으로 하시는 것입니다. 혹시 여행계획이 있으시거나 주 2회를 받지 못 하시는 건 아니시지요?

고객: 아, 네…… 그건 아닌데…… 부담되네요.

상담자: (반대 극복이 필요한 시점에서 횟수가 표시된 사진 자료를 꺼낸다)보시는 것처럼 하루 30분 허벅지, 엉덩이 복부관리를 리포사지로 받으신 고객님의 결과치입니다. 이분은 저희와 체험단 계약을 맺고 사진 찍는 것을 허락하셨어요(실제 고객임을 강조). 보시다시피 12회 차부터 눈에 띄게 사이즈 감소한 결과가 보이시지요?

고객: 아, 네……

이러한 대화는 실제로 고객과의 상담에서 확률적으로 가장 많이 일어나는 상황이므로 매뉴얼을 만들어 연습하고 자기 것으로 만들어둔다. 나올 수 있는 모든 질문, 혹은 그 동안 나왔던 질문들을 모아 아예 FAQ(자주 묻는 질문)로 만들어 기다리는 시간에 볼 수 있도록 배치하는 것도 좋은 방법이다.

03

고객만족 장애요소 극복하기

세일즈는 어쩌면 끝없이 나타나는 장애와 난관을
극복하는 과정이 아닐까 생각한다.
세일즈 후의 성취감은 그래서 더욱 값진 보답이다.

∴ FAQ 활용하기(화장품)

고객과의 불편하고 반복적인 대화를 줄이고 정확한 정보를 전달하기 위한 최상의 방법은 자주 묻는 질문과 그에 대한 답변(FAQ)을 만들어 놓는 것일 것이다. FAQ는 홈페이지에서 주로 사용하는 방법이나 대체로 매우 형식적이어서 무용지물이 되는 경우가 많다. 고객을 처음 맞이할 때부터 마무리까지 고객과 만나면서 나올 수 있는 다양한 질문에 대하여 정확한 답변을 준비해 두는 것은 아주 중요하다.

FAQ의 장점은 '소통'의 개념으로 나의 주장을 할 수 있다는 점이다. 최근에는 일방적으로 자신이 하는 일을 설명하고 있는 카탈로그나 리플렛 같은 광고 홍보성 매체보다도 다양한 SNS가 소통의 창구로 더 편안하게 받아들여지고 있다. 이런 관점에서 FAQ를 다양하게 개발하여 고객과 효과적으로 의사소통하는 마케팅 툴로써 잘 활용해 볼 수 있을 것이다. 매일이 전쟁터인 우리의 일터에서 일어나는 소소한 사건들을 절대 그냥 지나치지 말고 잘 정리해 두었다가 활용하도록 하자. 고객이 가장 거부반응을 보이게 되는 여러 가지의 장애요소를 FAQ 형태로 풀어보도록 하자.

_한 가지 화장품을 사용하면 피부에 내성이 생긴다는데 한 곳에서만 계속 관리를 받아도 괜찮을까요?

내성이라는 말은 원래 의약품의 내성을 얘기하는 것으로 항생제를 쓸 때도 조금씩 약을 바꿔야 하는 이유가 바로 내성 때문입니다. 하지만 화장품은 의약품이 아니므로 내성이 생길 수는 없습니다. 다만, 아무리 좋은 제품도 처음 사용하였을 때보다는 두 번째 세 번째 반복적인 사용에 그 효과가 덜하다고 느낄 수는 있습니다.

하지만 화장품의 특성은 한 번에 효과가 나오는 의약품과는 달리 장기간 사용하여 피부상태를 개선하는 '유지관리'의 개념을 가지고 있습니다. 따라서 집에서는 적어도 3~4주 정도는 같은 제품을 사용하셔야 그 효과를 보실 수 있고 관리실에서도 10회 이상은 같은 목적의 스킨케어를 하는 것이 효과 면에서 탁월합니다.

다만, 스킨케어는 고객의 피부상태에 따라 조금씩 패턴을 달리하며 관리하는 것이 중요합니다. 증상을 치료하는 약이나 주사와 달리 원인에 대해 대처하는 테라피적 효과가 강한 스킨케어의 경우, 수분이 부족한 피부는 보습효과가 있는 제품으로, 피지가 발달한 경우는 피지흡착력이 강한 제품으로 최소한의 자극을 고려하여 제품을 선택합니다. 우리 ***스파가 사용하는 제품은 적어도 **여 가지 이상의 제품라인으로 구성되어 있어 고객의 다양한 피부상태에 따라 조금씩 변화를 주어 관리할 수 있답니다.

_저는 좋다는 화장품은 다 씁니다. 한 가지 제품으로는 효과를 못 보니까요. 그런데 여러 가지 브랜드를 섞어 쓰는 것이 왜 좋지 않다고 하지요?

우리 **스파에서 사용하는 브랜드는 프로페셔널 브랜드로서 성분의 함량이 일반적인 시판 제품에 비해 매우 높고 클렌징부터 크림까지 목적에 맞도록 성분이 배합되어 있습니다. 이것저것 브랜드를 섞어 사용할 경우 제품 개발 시 목적한 효과가 떨어지고 성분의 조화가 깨지고 과한 영양 공급이나 과한 각질 제거 등 부정적인 결과를 초래할 수 있습니다. 따라서 각 브랜드가 추구하는 라인별 제품을 제대로 사용하고 홈케어도 되도록 그렇게 사용하는 것이 좋습니다.

_아침에 화장품을 많이 바르면 피부가 끈적거려 에멀전 정도로 가볍게, 저녁에는 영양크림을 듬뿍 바르고 잡니다. 그런데 아침에 번들거림이 심하고 흡수가 잘 되지 않는 느낌입니다. 왜일까요?

아침에는 protection, 밤에는 regeneration입니다. 아침에는 외부환경으로부터 피부를 철저히 보호하는 것이 화장품의 역할입니다. 따라서 에멀전뿐만 아니라 보호성분이 충분한 크림, 메이크업베이스, 화운데이션, 파우더 등을 꼼꼼히 바르시고 밤에는 피부가 배출을 많이 하는 시간이므로 흡수력은 뛰어나지만 지질막이 너무 많은 제품은 피하시는 것이 좋습니다. 따라서 저녁에는 세럼이나 에센스의 사용을 권해드립니다.

_저는 20대인데 엄마가 쓰시는 화장품을 함께 쓰면서 피부가 안 좋아졌습니다. 그 제품은 고가의 안티에이징 제품인데, 왜 피부 트러블이 생길까요?

피부는 25세 전후로 노화를 한다고 하지만 사람마다 조금씩 그 정도가 다르고 특히 보습도는 개인차가 매우 큽니다. 40~50대 여성을 위한 화장품은 지질뿐만이 아니라 다양한 항산화 성분들로 구성되어 있습니다. 이런 성분들은 20대 피부에 너무 과할 수 있습니다. 특히 20대 피지 분비가 활발한 피부의 경우, 지질이 많은 화장품을 바르면 모공을 막아 화이트헤드의 원인이 될 수 있습니다.

또한 중요한 것은 피부가 화장품을 흡수하는 것 자체가 나름 스트레스인데, 처음부터 너무 강한 성분이나 고농축의 제품을 사용할 경우 피부에 과도한 액션을 취하게 되는 것입니다. 따라서 가장 약한 것으로부터 시작해 서서히 피부를 적응시키고 세월로부터 보호하는 것이 중요합니다.

_수분크림을 샀는데, 제형은 분명히 수분인데 바르고 조금만 있으면 더 당깁니다. 고가의 다른 수분크림은 유분감이 많던데, 화장품의 좋고 나쁨은 어떻게 파악해야 하나요?

에멀젼이나 크림은 기본적으로 제형이 w/o(유중수형), o/w형(수중유형)이 있습니다. 피부는 단 한 방울의 물도 흡수하지 못합니다. 피부에 남아있는 수분은 반드시 증발하고 맙니다. 물이 많은 에멀젼은 매트하나 기능성 성분을 많이 넣을 수가 없습니다. 여러 가지 기능성

성분을 배합하려면 그 제형이 w/o형이어야 가능합니다. 그러므로 유분이 느껴지는 크림에 수분크림이라고 쓰여 있는 것은 그만큼 피부의 보호기능이 뛰어나고 수분의 증발을 막을 수 있다는 점에서 진정한 수분 크림의 역할을 하는 것입니다. 젤이나, 수분 제형의 제품은 대체로 수분크림의 기능을 수행하기 어렵다고 보시면 맞을 것입니다.

_화장을 지울 때 폼클렌징을 사용하는데, 피부가 거칠어지는 느낌입니다. 하지만 관리실에서 판매하는 로션 타입이나 젤 타입 클렌저는 비싸기만 하고 피부에 잔여물이 남는 느낌이라 싫은데 클렌징은 어떻게 선택하나요?

클렌징은 보통 2~3가지 종류의 제품을 가지고 계실 것을 권합니다. 계절별로도 제품이 좀 달라져야 합니다. 일단, 일반적인 저렴한 폼클렌징은 사용하지 마시기 바랍니다. 얼굴에 세제를 쓰시는 것과 다를 바가 없습니다. 어쩔 수 없이 대중적으로 저렴하게 만들 수밖에 없어 계면활성제가 강하게 들어간 것입니다. 뭐, 보습제가 첨가되었다 해도 마찬가지입니다. 피부가 거친 느낌은 지질이 파괴되었으니 당연한 것입니다.

전문 제품의 클렌징을 피부 타입별로 쓰는 것이 좋습니다. 건성이나 중성 피부는 오일 타입을 주 2~3회 이상은 쓰시는 것이 좋은데, 딥클렌징 효과 때문입니다. 오일 타입 클렌징의 딥클렌징 효과는 'oil to oil 이론'에 의해 모공 속을 깨끗하게 정리하는 것입니다. 오전에는 밀크나 젤 타입으로 가볍게, 그러나 꼼꼼하게 클렌징 합니다. 오전에 물세안만 하시는 분은 건성피부여서 그러시겠지만 밤새 배출된 모공 속의 노폐물들이 클렌징 되지 않아 피부 결이 정리되지 않습니다. 오전 클렌징은 정말 중요합니다. 피부에 남아있는 잔여물감은 천연피지막이 파괴되지 않아 편안하게 느끼는 것이고 보습제의 보호작용입니다. 조금만 적응하시면 피부가 한결 좋아지실 것입니다.

_홈케어 제품은 제가 알아서 쓰고 싶은데, 화장품을 구입하라고 하는 것이 부담스럽습니다.

가장 이상적인 에스테티션은 화장품과 기기 그리고 효과적인 매뉴얼 테크닉을 사용하여 고객의 피부를 관리하고 집에서 사용하는 제품을 추천하고 그 관리까지도 책임져 마치 주치의처럼 피부에 관한 한 고객님이 의지할 수 있는 존재여야 할 것입니다. 에스테티션이 권하는 화장품을 '판매' 차원으로 보실 것이 아니라 내 피부를 디자인하는 디자이너라 생각하고 받아들이신다면 덜 불편하실 것입니다. 좋은 관리를 한 후에 그에 걸맞는 제품이 집에서 사용되지 않으면 관리효과가 오래가지 않아 결국 고객님의 손해로 고스란히 돌아갈 것이기에, 제대로 된 에스테티션이라면 집에서 사용하는 제품을 권할 수밖에 없는 것입니다.

비싼 관리 효과를 극대화할 수 있는 홈케어 제품은 꼭 고객님의 전문 에스테티션에게 맡겨 주세요.

_백화점이나 면세점에서 파는 제품이 더 좋은 건지, 처음 듣는 브랜드를 사야하는 건지 고민됩니다.

프로페셔널 제품과 일반 시판 브랜드의 차이는 성분의 함량과

method에 있습니다. 프로페셔널 제품은 임상적으로 결과를 줄 수 있는 집중적인 성분과 method를 가지고 있어야 합니다. 그러므로 전문 관리용 제품은 1회성 관리가 아닌 집중 케어에 그 가치가 있습니다. 그런 관리의 효과를 극대화하기 위해 판매하는 화장품 역시 method의 연장입니다.

따라서 '모든 사람이 아무 문제없이 사용하는' 일반 화장품과 '누구나 쓸 수 없고 관리사의 추천에 의해 판매하는' 전문 화장품과의 차이는 피부가 얻는 결과의 차이라 할 수 있습니다. 유럽의 명품 프로페셔널 브랜드의 창시자가 대부분 에스테티션임을 감안한다면, 피부를 케어하는 프로페셔널 화장품의 가치를 짐작하실 수 있을 것입니다.

⁂ FAQ 활용하기(스킨케어)

화장품과는 달리 스킨케어의 경우 경험이 많고 오래 다닌 고객일수록 관리 패턴을 잘 익히고 있어 답을 할 수 없는 질문을 하는 경우가 많다. 따라서 상황별로 질문내용을 정리하여 답을 달아두고 미리미리 준비해야 한다.

_매주 딥클렌징 패턴이 달라지거나 건너뛰는 경우가 있는데 왜 그런가요?

(관리사가 피부를 판독하여 관리 패턴을 조절할 경우 불만을 갖는 고객을 위한 답변)

딥클렌징은 스파의 스킨케어 프로그램에서 피부상태를 결정짓는 매우 중요한 단계입니다. 유분이 많은 경우와 적은 경우, 조금 민감한 경우에 따라 다른 제품을 적용하고 특히 민감한 피부의 경우에는 딥클렌징을 생략하기도 합니다. 건성피부나 민감한 피부의 경우는 기기관리나 마사지의 마찰로도 피부의 각질이 탈락하므로 경우에 따라 딥클렌징을 생략하는 것입니다.

_고주파는 뜨겁기 때문에 효과를 느끼겠는데 초음파의 경우는 아무것도 느껴지지 않습니다. 어떤 경우에 고주파와 초음파를 적용하며, 그 효과는 무엇인지요?

(기기관리를 고객이 지정하는 경우를 위한 답변)

고주파는 진피층의 흐름을 빠르고 좋게 하는 탄력과 노화 관리에 적격입니다. 하지만 크림을 사용하고 열이 나기 때문에 여드름이나 지성피부보다는 건성, 노화피부에 더 맞습니다. 초음파는 뜨겁거나 피부 자극이 느껴지지는 않지만 '불가청 영역'의 진동 효과로 모공 깊숙한 곳까지 딥클렌징 되고 세포의 활성화에 도움이 되어 재생 기능이 탁월합니다. 또 여드름을 짜기 좋은 상태로 피부 위로 올려주기도 합니다. 피부 상태에 따라 기능적으로 적용하는 것이 좋습니다. 저희 전문 관리사에게 맡겨 주시기 바랍니다.

_마사지 시간이 좀 더 길었으면 좋겠습니다. 관리 효과와 마사지 시간엔 어떤 관계가 있는지요?

(관리시간의 연장을 요구하는 고객들에게 할 수 있는 답변)

스킨케어의 단계 중에 마사지 단계는 피부에 활력과 순환을 집중적으로 부여하는 단계입니다. 데콜테 마사지와 훼이셜 마사지의 총 시간은 15~20분 정도가 가장 적절합니다. 마사지 시간이 길다고 해서 피부가 더 좋아지는 것은 아닙니다. 고객이 베드에 누워 관리 받는 시간이 90분 이상이 되면 수평상태에서 너무 오래 있게 되어 오히려 순환에 방해가 될 수 있습니다. 전문 관리의 효과는 시간보다 사용하는 제품과 관리사의 스킬과 정성에 달려있습니다. 저희***스파 프로그램은 최상의 제품으로 최고의 효과를 낼 수 있도록 시간이 구성되어 있습니다.

_코에 있는 블랙헤드를 짜고 싶은데, 관리실에서 짜지 못하게 하고 짜주지도 않습니다.

(블랙헤드 관리를 요구하는 고객을 위한 답변)

엄밀히 말하면 코의 모공에 박힌 검은색의 피지덩어리는 블랙헤드 가 아니라 모공을 막는 피지와 각질 등의 부산물이 산화된 물질입니 다. 짜고 나면 시원하긴 하나 다시 피지가 차오르고 다시 산화되어 검은색을 띄게 됩니다. 더구나 모공과 피지선을 더 자극하게 되어 짜 면 짤수록 모공이 커지게 됩니다. 전문 제품을 사용하여 피지를 녹여 내는 것이 중요한데 그것 또한 피부에 자극적인 것은 마찬가지입니 다. 따라서 모공을 관리하는 전문 제품을 사용하여 평상시 스킨케어 를 잘하는 것이 중요합니다. 저희 ***스파에서는 ***의 프로그램으로 모공을 관리해드립니다.

∴ 사고를 미연에 방지하는 고객용 매뉴얼

FAQ를 활용하여 불필요한 상담이나 설득의 시간을 줄이는 것처럼, 고객용 매뉴얼 뒷편에 고객이 읽어볼 수 있도록 여러 가지 주의 사항을 일목요연하게 매뉴얼화 하는 것도 매우 바람직하다. 관리 전 읽어보고 관리 후 집에 가서 다시 읽어볼 수 있도록 편지 형식으로 만들어 두면 스파의 책임의식이나 고객관리 의지를 잘 나타내면서도 고객의 잘못된 습관이나 홈케어로 자칫 관리효과가 부정적으로 발생 할 수 있는 문제를 미연에 방지할 수 있다는 장점이 있다. 서비스 가격은 높지 않으면서 고객의 클레임이나 사고가 잦은 프로그램 중 하나가 태닝 프로그램이다. 아래는 전문가 의견을 무시하고 무질서하게 태닝 프로그램을 이용하는 고객들을 위해 만들어둔 고객용 매뉴얼이다.

"아름다운 갈색 미인을 위한 몇 가지 주의 사항입니다. 꼬~옥 읽어보세요"

슬림M의 고객이 되어 주셔서 감사합니다.

공들여 인공 태닝을 했는데 부주의로 인해 문제가 생기거나 효과가 반감된다면 안타까운 일이겠죠? 아래의 몇 가지 주의사항을 잘 지켜서 아름다운 다갈색 피부를 오래도록 가꾸시기 바랍니다.

1. 태닝을 하기 전에는 깨끗이 샤워를 하셔야 합니다. 집에서 미리 샤워를 하시고 오셔야 각질 때문에 얼룩이 지지 않습니다.

2. 태닝 시간은 점차 늘려가야 합니다. 자외선은 피부에 노화를 일으킬 수도 있으니 주의를 기울여 태닝을 시작해야 합니다. 1주차

15분, 2주차 20분, 3주차 30분입니다. 30분 이상은 만일의 피해를 대비하여 불가합니다. 이점 양해하여 주시기 바랍니다.

3. 태닝 전후로 생수를 한 잔 드셔서 수분을 보충하셔야 합니다.

4. 얼굴을 수건으로 가리시고 전용 썬글래스를 착용하시는 것이 좋습니다. 태닝 전에는 보습제를 많이 바르고 얼굴용 자외선 차단제를 바르고 오십시오. 색소 침착을 예방하기 위한 것입니다.

5. 몸의 자세를 자주 바꾸어 얼룩이 지는 것을 예방하셔야 합니다. 땀이 나면 얼룩이 지기 때문에 비치한 수건으로 땀을 닦으시기 바랍니다.

6. 태닝 후에는 3시간 이상 샤워나 사우나를 금합니다. 또한 알로에 성분 등 찬 느낌이 있는 바디제품을 발라주어 수분을 보충하는 것이 좋습니다.

고객이 홈케어를 할 때 주의해야 할 점 등을 따로 매뉴얼화 하여 관리 전후로 고지하고 집에서 읽어보도록 유도하는 것은 책임을 함께 나누고 좋은 결과를 도출하기 위한 과정으로 실제로 고객들이 스파에 더 신뢰를 갖게 하는 좋은 방법이기도 한다.

∻ LPG 엔더몰로지, 효과적인 체형관리를 위한 약속

LPG 엔더몰로지를 받는 고객들이 첫 관리 후 집에 돌아갈 때 주는 편지 형식의 주의사항을 소개해 보겠다.

엔더몰로지는 선진국, 특히 프랑스와 유럽에서 유일하게 인정한 셀룰라이트와 싸울 수 있는 시스템입니다. 프랑스에서 개발되어 30년간 독보적인 자리를 지키고 있으며, 수많은 세계의 여성들이 혈액순환 개선, 비만관리, 하체부종 개선, 비대팔뚝 개선 등을 위해 엔더몰로지 관리를 받고 있습니다. 사람의 손마사지는 기의 교류라는 점에서 타의 추종을 불허하는 최고의 대체의학이지만 LPG는 그에 상응하는 만족감과 100% 효과를 입증하는 기계 관리 아닌 기계 관리입니다.

모든 메디컬 닥터가 인정하는 셀룰라이트, 부종 치료법에 제 1번으로 등장하는 엔더몰로지는 어떤 기술로 어떻게 관리하며 어떤 관리와 병행하느냐에 따라 효과가 달라집니다. 슬림M의 엔더몰로지 기술은 수많은 임상으로 이미 정평이 나 있고 90% 이상의 고객이 흔히 말하는 바지 허리에 주먹이 들어가는 효과를 체험하게 됩니다. 하지만 아래의 주의사항을 잘 지켜 주시기 바랍니다. 좋은 결과를 위한 고객과 슬림M의 약속입니다.

1. LPG를 받는 빈도는 주 2~3회로 합니다. 그 이하일 경우는 큰 효과를 빠른 시일 내에 보지 못 합니다.

2. LPG는 림프와 혈관계의 순환을 돕는 관리이므로 약간의 어지럼증이나 몸살기를 느낄 수 있습니다. 하루 종일 1리터 이상의 미네랄수(생수)를 마시고 식사량은 1/3만 줄여봅니다. 단것을 즐기고 간식을 즐기시는 경우 이를 완전히 끊어주시기 바랍니다.

3. 10회 정도가 되면 서서히 몸의 변화를 느끼게 되는데 어떤 고객

은 이때 입맛을 다스리지 못하여 오히려 체중이 느는 경우가 있습니다. 체중이 늘어도 옷이 그대로 맞기 때문에 조심을 하지 않는 것입니다. 10회 전후에 입맛을 잘 다스려야 합니다.

4. 관리를 받는 것과 동시에 셀룰라이트 분해용 슬리밍 제품을 함께 사용하는 것이 좋습니다. 엔더몰로지는 피부개선 효과도 함께 가져다주는 관리이므로 피부탄력과 지방분해에 효과가 있는 제품을 함께 바르시기 바랍니다. 200% 효과가 있습니다(시몬말레 스트뤽뛰르 엉띠 까삐똥).

5. 아침 식사를 거르시는 경우 저혈당 상태로 너무 오래 있게 되므로 탄수화물을 분해하는 효소가 활동을 못하게 됩니다. 탄수화물이 풍부한 아침 식사는 체형관리의 가장 중요한 화두입니다. 점심은 적게, 아침은 많이, 저녁은 가볍게 드시기 바랍니다.

6. 엔더몰로지와 함께 유산소 운동이나 요가, 스트레칭을 병행하시면 최상의 효과를 기대할 수 있습니다. 30분 이상의 운동을 주 3회 이상 권합니다.

비싼 돈을 지불하고 시작하시는 관리입니다. 상기사항을 잘 지키시어 아름다운 몸짱시대를 여시기를 진심으로 기원합니다. 모든 여성은 유일합니다.

고객님의 아름다움은 슬림M의 책임입니다.

04
고객만족도를 높이는 응대법

끊임없이 정보를 주어라. 팔려 하지 말고 오직 정보를 주어라.
그러면 고객의 마음은 스스로 움직일 것이다

∴ 브랜드 히스토리를 소개하라

브랜드에 관심이 많은 나는 어느 매장을 방문하든 늘 브랜드 히스토리를 묻고, 외국어인 경우 그 의미를 물어본다. 그런데 대부분의 경우 직원들의 답변이 맛깔스럽게 정리가 되어 있지 않다. 물론 우리 업종에서 흔한 일은 아니지만 심지어는 "잘 모르겠는데요? 글쎄요"라는 답변을 하는 경우도 있다. 평상시에 질문이 많이 나오는 브랜드 히스토리를 매뉴얼화 해두는 것이 좋겠다. 브랜드를 마음껏 자랑하고 널리 알리는 것은 우리의 특권이자 의무이다. 성공적인 브랜딩이 성공 신화의 시작인 것이다.

다음은 필자가 운영하는 슬림M의 브랜드 히스토리를 정리한 FAQ이다.

_슬림M이 무슨 뜻인가요?

슬림M은 오래도록 고객의 사랑을 받아온 클럽 시몬말레의 새로운 브랜드로 알파벳 M은 all about Modelage, Méthode, Management를 의미합니다. 슬림M의 정신은 선진 유럽식 프로그램을 바탕으로 좋은 제품과 과학적인 프로그램으로 고객에게 최고의 결과를 선사하는 것으로부터 출발합니다. 최고의 장비와 기술은 물론, 환경을 생각하는 사회적 책임까지 슬림M의 철학은 고객 한 분 한 분을 만족시키기 위해 최선을 다하는 것입니다.

_슬림M의 대표 프로그램은 무엇인가요?

체형관리 전문 에스테틱&스파 슬림M은 프랑스를 비롯한 전 세계에서 그 효능을 입증한 LPG 엔더몰로지 바디 컨투어링 에스테틱용 프로그램 임상을 자랑합니다. 뿐만 아니라 에너자이징 테크닉의 신체 각 부위 관리와 얼굴 축소관리도 매우 유명합니다. 최근에는 미국 52개 주를 비롯한 전 세계 39개국에서 사랑 받는 수기 체형관리 기법 리포사지 프로그램을 도입하여 고객의 사랑을 듬뿍 받고 있습니다.

_리포사지란 뭔가요?

2009년 도입한 리포사지는 체형관리 프로그램의 국제자격증 과정입니다. 전 세계 39개국, 미국 52개 주에서 리포테라피스트가 활동하고 있습니다. 슬림M의 모든 지점은 한국 최초의 리포테라피스트 자격증을 취득한 전문가들로 구성되어 있습니다. 단 25분 만에 V라인을 만들어드리는 획기적인 프로그램을 슬림M에서 맛보실 수 있습니다. 리포사지는 바디 컨투어링 장비의 효과를 손으로 대체할 수 있는 체형관리용 테크닉입니다. 고객에게 결과를 선사하는 슬림M의 철학을 담은 프로그램은 단 한 번의 체험으로도 그 효과를 바로 느끼실 수 있습니다.

_사용하는 제품도 좋은가요?

홀륭한 제품으로 고객을 맞이하는 것은 에스테틱&스파의 기본이며 책임입니다. 슬림M은 건강한 아름다움을 실현하기 위해 최고의 제품만을 사용합니다. 친환경 제품으로 유명한 스파 전문 브랜드 ****를 사용하여 고객 만족도를 극대화하고 있으며 관리와 함께 홈케어 프로그램을 병행하여 관리 후 그 효과가 지속되고 영속적인 피부 개선 효과를 선사하는 것을 지향합니다.

_지점마다 관리 내용이 같은가요?

홈페이지에 소개된 공동 프로그램인 LPG 엔더몰로지와 리포사지 그리고 에너자이징 신체 각 부위 관리 등은 지점마다 가격이 동일하고 내용도 동일합니다. 하지만 지역적 특성이 있기 때문에 지점마다 고유의 프로그램이 있다는 점을 말씀드립니다.

_에너자이징 테크닉이 무엇인가요?

에너자이징 프로그램은 슬림M만의 독특한 수기 테크닉으로 만들어졌습니다. 피부에 활력과 생기를 주고 기능적인 효과를 갖는 최고의 매뉴얼 테크닉입니다. 1998년도부터 고객의 사랑을 받아온 슬림

M의 손맛을 체험하시는 프로그램으로, 이 모든 것은 자회사인 에스테틱 인재양성 전문 아카데미 '함께 사는 세상 코몽드'가 있기에 가능한 것입니다.

∴ 스파 요법을 망설이는 고객에게 응대하기

최근 하이드로테라피(스파 요법)가 각종 커플 스파 등의 트렌드와 함께 다시 유행하고 있다. 비싼 돈을 들여 스파 욕조를 설치하고도 고객이 외면하거나 프로그램 안에 포함되지 않을 경우 무용지물이 되기 때문에 스파 요법의 필요성과 장점을 부각시킬 필요가 있다. 또한 스파 요법을 할 때 고객이 가장 걱정하는 부분인 위생 문제에 대해서도 사전에 적극적으로 대응해서 의심을 해소해 주어야 한다.

_하이드로테라피(스파 요법)를 꼭 해야 하나요?

관리 들어가기 전에 하이드로테라피(스파 요법)를 적용하면 습열의

침투효과로 인하여 원적외선과 같이 심부 열을 올려 면역기능을 상승하게 하는 한편 근육이완 효과 등으로 이어지는 전신관리의 효능을 배가시킵니다. 또한 첨가하는 수욕제에 따라 모공과 한공을 열어 독소배출 효과가 탁월하여 프로그램을 완성하는데 꼭 필요한 단계입니다.

_하이드로테라피를 왜 관리 후에 하나요?

전신관리 후에 하이드로테라피 혹은 히팅 블랭킷을 적용할 경우에는 관리 후 지방 분해나 독소 배출 효과를 극대화시킬 수 있어, 체중 감량을 위한 비만관리에 더욱 효과적입니다.

_여러 사람이 들어가는 스파는 위생이 걱정됩니다.

저희 스파 욕조는 매시간 10분씩 오존 소독이 이루어져 멸균을 하고 필터를 통해 물이 순환되어 매우 청결합니다. 아시다시피 오존은 멸균 기능이 뛰어나니 위생에 대한 염려는 하실 필요가 없습니다(혹은 저희 매장의 스파 욕조는 매번 고객이 들어가시기 전에 청소는 물론이고 새로 물을 받고 있습니다).

∴ 장기 멤버십에 부정적인 고객에게 응대하기

장기 멤버십으로 진행되는 대표적인 프로그램이 체형관리이다. 체형관리는 일반적인 1회성 릴랙싱 관리와 달리 장기로 회수권을 구입해야만 하는 특수성이 있는 프로그램이다. 첫 상담 시 고객이 불편함을 많이 느끼게 되어 요리조리 핑계를 대며 빠져나가려고 하는 심리를 가장 많이 보인다.

그러나 실제적으로는 10회씩 구매를 해도 결과가 잘 도출되지 않으므로 안정적으로 20회 정도를 미리 구매하는 것이 바람직하나 반대에 많이 부딪쳐 반대 극복이 아주 중요한 스파 프로그램이라 할 수 있다. 고객의 주머니 사정을 먼저 생각할 것이냐, 결과를 생각할 것이냐에 집중하여 고객이 어쩔 수 없이 납득하게 만드는 설득이 필요한데, 이럴 때는 말보다 활자화된 설명이나 다른 고객의 성공사례를 제시하는 것이 도움이 된다.

_관리를 꼭 20회씩 끊어야 하는 이유가 뭔가요? 1회씩 하면 안 되나요?

체형관리는 장기적이고 규칙적으로 받아 결과를 만들어내는 프로그램입니다. 고객님이 바쁘셔서 규칙적으로 못 오실 경우 회수권이 없는 상태에서 저희가 고객님을 관리하는 것은 불가능합니다. 따라서 회수권은 저희와 고객님과의 약속인 것이지요. 비용이 지불이 되어 있어야 저희가 안 오시는 고객님들을 오시도록 관리할 수 있기 때문입니다.

_10회를 먼저 받고 10회를 나중에 결제하면 안 되나요?

500명이 넘는 고객의 임상결과로 볼 때 체형관리를 규칙적으로 받으실 경우 10회 정도에는 눈에 띄는 결과가 나오지 않고 임상적으로 12~15회가 넘어갈 때 결과가 나타납니다. 따라서 10회를 구매하실 경우 만족도가 낮아 관리를 후속으로 받지 않게 되신다면 지불하신 10회의 관리비는 그냥 버리게 되는 것이므로 장기 회수권을 권해드리는 것입니다(구체적인 수치를 들어 설명을 할 경우, 고객은 더욱 쉽게 신뢰를 하는 경향이 있다).

∴ 문제성 피부를 가진 고객에게 응대하기

여드름을 가지고 있거나, 민감성 피부인 고객들은 아무래도 컴플레인이 발생할 확률이 높을 수밖에 없으므로 주의해서 응대해야 한다. 우선 고객의 심리를 편안하게 하며 설득하는 방법을 쓰면 되는데, 주의해야 할 것은 100% 확정적인 언어를 사용하면 안 된다는 것이다. 실패할 가능성에 대해 언급하면서, 가능성에 더 무게를 둘 경우 고객은 그 쪽에 더 희망을 갖게 된다. 이런 경우엔 나중에 생길 수 있는 분쟁을 최소화 하는 목적으로라도 매뉴얼을 미리 만들어 두는 것이 좋다.

_10회만 관리 받으면 여드름이 없어지나요? 책임질 수 있나요?

여드름은 피부로 발현하기까지 약 90일의 시간이 걸리는 것입니다. 즉 지금 나온 여드름은 3개월 전부터 발생하기 시작한 것이지요. 따라서 여드름 관리의 최소 기간은 3개월입니다. 3개월을 꾸준히 관리한다면 좋은 결과가 있을 것입니다. 하지만 여드름의 원인은 주로 유전적인 호르몬의 문제로 발생하고 음식이나 세안 습관 등의 다른 문제도 원인이 될 수 있으므로 100% 책임을 지기는 어렵습니다. 다만, 확률적으로 80% 이상의 고객분들이 완쾌되는 결과가 있었으므로 고객님과 저희가 열심히 노력한다면 좋은 결과가 있을 것이라 믿습니다.

좋은 결과를 위해서는 3가지를 꼭 지켜주시기 바랍니다. 첫째는 정기적인 관리, 둘째는 홈케어입니다. 클렌징, 딥클렌징, 크림 류는 반드시 저희와 상의해 주시고, 저희가 권해드리는 제품을 사용해 주시기 바랍니다. 특히 집에서 하는 딥클렌징은 매우 좋지 않은 결과를 초래할 수 있으니 사용하지 않으시는 것이 좋습니다. 마지막으로 셋째는 음식, 화장품, 세안에 있어서 나쁜 습관을 바꾸는 것입니다.

_화장품만 바꾸면 트러블이 생겨서 관리 받기 무서워요.

화장품도 속옷이나 값비싼 보석처럼 내게 맞고 어울려야 하는 것이 사실입니다. 다만 트러블이 올라오는 유형에 따라 원인을 분석해 볼 수 있습니다. 만일 화장품을 바꾸시고 가렵거나 붓거나 붉어지는 증상이 있다면 다른 사람보다 각질층이 얇은 경우가 대부분입니다. 건성피부이면서 이런 증상이 환절기마다 반복된다면 자연스러운 필링 단계로 보셔야 합니다.

놀라지 마시고 자극을 최소화 하며 피부 장벽인 지질층을 복구하기 위해 보호 제품을 두텁게 바르시는 등 저희의 지침을 따르시면 됩니다. 약 보름 후면 피부가 다시 제자리를 찾게 될 것입니다.

_모공에 트러블이 자주 생기는데, 관리 받으면 좋아질까요?

평소에 화장을 좀 짙게 하시거나 모공 비후 현상이 있으시거나 딥클렌징이 잘 안 되어 있는 경우일 것입니다. 대체로 지성피부인 분들이 모공 트러블을 겪게 되는 경우가 많습니다. 자칫 잘못하면 전면적이고 급진적인 여드름과 색소 침착의 문제를 초래할 수 있으므로 주의해야 합니다. 다만, 모공 속의 문제는 일단 밖으로 표출되어야만 해결되는 경우가 많으므로 조바심 갖지 마시기 바랍니다. 마일드한 딥클렌징과 재생 관리를 통해 차츰 좋아지실 것입니다.

민감 반응들은 전문 케어를 처음 받으시는 경우에 발생할 확률이 높습니다. 저희를 믿고 맡겨주시면 혹여 문제가 발생하더라도 책임 관리를 통해 좋은 결과를 드릴 것입니다.

05

나만의 가치로 고객을 감동시키기

고객을 대하는 훌륭한 attitude는
직업에 대한 '드높은 비전'과 '끊임없는 연습'으로 만들어진다.

❖ Vision, 꿈이 없으면 감동도 없다

앞서 언급한 CS의 개념을 바탕으로 나만의 잠재적 가치를 향상시켜 고객감동 경영을 이루는 다양한 매뉴얼에 대해 공부해 보도록 하겠다. 자신의 잠재력을 향상시키고 무한한 가능성을 발견하여 고객과 나의 윈윈 전략을 효과적으로 펼칠 수 있는 다양한 방법을 통해 점차 수요가 높아져가는 에스테틱&스파의 핵심가치를 나만의 것으로 재창조 하려는 노력을 해보자.

고객만족이란 직업을 통해 자신의 'vision'을 확립하고 효과적으로 'mission'을 수행하여 'core values(핵심가치)'를 창조하는 과정에서 실현되는 것이다.

가장 높이 나는 새가 가장 멀리 본다고 한다. Aim High, Shoot High(높이 겨냥하고 높이 쏘아라)! 내가 좋아하는 가치이다. 직업인으로서 vision tree를 세우고 그 뿌리를 튼튼히 하는 것은 그 무엇보다 중요한 일이다. 입사 면접 때 대기업 면접관이 주로 묻는 질문 중 하나가 '왜 이 일을 하려 하고, 왜 우리 회사에 입사하려 하는가'이다. 이것은 개인의 비전과 목표의식을 판단하는데 있어 가장 기본적인 질문일 것이다.

가장 많이 하는 대답은 '이 회사가 나의 궁극적인 목표를 실현해 줄 것이라고 믿기 때문이다'라고 한다. 정답이긴 하나 중소형의 스파에 취업하는 우리 에스테티션-테라피스트들에게는 그다지 마음에 와닿지 않는 답일 것이다. 과연 우리처럼 체력과 시간을 많이 소모하고 소비하는 일꾼들에게 비전과 목표는 무엇일까 생각해 보게 된다.

한 번이라도 이 일을 선택했을 때 나의 비전에 대해 진지하게 생각해 보았는가? 이 일이 진정 내가 좋아하는 일인가? 이 일이 내게 행복을 가져다 줄 것인가?

나 역시 아카데미를 운영하면서 학생들에게 수없이 질문하고 나 스스로도 고민하는 것이 '나는 왜 이 일을 하려 하는가'이다. 다양한 답변이 있지만 대개는 지극히 개인적인 목적에서 출발하게 되는 것이 사실이고 그 궁극적인 화살표는 대체로 나(ego)에게로 향해 있다는 것을 알 수 있다. 내가 뷰티에 관심이 많고 나를 가꾸는 일에 관심이 많으니 자연히 이 일을 하는 것이 내게 흥미를 줄 것이라는 생각인 것이다. 그런데 바로 여기서부터 어긋남이 시작된다.

우리가 하는 이 일은 skin & body care 혹은 therapy이다. 영어

에서 care는 타인을 돌본다는 의미를 갖는다. Therapy는 심지어 '치유'의 의미까지 갖는다. 물론 모든 봉사 관련 일들은 (나는 우리의 직업이 광의적으로 봉사의 개념이 많다고 본다) 상대방을 치유하면서 내가 치유되는 것이라고 볼 수 있다. 이 일은 분명 단순하게 내가 나를 가꾸는 것을 좋아하기 때문에 할 수 있는 일은 아니다. 만약 그렇게 생각하고 시작했다면 심각한 방향성의 오류인 것이다.

care와 Therapy는 일종의 소명의식과 희생정신이 없는 사람은 절대 할 수 없는 일이라는 점에서 출발부터가 아주 잘못된 것이다. 돈을 벌기 위해서, 자격을 갖춘 전문가가 되기 위해서 시작할 수 있는 일도 아니고, 시작해서도 안 되는 일이다. 이 직업이 요구하는 비전은 생각보다 매우 철학적이다.

내가 누군가를 터치하고 케어할 때 나는 행복한가를 자문해 보아야 한다. 즉 받는 것보다 주는 즐거움이 크다는 것을 깨달은 사람만이 할 수 있는 일이다. 이 직업을 업으로 삼고자 하는 사람들은 인문학적으로 매우 고상하고 드높은 철학적 고찰이 선행되어야 한다는 점을 강조하고 싶다. 군이 지식이 많고 학벌이 좋아야 한다는 것이 아니다. 사람을 사랑하고 자연을 사랑하는 기본적 소양과 철학적 마인드를 필요로 한다는 것이다.

❖ Mission, 목표를 위해 자기계발을 멈추지 말라

드높은 철학적 비전을 가지고 출발하여도 그 비전을 지키고 이루기 위해 반드시 따라야 할 것이 책임과 수행이다. 자신의 미션을 수행하기 위하여 습득해야 할 다양한 지식체계와 행동양식은 학습과 끊임없는 재학습으로 채워지는 것이다. 미션 수행에 왕도는 없다. 자기가 아는 만큼만 보고 아는 만큼만 사고하는 것이 사람인지라 책을 보고 강의를 듣고 스스로 체험하여 터득하는 과정이 자신만의 스킬을 만드는 길이다.

_롤 모델을 정하라

직업인으로서 성공하기 위하여 첫 번째로 주어지는 미션은 목표 설정과 함께 롤 모델을 정하는 것이다. 나의 비전 트리의 가장 꼭대기에 무엇을 두고 누구를 닮아가야 할 것인가를 설정하는 것은 매우 중요하다. 이점에서 업계의 선배나 오피니언 리더들이 얼마나 중요한 사회적 책임이 있는가를 절감해야 한다. 내 손을 첫 번째로 잡아준 사람의 생각을 닮아가게 마련이므로 업계의 대선배까지 멀리 바라보고 크게 생각하여 롤 모델을 정하도록 한다. 그를 닮으려고 노력하는 과정 속에서 자신의 갈 길을 잃지 않고 찾아가게 되는 것이다.

_자신의 약점과 강점을 파악한다

자기의 모습을 들여다보며 무엇이 부족한지, 어떤 부분에 장점이 있고 어떤 소질이 있는지를 파악하고 방향을 잡는 것이 중요하다. 기술을 아무리 연마해도 선천적으로 자질이 없다면 내가 잘할 수 있는 다른 길을 빨리 찾아야 한다. 에스테틱&스파 업계에서도 갈 길은 다양하다. 일선에서 고객을 케어하는 테라피스트로부터 교육 강사, 영업에 이르기까지 다양한 파생 직업군이 있는데 내가 소통에 자질이 있는지 손끝에 자질이 있는지에 따라 갈 길이 다르다. 부족한 점은 포기하지 말고 보강하고, 강점은 자만하지 말고 더욱 부각시키자. 겸 허하게 자신을 들여다 보며 스킬을 연마하는 것이 중요하다.

_이미지 메이킹

흔히 이미지 메이킹은 외모와 태도를 만드는 것이라고 이해하고 있지만 직업인으로서의 이미지 메이킹은 내면에 깃든 정신과 철학을 자신의 태도로 나타내는 것이다. 에스테티션, 테라피스트의 이미지 메이킹은 직업정신이 자연스럽게 체화되는 것이므로 하루아침에 만 들어질 수 없다.

직업인으로서 자신의 비전과 도덕적 마인드가 선행되어야 타인에 게 좋은 이미지를 선사할 수 있다는 점을 간과해서는 안 된다. 에스 테티션으로서 함양해야 할 도덕적 가치는 인문학적 소양 중에서도 가장 중요한 가치라고 생각한다. 의료인과 마찬가지로 대체의학이 나 내면과 외모의 뷰티를 책임지는 우리 에스테티션, 테라피스트는 기본적으로 대상에 대한 깊은 애정과 자연과 환경에 대한 깊은 이해, 사람에 대한 배려가 있어야 한다. 내가 만지고 케어하는 대상에 대한 사랑과 배려는 곧 감동으로 이어지고 무한한 가치를 갖게 된다.

밖에서 만들어지고 연습된 기계적인 태도와 이미지는 감동을 선사 할 수 없기 때문이다. 좋은 결과나 감동이 전달되었을 때 나에게는 기쁨과 자긍심으로 돌아온다. 따라서 정결한 몸과 마음, 자연과 사 람에 대한 경외심, 명쾌한 고객 응대, 철저한 직업인으로서의 흔들림 없는 자세가 이미지로 정립되면 그 효과는 부메랑처럼 내게 돌아오게 된다는 것이다. 타인을 보지 말고 나를 보라. 언제나 내가 나의 거울인 셈이다.

_서비스 & 판매 스킬 향상

서비스와 판매의 스킬을 향상시키려면 판매 방법과 절차를 습득하고 매뉴얼을 만들어 연습하고 지키는 것이 가장 중요하겠지만, 그보다 먼저 서비스의 태도를 정립하는 것이 우선이다. 자신이 해야 할 일을 인지하고 자신의 태도를 정립하기 위해서 아래의 몇 가지 기본 원칙을 알아 두어야 한다.

• 경청하라

고객이 내게 말하고자 하는 것을 경청하려고 애써야 한다. 어떤 종류의 카리스마(charisma)이든 어떤 위치에 있든 서비스와 판매를 하는 사람의 고유한 카리스마는 매우 중요하다. 카리스마의 사전적 의미는 '권위'로 표현될 수 있는데, 권위란 다른 사람을 복종시키는 능력, 그래서 사람들이 나를 따를 수 있게 만드는 매력이다.

고압적인 태도나 힘을 의미하는 단어가 아니라 그 사람 고유의 내공을 표현하는 말이다. 온유하고 부드럽지만 강한 내면의 힘인지라 이 역시 그냥 만들어지는 매력은 아닐 것이다. 여러 말을 하지 않아도 나를 신뢰하게 만드는 이 카리스마를 갖는 것이 그 어떤 스킬보다도 중요할 것이다.

흔히 처칠 수상의 카리스마를 소통(communication)과 설득의 대명사로 꼽는 것은 그가 언변이 좋거나 리더로서 완벽하기 때문이 아니다. 자신의 단점을 인식하고 연습으로 보완하고 좋은 결과를 얻기 위해 끝없이 설득하고 상대방의 말과 생각을 경청하려고 노력하는 리더였기 때문에 높이 평가받는 것이다. 상대방을 설득하기 위해서는 먼저 상대의 말과 생각을 이해해야 되고, 그러기 위해서는 '경청'해야 한다는 사실을 잊지 말자. 경청은 맥락적 경청이어야 하고, 그 결과로 대다수가 만족할 수 있는 합의점을 찾아내야 한다. 이것이 서비스와 판매의 기술을 함양하는데 있어 가장 중요하고 어려운 단계일 것이다.

• 상대방이 원하는 것을 해주기 위해 질문하라

맥락적 경청이 매우 중요한 이유는 적절한 질문을 통해 상대방이 스스로 해답을 찾을 수 있도록 해주기 때문이다. 어떠한 서비스나 판매도 상대방이 원하는 것이 아니라면 실패한 것이다. 원하는 것을 스스로 말할 수 있도록 돕는 것만 하고 나면 자연스럽게 스스로의 결정에 만족할 수 있고 클레임은 발생하지 않는다.

매출 취소나 서비스 클레임은 주로 내가 경청하지 않고 고객의 행동을 결정지었을 때 일어나게 된다. 적절한 질문을 통해 고객 스스로가 자신에게 필요한 것을 말하게 하고 그것을 주어라. 때로는 경청만으로도 고객에게 치유의 감동을 줄 수가 있다. 고객이 자신의 구매를 결정하게 하는 판매가 최고 단계의 판매일 것이다.

• 연습(role playing)

교육자로서 나는 역할극을 통한 깨달음이 최고의 교육효과를 가진다고 생각한다. 역할극의 효과는 이루 말할 수 없이 강력하다. 심리 클리닉이나 정신병동에서 역할극이 가장 대표적인 치료 방법임을 우리는 익히 알고 있다. 상대방이 되어 보고 가상의 상황을 만들어 연습해 보는 것. 지피지기면 백전백승이다. 롤 플레잉을 생활화하는 방법은 팀 리더가 팀원들에게 틈틈이 상황을 만들어주고 대화를 연습하게 하는 것이다. 부족한 부분이 있으면 바로 수정해주고 자료로 남겨 두면 된다. 이렇게 만들어진 롤 플레잉 자료는 고객관리 서비스 매뉴얼의 중요한 부분이 될 수 있다. 리더가 잔소리를 하거나 지시를 내리는 것이 아니라 발전적인 업무를 수행할 때 팀원들의 신뢰는 더욱 깊어질 것이다.

_고객관리, 불만고객 응대 등을 위한 서비스 매뉴얼 개발

고객 응대의 매뉴얼은 실전에서 고객을 다루고 맞이하는 팀원들의 참여로 만들어지는 것이 가장 바람직하다. 업장의 특성이 다 다르고, 고객의 성향이 다르고, 서비스 프로그램이 다른 경우가 많아서 일괄적인 서비스 표준화나 매뉴얼을 만드는 것이 쉽지 않다. 직원들이 힘을 모아 매뉴얼을 만들고 수정하면서 직원 교육을 위한 자료로 정리할 것을 권한다. 다른 사람이 만들어준 매뉴얼을 따라 일하는 것은 지키기 어렵지만 스스로 만들어 가는 것은 매우 적극적이고 발전적으로 완성되어 간다는 점이 가장 큰 장점이다.

❖ Core Values, 고객도 ok 나도 ok

미션 수행이 잘 이루어지면 고객과 내가 모두 만족하는 가치가 창출될 것이다. 하지만 언제나 어느 한 쪽만 만족을 하거나, 양 쪽이 모두 불만인 경우가 많아 어려운 과제인 것도 사실이다. 누구나 돈을 지불하고 서비스를 받을 때 바라는 것이 많아지고 서비스를 하는 쪽은 한계를 정해주고 해야 하는 문제가 있어 분쟁의 소지가 많은 부분이다. 정신적 가치와 물질적 가치가 모두 창출되어야 사업을 영위할 수 있다. 이는 고객과 나와의 관계에서 최선의 합일점을 찾아내고, 수정하고, 개선하는 과정에서 이루어지게 된다.

주관적인 생각과 행동패턴을 어떻게 표준화하고 win-win, ok-ok 전략을 세울 것인가에 대한 진정성 있는 고찰이 필요하다. 이는 본능의 상품을 판매하는 우리 테라피스트들에게 가장 어려운 부분이다. 잘못을 크게 했어도 행동 양식이나 태도에 따라 고객이 컴플레인 하지 않을 수도 있고, 잘못을 하지 않았어도 고객에게 만족을 줄 수 없는 경우가 허다하므로 직업적인 관점에서 상당히 전략적인 접근이 필요하다. 무엇보다 서비스의 기준을 상대방의 입장에 두어야 한다. 그러나 끝없는 서비스를 요구하는 고객 입장을 무한정 생각할 수도 없기 때문에 전체적으로 이 산업에 대한 사회적 규범에 어긋나지 않는 표준을 마련해야 한다.

그러기 위해 앞에서 언급한 가격 책정의 기준이 시급하다. 가격책정과 서비스 매뉴얼의 표준화가 선행된다면 양측을 모두 만족시키는 고객 감동이라는 핵심가치 실현은 그렇게 어려운 것만은 아닐 것이다.

06
성공적인 고객상담 테크닉

나의 스타일은 철저히 숨기고
상대방의 스타일은 최대한 읽어내야
성공한 세일즈이다.

∴ 맥락적 질문을 통한 고객 설득

고객의 스타일 리딩을 하고 고객이 좋아하는 상담 태도를 유지하는 것은 매우 중요할 수 있다. 행동심리학에서 말하는 고객의 4가지 유형은 대부분 비슷비슷한 양상을 띄고 있다. 그러한 행동심리를 분석하여 그 고객의 성품을 파악하고 체형도 파악할 수 있으며 심지어는 근육의 뭉친 상태까지 파악할 수 있다.

물론 이런 행동심리를 파악하는데 직관도 한몫을 하기는 하나 대체로 정형화된 질문지를 통해 스타일 리딩을 하는 것이 안전할 것이다. 질문을 받을 때, 사람들은 대개 관심을 받는다는 생각이 들어 조금은 마음을 열게 되어 있다. 가장 상담을 잘하는 사람은 그저 경청하면서 간간이 질문을 하는 사람이다. 고객은 대답을 하면서 스스로 해답을 찾기 마련이기 때문이다.

결국 성공적 고객 상담의 핵심요소는 내가 상대하는 사람의 스타일을 이해하고 받아들이는 것이다. 상대방을 이해하는데 비교적 정확하고 빠른 해답을 주는 것은 적절한 질문이다. 고객을 향한 적절한 질문은 상대방으로 하여금 관심을 받고 있다는 생각을 들게 하고 진지한 태도를 갖게 하는 효과가 있다. 단, 질문을 하기 전에 맥락적 경청이 우선되어야 한다. 고객의 기본적인 정보를 입수한 후, 고객의 스타일을 파악하고 스타일에 맞게 적절한 질문을 던져야 한다(SAQ 활용 권장).

[질문의 7가지 위력]

1. 질문을 하면 답이 나온다
2. 질문은 생각을 자극한다
3. 질문을 하면 정보를 얻는다
4. 질문은 대화의 방향을 만들어낸다
5. 질문은 마음을 열게 한다
6. 질문은 귀를 기울이게 한다
7. 질문을 받으면 스스로 설득이 된다.

누구나 한번쯤 소개팅을 하거나 맞선을 본 경험이 있을 것이다. 상대방이 나를 마주하고 다른 곳을 쳐다보거나 아무 말을 하고 있지 않는다면 마음이 상할 것이다. 뿐만 아니라 내가 어떤 사람인지를 전혀 알려고 하지 않고 자기 얘기만 해대고 있는 상대라면 특별하게 멋진 사람이 아니고는 대부분 다시 보고 싶지 않기 마련이다. 판매는 연애의 기술을 발휘해야 하는 매우 어려운 과제이다. 끈질기게 접근해야 하지만 과하지 않게 적절하게 대화를 이어가며 고객의 마음을 사로잡아야 하는데 직관과 자신의 능력으로 판매를 한다고 생각하는 순간 난관에 부딪치게 된다.

우리들의 고객은 이미 너무나 많은 정보의 홍수 속에 살고 있고 그러면서 직간접적으로 뇌에 입력된 지식체계들이 옳은지 그른지도 모르는 채 주관을 형성하고 있다. 고객을 감동시키지 못하면 판매를 할 수 없다. 고객을 감동시키는 방법은 여러 가지이겠으나 과거나 현재나 사람은 누구나 자신의 이야기를 경청하는 상대에게 호감을 갖게 마련이다. 그런데 듣기만 하다 보면 주제가 삼천포로 빠지게 되어 결론에 도달하지 못하게 되므로 중간 중간 맥락적으로 질문을 해야 하는 것이다. 질문은 위에서 밝힌 대로 언제나 긍정적인 결과를 도출한다. 관심의 표현이기 때문이다.

∴ 현대사회의 권력자는 판매자가 아니라 고객이다

미래학자 A. Topler는 권력은 사라지는 것이 아니라 끊임없이 이동한다고 했다. 여기서 권력이란 해답(solution)을 가지고 있는 자에게 부여되는 특권이다. 해답이란 양측을 모두 만족시키는 해결점을 말하는 것이며 판매를 하는 사람들에게 있어 해답이란 고객이 만족하는 상품을 적절한 가격과 합리적 방법을 통하여 판매하는 것이다. 즉 고객의 지갑을 열게 하고 그 결과가 만족으로 이어져야 한다.

구매에 대한 만족을 하지 못한 고객은 과거라면 권력에 대항하지 못하고 어쩔 수 없이 포기하는 경우가 많았겠지만 현재는 매우 적극적으로 권력을 휘두르게 되기 때문이다. 과거에는 제조자나 판매자가 권력을 가지고 있었다면 현재는 소비자가 권력을 가지고 있다. 소비자를 만족시키지 못하는 판매는 실패이며 이런 이유 때문에 3차 산업인 서비스가 매우 중요한 산업의 핵심으로 떠오른 것이다. 골치 아픈 고객 때문에 한두 번쯤 고생을 해보지 않은 사람은 없을 것이다. 따라서 고객만족은 이유를 불문하고 우선되어야 할 판매 스킬의 1순위이다. 그러나 고객만족을 이끌어내는 것이 꼭 상품이나 서비스의 품질이나 가격이 아니라는 것이 중요하다. 고객만족을 이끌어내는 가장 큰 원동력은 고객에게 감동을 주는 것인데 심리학적으로 sympathy를 이끌어내야 한다는 것이다. 이 동질감은 상대방이 나를 이해하고 좋아하고 있다는 믿음을 주는 것에서부터 출발한다.

우리는 나 자신과 남을 알기 위하여 다양한 방법으로 사람을 분석한다. 다른 사람을 분석하고 유형을 분류하는 이유는 근본적으로 상대방의 스타일을 아는 데서 끝나는 것이 아니라 내가 그 스타일에 맞추어 말하고 행동해 주기 위해서인데 대체로 고객에게 판매를 하면서 혹은 상담을 하면서 이러한 고도의 심리기술을 활용하여 판매를 할 생각은 하지 못하는 편이다. 대부분 내 스타일에 고객을 맞추려 한다. 바로 이점에서 실패율이 높아지고 부적절한 말과 행동이 나오게 되는 것이다.

∴ 개인스타일에 대한 연구(행동심리학)

코코 샤넬이었던가? Fashion은 변하지만 style은 영원하다고 했다. 이 말은 패션이 아닌 사람에게도 적용되는 것 같다. 사람의 스타일은 정말 쉽게 변하지 않는 것 같다. 그 나이까지 살아온 준거집단에 의해서 혹은 부모에게서 받은 성품으로부터 개인의 성향이 구축된다. 본인이 굳은 의지를 가지고 훈련하기 전에는 그것을 바꾸기란 매우 힘이 드는 것이다. 고객이 바뀌기를 기대하기 보다는 내가 상대방에게 맞추는 것이 더 빠르고 쉬운 일임은 확실하다.

판매는 매우 개별적으로 접근해야 하는 작업이다. 판매를 잘하기 위해서는 직관적으로 혹은 학습에 의해 고객의 스타일을 가장 빠르고 정확하게 파악하는 것이 중요하다. International Coach Works가 개발한 개인코치스타일을 소개하고 각각의 스타일에 맞는 판매방법에 대해 소개해 보도록 하겠다. '코칭'을 만나면서 나는 사고의 전환점을 맞게 되었다. 이후 꾸준하게 코칭을 상담이나 판매에 접목하면서 다양한 판매 스킬을 개발하게 되었는데 앞서 소개한 판매의 기술에도 SAQ에 의한 상담 법이라든지 단계별 설명과 질문을 통한 판매가 바로 코칭기술을 활용한 판매 기법이다.

이 개인스타일 분류에 따르면 사람의 스타일은 크게 4가지 유형이며 아래 그림처럼 일 중심의 사람, 사람 중심의 사람, 행동형의 사람, 사고형의 사람으로 나뉜다. 내 경우는 경험과 연습에 따라 사람을 처음 만나면 자연스럽게 3분 이내에 유형이 구분된다. 사실 직관적으로 그 사람의 걷는 모습이나 고개를 들거나 기울이는 모습 정도로도 빠르게 스타일을 읽는 편이라 고객을 상대하는 접근 화법이 그때마다 조금씩 바뀌게 된다.

　나를 잘 아는 사람들조차도 내가 워낙 개성이 강하다고 느끼기 때문에 내가 개개인의 스타일에 맞추어 대화를 하리라는 짐작을 하지 못한다. 다시 말하면 설득이나 상담의 기술은 타고 나는 것이 아니라 연습과 훈련을 통해 갖게 되는 과학인 것이다(『설득의 심리학2』, 로버트 치알디니). 누구나 노력을 하면 이런 설득의 기술을 가질 수 있다는 것은 얼마나 고무적인 일인가.

　지금부터 사람의 4가지 유형에 대해 알아보기로 하자.

_Director(사장형)

　애초에 사장으로 태어나는 사람은 없다. 대부분 오랜 세월 굳어진 직업의 유형에서 사람이 만들어지기도 하지만, 조직에서 우두머리에 있지 않더라도 천성이 지시형이고 리더십을 갖춘 사람들이 있다. 만일 이런 유형의 고객이 내 주변에 많다면 이 고객 덕분에 내 노력 여하에 따라 많은 고객을 창출할 수 있을 것이다. D형의 고객은 매우 자주적이고 책임감이 강하다. 만일 구매에 대해 호의적이라면 결정이 신속하므로 판매 종결이 쉬운 편이다. 대체로 전화 문의나 방문 상담 시 서술형으로 질문하는 것이 아니라 단도직입적으로 용건만 말하는 스타일의 사람이다.

"거기 관리실이죠? 기본 관리 가격이 얼마인가요?" 이런 다소 공격적인 질문을 해오는 고객을 많이 보았을 것이다. 대체로 이런 경우, 같은 유형의 상담자는 적수를 만났다는 직감을 갖게 되어 같이 공격적이 되기 쉽다. 방문 상담 시 주로 가격에 대해 협상을 하려는 자세로 나오는 고객 유형이다. ~할 테니 ~회를 더해주시라든가, 분명히 서비스에 대한 혜택을 설명하고 충분한 절충을 했다고 생각하는데도 굽히지 않는 유형이다.

D형의 사람은 과정보다는 결과에 더 초점을 맞추고 상대방의 행동 하나 하나에 반응해 기분이 나빠지거나 좋아진다. D형의 고객에 대한 직원들의 평가는 극과 극이다. 시원시원해서 좋다고 하든가, 너무 강해서 피하고 싶다든가. 이런 경우 D형의 고객이 가장 좋아하는 행동양식이 무엇인지 알고 대처한다면 판매가 아주 쉬워질 수 있다. 사고력보다는 행동력이 강한 스타일이니 협상 시 상대방이 좋아할 만한 떡밥을 처음부터 내놓고 시작하는 것이 좋다. 기분이 좋고 판매자의 행동이 마음에 들 경우 아주 기분 좋게 판매가 종결될 수 있기 때문이다. 이런 스타일의 고객에게 속 시원한 해답을 주지 못하고 상

담을 질질 끌게 되면 인내를 발휘하지 못하고 협상이 결렬되기 십상이다.

"네 고객님, 저희는 1회 5만 원부터 15만 원까지의 훼이셜 관리 프로그램이 있습니다. 그 중에서 가장 기본관리가 5만 원인데 대체로 10만 원 짜리를 많이 선택하십니다." D형의 고객은 그다지 참을성이 없으므로 한 가지 질문에 2~3가지 답변을 간략하고 명쾌하게 하는 순간 상대를 매력적으로 느끼게 된다. "그래요? 10만 원짜리는 뭔데요?" "기본관리에 비해 시간은 30분 정도 길고, 무엇보다 30대 이상의 고객이 가장 만족하는 저희 스파 최고의 프로그램입니다" 비교적 클로징이 빠른 고객에게 서술형 질문을 해대며 원치 않는 상담을 한다면 협상은 결렬될 확률이 크다.

_Presenter형(사교형)

P형은 인맥이 넓고 정보에 능하며 의사소통이 잘되는 장점을 가진 스타일이다. 자신을 표현하는데 적극적인 만큼 다양성을 좋아하여 상담 중에 자꾸 주제를 벗어난 내용으로 핀트가 빗나가기도 하고 결정은 쉬운 반면 변심이 잦고 충동구매를 하는 편이라 지속적인 관심과 관리가 필요한 스타일이다. 내 경우는 P형 고객을 다루는 것이 가장 편하다. 젊은 층에서 많이 보이는 스타일로 첫인사는 반드시 칭찬으로 대화를 열어야 한다.

"어머 안녕하세요 고객님, 너무 매력적인 분이 오셨네요. 연예인 같으세요." 이런 칭찬에 능숙하지 않으면 안 된다. P형은 자신을 분석하는 능력이 떨어지고 모든 사람이 자신을 사랑해주기 원하는 애정 과시형의 경우가 많아 칭찬을 할 경우 마음의 문을 활짝 열고 환한 웃음을 지으며 금방 친화력을 보인다. P형은 주로 "여기는 무슨 관리가 좋은가요?"라고 질문하는 유형으로 자신 위주로 상담을 해주기 바란다. 사람을 잘 신뢰하므로 첫인상이 좋으면 클로징에 큰 도움이 된다. 늘 새로운 프로그램을 찾아 다른 곳도 기웃거리는 고객이라 긴장의 끈을 늦추지 않는다. 하지만 누가 나에 대해 칭찬을 하며 내 의견과 같은 의견을 제시할 경우 매우 기뻐하며 감동받으므로 모든 질문을 동조 형으로 "~하시는 편이시죠? ~하신 것 같은데 맞죠?" 등의 표현을 사용하는 것이 좋다.

너무 진지하고 따분한 것은 금물이고 되도록 상담시간을 즐겁게 웃으며 이끌어가는 것이 좋다. 또한 상상력이 풍부하므로 스타나 연예인 등을 후광효과로 내세워 이미지 연상을 하게 한다면 매우 효과적인 클로징을 이끌어낼 수 있다. "이 관리는 연예인 ~가 가장 즐겨 받는 관리랍니다"라든가 "연예인 ~양 같은 피부가 될 수 있습니다"와 같은 멘트가 구매 심리를 자극할 수도 있다. 예를 들어 칭찬 먼저, 그 다음에 약간의 단점을 보완하는 식의 상담 기법을 써야 한다.

_Strategist형(전략형)

4가지 스타일을 놓고 보았을 때 가장 설득이 힘든 스타일이다. 철저하고 근면하고 확실한 성품이면서 주변의 모든 것을 분석하고 평가하는 유형이기 때문에 상담을 통한 설득이 쉽지 않다. 중간 중간에 질문도 날카롭게 하는 편이고 내가 말하는 내용을 다 적극적으로 수용하는 것이 아니기 때문에 상담자에게 불안감을 줄 수 있다. 잘못

보면 약간 삐딱하여 전화상담 시에는 오해를 하기 쉽기 때문에 주의를 요한다.

이런 유형의 고객은 가격보다는 프로그램 내용에 대한 질문을 하는 편이라 "거기 ***관리 프로그램은 어떻게 관리하는 것인가요?"와 같은 식으로 질문한다. 특성상 상세하고 설득력 있는 답변을 원하는 것인데 답변이 미흡하거나 성실하지 않다고 판단되는 경우 비판적이 된다. "아, 네~ 그럼 특별한 것도 없는 거네요?" 이렇게 대화가 발전되면 클로징은 실패하게 되기 마련이므로 친절하게 상세한 설명이 필요하다.

S형의 고객은 걱정이 많고 생각이 많고 행동이 느리기 때문에 자칫 다그치거나 불필요한 추임새를 지나치게 넣을 경우 마찰이 생길 수 있다. 바로 바로 표현하기 보다는 한참 지켜보다가 실망스러우면 엉뚱한 내용으로 환불을 요구하기도 한다. 결심하기까지 시간이 걸리지만 결심하고 나면 생각을 잘 바꾸지 않으므로 섬세한 고객관리로 만족감을 유지시킬 수 있도록 노력한다. 약속을 중요시 여기고 약속을 지키지 않았을 때 반드시 그 대가를 요구하는 유형이어서 심리적인 안정감을 주는 것이 매우 중요하다.

_Meditate형(우호형)

보기에는 매우 긍정적이고 경청하는 편이며 자기표현을 하지 않아 초기 상담 시에는 상담자의 스타일대로 이끌어갈 수 있을 듯하나 바로 결정을 하지 않고 많은 생각을 하는 유형의 고객이므로 설득의 시간이 필요하다. 설득의 과정에서 지나친 강조나 지나친 칭찬은 오히려 부정적인 결과를 초래할 수 있는 고객 유형이다.

M형은 상담을 오기 전에 심사숙고하고 또 결정을 하기 전에도 오랜 시간 고민이 필요하기 때문에 다그치거나 속전속결의 상담은 오히려 부작용을 초래한다. 대신, 한번 마음의 결정을 하면 잘 바꾸지 않기 때문에 다양한 방법으로 고객을 설득하고 방법을 제시한다. 학습에 의한 전문가적 식견을 선호하고 증거주의 원칙을 준수한다. 충동구매를 하지 않고 모험을 즐기지 않기 때문에 감동을 주는데 특별히 시간이 걸린다. 정직한 편이어서 과한 칭찬이나 과한 제시는 고객에게 오히려 의심을 줄 수 있다. 장기 고객이 된다면 더할 나위 없이 성실한 고객이 되어 준다.

∴ 고객 스타일에 따른 상담 방법

_D형 고객

정중한 태도로 상대를 존중하는 모습을 보이는 인사법을 선호한다. 자신이 존중받고 대우받고 있다는 생각이 들면 마음을 열기 때문에 언제나 한결같이 정중할 것, 예의를 중요시 여기지만 서술형의 설득보다는 그때그때의 느낌과 신속하고 확실한 클레임 처리 능력을 중요하게 본다. 창조적인 사람이 많아 맞춤 상담을 통한 독창적인 프로그램을 제시할 경우 성공적인 클로징이 잘될 수 있다. 사람에게 감동할 경우 인정을 하게 되고 인정을 하면 믿음을 주는 VIP가 될 수 있다. 통 큰 떡밥은 좋지만 미끼를 잘못 던지면 좋지 않은 결과를 초

래할 수 있으므로 미끼상품을 판매하려는 의도는 애초에 버리는 것
이 좋다. 이러한 유형의 고객에겐 아래와 같은 멘트가 효과적이다.

"고객님만을 위한 프로그램입니다."
"VVIP를 위한 새로운 프로그램입니다."
"이렇게 저희 고객이 되어주시니 영광입니다."

_P형 고객

칭찬은 고래도 춤추게 한다. 칭찬과 다양한 화제를 제공하는 대화
법을 선택하면 좋은 결과를 도출할 수 있다. 하지만 프로그램이 지루
하고 서비스를 하는 사람이 매력이 없고 지루하면 금방 싫증을 내기
때문에 제품이나 프로그램을 자주 바꾸어주고 다른 고객의 예를 들
어 부러움을 유발하거나 선망의 대상을 제시하는 것이 효과적이다.

D형과 마찬가지로 속전속결 형이므로 떡밥을 주는 것이 좋은 고
객이다. 나중에 들은 정보보다는 처음 들은 정보에 더 매력을 느끼는
경우가 많아 결론을 먼저 얘기하고 상담을 풀어나가는 것이 요령이
다. 아래와 같은 멘트로 시작하면 부드럽게 대화를 이끌어갈 수 있다.

"너무 날씬하신데 이 부분만 좀 더 보완한다면 연예인 부럽지 않으
시겠네요."
"저희 **고객님은 이 프로그램으로 4~5kg을 감량했습니다."
"오늘 프로그램을 구매하시면 지금 받으시는 관리는 무료입니다. 관
리 받으시면서 잘 생각해 보세요."

"지금도 너무 갸름하신데 볼 부분을 약간만 리프팅하면 완벽한 훼이
스 라인이 나오겠네요. 정말 부럽습니다."

_S형 고객

치밀한 분석이 주특기이므로 관리 프로그램을 설명할 때 기승전결
을 확실히 설득 형으로 진행한다. 자칫 과장이 지나칠 경우 부정적인
결과를 초래한다. 수치와 확률적 근거를 차근차근 제시하는 것이 중
요하다. 전문가의 의견이나 사진 자료를 제시하는 것도 훌륭한 방법
이다. 결과가 좋지 않을 경우 비판을 감수해야 하고 그럴 경우에 대
비하는 사후관리 보상체계를 미리 준비하는 것이 좋다. 이런 유형의
고객에겐 아래와 같은 멘트가 효과적이다.

"이 프로그램으로 400명 이상이 관리 받았고, 그 결과 80% 이상의
고객이 만족도 100%라 평가한 결과가 확인되었습니다."
"20회 관리 후 평균적으로 허벅지 사이즈가 3센티 정도 줄어드는
효과가 있습니다."
"20회 관리 후 사이즈가 줄지 않고 만족도가 좋지 못할 경우 7회의
무료 관리가 제공됩니다."

_M형 고객

대화를 이끌어 나가기가 쉽지 않을 만큼 말을 아끼고 내가 설명하
는 것을 받아들이는지 잘 파악하기 힘든 경우가 많다. 우호적으로 판
단하며 과하게 밀어붙이는 실수를 하기 쉬운 스타일의 고객이다. 다

양한 질문을 통해 생각을 표현하도록 유도해야 한다. 당일 의사결정을 하지 않는 경우가 많으나 며칠 후에 온다고 얘기하고 갔다면 약속을 지키는 고객이 많으니 인내심을 가지고 상담하라. 과하지도 부족하지도 않은 성실한 상담 법이 필요한 고객이다.

관리 도중 말이 없고 수동적이어서 편하게 느끼고 약속을 이행하지 않거나 소홀히 대할 경우 비판 없이 관계를 끊어버리는 경우가 종종 발생하므로 신중해야 한다. 약속을 잘 지키고 정해진 규칙을 잘 지키는 성실한 고객이므로 클레임이 발생한다면 고객의 책임을 묻기 어려운 경우가 많다. 이 유형의 고객에게 효과적인 멘트는 아래와 같다.

"꾸준한 관리가 좋은 결과를 드릴 수 있습니다."
"처음엔 결과가 잘 안 나올 수 있지만 10회가 넘어가면 조금씩 결과
가 보이므로 함께 좋은 결과를 위해 노력하겠습니다."
"오늘 관리 받으신 후 며칠 지켜보시면 좋은 결과를 느끼실 수 있다
고 확신합니다."

∴ 장기고객을 만드는 일이 중요하다

신규고객이 얼마나 오느냐는 업장의 지리적 조건, 외적인 조건, 마케팅의 방법에 따라 달라지기 때문에 위치적으로 유리한 입장에 있고 규모가 크고 외관이 화려한 경우 상대적으로 소규모 스파에 유리할 수 있는 것이 사실이다. 하지만 사업을 하는 사람은 누구나 자신이 투자할 수 있는 규모가 정해져 있고 모든 사람들이 으리으리한 대

형 스파를 운영할 수는 없다. 하지만 판매를 위한 고객 상담은 스파의 규모나 외적인 환경과 무관하게 내적으로 얼마나 훈련이 되어있는가 같은 경험적 요소가 중요하다.

경제가 어려워서, 주변 환경이 좋지 않아서, 시국이 흉흉해서 등의 영업환경을 탓하는 것은 자신의 문제를 들여다보지 못하고 사업 실패의 원인을 다른 사람에게 돌리는 바보 같은 짓일 뿐이다. 계속적인 사업실패를 하는 사람들의 경우 주로 이렇게 철저한 고객 분석이 부족하거나 세일즈를 위한 기본 훈련이 안 되어 있는 사람들일 경우가 많다. 사업의 규모도 내가 정하는 것이고 소프트웨어도 내가 만드는 것이며 내 조직의 문화도 내가 만드는 것이다. 결국 우리는 내 스타일을 버리지 못하기 때문에 끊임없는 소통의 문제를 초래하게 되는 것이다. 세일즈에서 '나의 존재'는 의미가 없다. 고객의 존재만 있을 뿐이다. 승리하는 판매는 첫 판매의 인연이 오래도록 유지되는 것이다.

내가 다니던 한 미용실의 화장실에 이런 문구가 쓰여 있었다.

"첫 고객은 처음이어서 반갑고, 두 번째 고객은 단골이어서 감사하고, 세 번째 고객은 가족이어서 사랑합니다."

07

고객만족을 위한 발상의 전환
- 중소형 스파를 중심으로

나의 경쟁 상대는 언제나 나일 뿐,
성공 창업의 키워드는 '독창성'이다.

∴ 한국적 스파의 특성을 살려라

어디나 똑같은 프로그램, 비슷비슷한 테크닉과 제품을 제공한다면 에스테틱&스파에 대한 고객의 기대는 별로 없을 것이다. 창의성이 전혀 없는 엇비슷한 프로그램과 마케팅으로 고객의 지갑을 쉬이 열 수 있다는 생각은 큰돈을 들여 사업을 시작하는 CEO의 자세가 아닐 것이다.

창업을 앞두고 가장 고민하는 부분 중의 하나는 역시 어떤 프로그램에 어떤 가격을 책정할지 결정하는 일이다. 대부분은 주변 관리실의 프로그램을 경험해 보고 인터넷을 뒤져 개인의 취향을 가미한 프로그램이 만들어진다. 그 때문에 어느 곳이나 비슷비슷한 프로그램을 갖고 있다. 프로그램을 만드는 것은 그 프로그램을 구입할 고객의 요구를 반영해야 하고 지역적 특성, 시대적인 트렌드가 반영되어 있어야 할 것이다.

대형 고급 스파가 속속 들어서는 지금 수많은 중소형 스파가 살아남는 방법은 무엇일까? 이것이 창업을 하는 에스테티션들에게 교육을 하고 실전 트레이닝을 시키고, 해마다 졸업생을 배출하면서 고민하는 문제이다.

나는 오랜 세월 다양한 테라피와 프로그램을 만들어 보고 고객 마케팅을 하다 보니 얻어진 지혜가 있다. 고객이 원하는 프로그램을 해야 성공한다는 것이다. 때로는 고객에게 방향을 제시하면서 실험적인 프로그램을 해보는 것도 중요하고, 가끔은 고객의 요구를 파악하기 위해 고객이 되어보는 것도 중요하다. 규모가 크고 투자를 많이 한 대형 스파는 오히려 새로운 변화를 추구하기가 쉽지 않다. 늘 새로운 것을 시도하면서도 고객이 즐겨 찾는 것을 놓치지 않는 것이 바로 중소형 스파가 운영의 묘를 살리는 길이다.

수많은 프로그램이 예시되어 있고, 그에 따르는 갖가지 옵션이 달린 스파 매뉴얼의 경우 인기 있는 한두 가지 프로그램을 제외하고는 그대로 사장되는 경우가 많다. 일단 매뉴얼을 만들기 전에 자신의 특장점을 정립하는 것이 중요하다. 중소형 스파를 운영하는 사업주가 늘 부러워하는 것은 대형 스파가 갖는 안락함과 편안함이다. 그런데 이런 리조트 형 데스티네이션 스파나 호텔 스파 같은 데이스파의 특성은 다양한 일회성 테라피를 편안하게 제공하는 것이다.

기기관리가 아닌 사람의 손으로 온기를 전달하고 에너지를 전달하는 릴랙세이션 형 관리가 주를 이룬다. 하지만 해외여행, 특히 스파 투어가 대중화된 지금은 고객들이 해외로 나가 이런 종류의 다양한 관리를 경험하고 있다. 여행지에서 경험하게 되는 프로그램은 특별한 일회성일 때는 즐거움이 있겠으나, 실제 정기적으로 관리를 받는다면 좀 더 깊은 만족을 기대하게 된다. 그러므로 일회성 관리라도 경락이나 통증관리가 되는, 혹은 한 번에 특별한 효과를 주는 관리를 원한다는 것이다.

지역특성이나 고객의 연령대, 직업군에 따라 관리 프로그램에 대한 선호도는 아주 다르게 나타난다. 고객의 스파 선호도를 알기 위해 방문 고객에게 간단한 설문조사를 실시해 보는 것은 매우 중요하다. 관리를 받으러 오게 된 경위나 목적뿐만이 아니라 관리를 통해 얻고자 하는 결과를 체크하는 것이다. 실제로 질문서를 통해 알아보면 스파 방문 목적의 제일 큰 동기는 피로를 풀기 위해서다. 동서양을 막론하고 스파를 방문하는 동기가 피로와 스트레스를 해소하기 위해서인데, 그 해소법이 다르다는 것이 중요하다. 동양인의 경우 너무 긴 시간 동안 누워서 마사지 받는 것을 힘들어한다. 동남아 휴양지의 유명 스파를 다녀온 한국인들이 대부분 기대 이하였다는 실망감을 드러내는 것도 서비스 시간과 마사지의 강도 때문인 경우가 많다. 이러한 문화적 차이는 하루아침에 달라지는 것이 아니므로 한국인이 만족하는 한국형 스파 서비스를 만드는 것이 관건이다.

스파의 프로그램 관리시간은 매우 중요한 의미가 있다. 마사지는 중독성을 갖는다. 외국인의 경우에도 한두 번만 한국식 서비스를 받으면 금세 우리식 마사지의 압과 시간에 길들여져 이를 즐기게 된다. 스파의 입장에서 보면 서비스 시간이 곧 생산성과 연결되는 만큼 적절한 시간 안배와 서비스 내용을 생산성에 맞추어 만드는 것이 중요하다. 실제로 스파의 하이드로테라피 서비스나 래핑 등의 서비스를 추가로 배치하여 생산성을 고려하면서도 고객들에게 시간적 풍요로움을 주는 것은 좋은 방법이다.

예를 들어 전신관리 전후에 실시하는 입욕의 경우 고객이 입욕을 선택하게 하기 보다는 매뉴얼에 시간과 순서를 명시하여 반드시 받아야 하는 프로그램으로 만들어 놓으면 고객은 서비스를 반드시 누려야 할 권리로 인식하여 당연한 관리 프로그램으로 여긴다. 하지만 선택사양으로 만들어놓으면 스파 입욕시간은 관리시간으로 인정되지 못 한다. 한국형 스파는 적절한 시간을 만들어주는 것이 매우 중요하므로 이러한 보조 관리를 프로그램 앞뒤에 적절하게 배치하여 시간적 풍요로움을 선사하는 것은 아주 좋은 방법이다. 다만 이런 것도 연령과 성향에 따라 다양한 옵션으로 해놓아 고객이 선택하게 하면 더 좋을 것이다.

∴ 서비스와 시간의 옵션을 다양하게 제시하라

젊은 고객을 많이 맞이하는 스파의 경우 풀 패키지(full package)의 관리 프로그램은 부담스럽다. 고객이 스스로 옵션을 선택할 수 있는 매뉴얼은 재미를 더한다. 최근 젊은이들이 많이 다니는 지역의 소규모 스파는 이런 형태의 매뉴얼을 종종 볼 수 있다. 일본이나 홍콩의 스파는 대부분 이런 식으로 매뉴얼이 구성되어 있는 것을 볼 때 우리나라도 머지않아 일본이나 홍콩처럼 에스테틱이 젊은이들에게 대중적으로 다가설 수 있는 날이 올 것이다. 에스테틱 매장이 1층으로 내려와 누구나 편히 들어갈 수 있는 형태의 매장이 된다면 맛집을 찾아가듯 손쉽게 젊은이들이 찾아올 수 있지 않을까.

유동인구가 많은 젊은 층을 상대하는 스파라면 적극적으로 이들을 만족시키는 매뉴얼을 시도해볼 만하다. 우리나라도 사실 비슷한 저가형 매장들이 많지만 중요한 한 가지가 다르다. 철저히 고객층을 파악하여 고객의 선택을 존중하는 매뉴얼인가, 아니면 저가로 유혹하여 고가로 매출을 올리는 방식인가를 보면 된다. 미끼상품을 만들어 속은 느낌을 주는 것이 아니라 철저히 고객의 선택으로 옵션을 선택할 수 있는 산뜻한 접근방식을 취해야 한다. 한 집 건너 한 집이 스파인데 구태의연한 고객관리 시스템으로는 이제 고객만족을 이끌어내기는 어렵다는 사실을 우리 모두 깨달아야 한다.

최근 들어 고객들이 홈페이지를 통해 아주 구체적인 정보를 숙지한 후 스파를 방문하고, 방문할 때도 매뉴얼을 보기를 원한다. 매뉴얼을 보기 원하는 고객층은 역시 젊은 층으로 스스로 프로그램을 결정하고자 하는 것이다. 비만 체형관리를 받으러 오는 고객의 경우에도 콜드 래핑이나 기타 보조관리에 대해 숙지하고 자신이 효과를 볼 수 있는 프로그램을 선택하는 경우가 많아지고 있다. 조금만 신경 쓰면 고객의 나이와 직업군에 따라 다양하게 만족시킬 수 있는 스파 매뉴얼을 만들어볼 수 있다.

❖ 고객과의 가장 힘든 싸움, 관리횟수

스파를 찾는 고객들의 가장 큰 불만사항은 역시 장기 패키지를 구입하는 일일 것이다. 프랑스와 같이 선진국에서 가장 대중적으로 판매하고 있는 패키지는 4회 패키지, 즉 한 달 관리이다. 4회 가격을 약간 저렴하게 만들어 놓으니 한 번으로는 부족하다고 느끼는 실제 고객들이 손쉽게 구입을 결정한다. 이런 패키지는 외국 브랜드 프랜차이즈를 운영하면서 다양하게 시도해 보았다. 매출의 큰 부분을 차지하지는 않지만 제법 매출 증대가 가능한 방법이 되었다.

1회 10만 원의 관리를 10회씩 해서 서비스 횟수를 늘리는 방법은 중년 고객에게는 통하는 방법이나 젊은 층에게는 부담스러운 방법이다. 결제 금액이 적으면서 마음의 부담이 적은 4회 관리는 프로그램 판매에 결정적인 역할을 하는 경우가 많았다. 물론 비만 체형관리나 얼굴 축소 프로그램처럼 반드시 효과를 얻을 수 있는 프로그램의 경우는 단기 프로그램 적용이 적절치 못하다.

그러나 어차피 20%의 고객이 80%의 매출을 책임진다면 80%의 고객이 편안히 관리를 받을 수 있는 프로그램을 개발하는 것도 중요하다. 예를 들어 beauty money 시스템을 도입하여 큰 부담이 되지 않는 적립액을 미리 받고 모든 프로그램 판매와 제품 판매 등을 차감하는 방식으로 하면 큰 부담 없이 스파를 이용할 수 있을 것이다. 대형 미용실 등에서 적극적으로 도입하고 있는 여러 가지 마케팅을 스파에서도 다양하게 적용하여 대중적으로 즐겁게 피부관리를 받을 수 있도록 개방적인 마인드로 접근해 보는 것도 좋은 방법이다.

어차피 피부관리는 유지관리이지 어쩌다 한 번 사치를 부려보는 것은 아니므로 스파를 운영하는 경영인들이 좀 더 넓은 시야로 사업을 바라보았으면 한다. 인간이면 남녀노소를 막론하고 건강한 아름다움에 대한 욕구가 있기 때문이다.

∴ 소비심리를 자극하는 스파 인테리어

고객 중심의 살아있는 매뉴얼을 실천하기 위해서는 기존 방식의 인테리어보다는 개방적이고 구매 욕구를 고취시키는 인테리어가 필요하다. 특히 소규모 스파의 경우 대기실 없이 관리실이 만들어지기 때문에 고객을 맞이하고 고객이 쉴 공간을 만들기가 쉽지 않다. 그러나 조금만 발상의 전환을 하여 내가 고객이라면 스파에서 1회 관리를 받을 경우 가장 편안하게 선택하는 프로그램이 무엇일까 생각해 보자. 역시 발 마사지는 탈의하기도 쉬우며 많은 시간을 들이지 않고 편안히 1회 관리를 받는, 부담스럽지 않게 선택할 수 있는 프로그램이고 남녀노소 누구나 즐기는 프로그램이다. 일반적으로 스파에서 발 마사지 매출이 높지 않은 이유는 다른 프로그램에 가려 눈에 띄지 않고 상대적으로 낮은 가격일 뿐만 아니라 10회 권을 유도하기가 쉽지 않기 때문이다. 이럴 때 과감히 대기실을 족욕이 가능한 개방형 공간으로 만들어보면 어떨까 제안해 본다.

편안히 앉아서 반바지 차림으로 발을 씻고 간단한 마사지로 피로를 푸는 모습은 개방형이어도 부담스럽지 않고 관리 받고 싶은 욕구가 생겨날 것이며, 시각적으로도 아주 좋은 쇼윈도의 역할을 할 것이다. 구태의연한 소파나 테이블을 과감히 치우고 삼삼오오 족욕을 할 수 있는 공간을 만들자. 필요하다면 발 관리까지도 간단히 끝낼 수 있는 대기실을 만들어 그 다음 단계의 프로그램을 위한 인테리어를 해서 고객을 안으로 끌어들이는 것이다.

풍성하게 제품을 진열해 놓는 것은 필수이다. 풍요로운 제품과 연대감을 느낄 수 있는 대기실의 풍경은 마치 미용실 같은 느낌을 줄 것이다. 여성이라면 누구나 미용실에 갔을 때 동일한 목적을 가진 사람들과 연대감 같은 것을 느끼게 된다. 그와 같은 분위기를 만들어 판매를 유도하는 것도 좋은 방법 중의 하나이다.

앉아서 고객을 기다리던 피부관리실 시대는 이제 과감히 세월과 함께 날려 보내고 새로운 영업의욕을 다져볼 때다. 생각하기에 따라 에스테틱&스파도 얼마든지 충동적인 구매 욕구를 불러일으킬 수 있는 상품으로 만들 수 있지 않을까.

08

고객의 마음이 되어 보라

우리는 대체로 고객의 입장으로 인생을 사는 사람들이다.
그래서 고객의 마음은 실상 내 마음인 것이다.

⁑ 진정 고객이 원하는 것은 무엇인가?

에스테틱&스파를 몇 년째 운영하고 있어도 프로그램 개편은커녕 그 흔한 프로모션조차도 준비되지 않고 만년 똑같은 인테리어에 긴장감 없는 고객맞이…… 주변에서 흔히 볼 수 있는 우리들의 모습이다. 처음 나의 사업을 시작할 때 그 설레던 마음을 기억해 보자. 초심으로 돌아가 비즈니스를 하라. 내가 변하면 모든 것이 변한다는 것을 명심하자.

오랫동안 지역에서 스파를 운영해 왔는데 바로 앞 건물에 대형 스파가 오픈한다. 중소 규모의 스파 사업주는 고객들의 입소문을 듣고 궁금해 하며 불안함을 감추지 못 한다. 소문으로 듣자니 장비나 인테리어가 최고급이라 하는데, 고객을 뺏길 불안함에 가격을 조정하고 무엇을 들여놓고 무슨 변화를 주어야 하나 갈피를 잡을 수 없다.

　이런 상황은 우리가 늘 직면하게 되는 문제이다. 인테리어를 자주 바꿀 수도 없고 고가의 장비를 새로 들여놓을 수도 없는 현실 속에서 소자본 소형 스파들은 당황하지 않을 수 없다. 앞으로 외국자본이 속속 들어와 국내시장을 잠식할 것을 예상하면 경쟁 구도는 더욱 치열해질 전망이다. 언제나 준비되어 있고 변화에 민감하게 대응하지 않는다면 새로운 것에 대한 고객의 욕구에 지치게 될 것이다. 나는 아직까지 소자본 창업이 주가 되는 우리 스파의 현실을 감안하여 어떤 프로그램과 마케팅으로 다가오는 급물살을 막아낼 수 있을지 진심으로 고민하면서 이 글을 써본다.

　내가 처음 스파를 개업하던 때를 떠올려 본다. 체인사업의 본점이고 모델이 되는 스파였기에 신중을 기하고 시작했으며, 지금도 그 애정을 감출 수 없는 나의 첫 스파는 당시 스파 규모로는 대형이었다. 월풀 욕조와 최신기기를 갖춘 스파를 개업하자 인근 소형관리실 원장이 불만스러운 표정으로 나를 찾아왔다. 결국 그 스파는 폐점을 하게 되었는데 당시 내가 할 수 있는 일은 고객의 남은 관리를 무료로 해주고 직원을 인수하는 일이었다. 마음 아픈 일이지만 되도록 그 원장의 마음이 상하지 않도록 배려했다. 단순히 더 큰 스파가 개업했기 때문에 폐점을 했다기보다는 고리타분한 관리 프로그램을 답습해 오던 그 스파로서는 우리 스파의 파격적인 서비스와 매뉴얼을 따라올 수 없다는 한계를 느낀 것 같았다. 당시를 회상해 보면 나의 성공적인 입지는 고객의 입장에서 원하는 서비스 매뉴얼을 개발했기 때문이라고 생각한다.

∴ 고객의 소리를 경청하라

고객은 나와 다른 사람이 아니다. 고객의 마음이 곧 내 마음인 것이다. 내가 물건을 살 때, 내가 서비스를 받을 때 불편하고 불쾌하게 느꼈던 점들을 목록으로 만들어 보니 은근히 자세한 체크리스트가 만들어졌다. 서비스 매뉴얼을 만들면서 이러한 점들을 모두 고객이 좋아할 장점으로 변화시켰다.

예를 들어 보겠다. 당시 발 마사지는 보편화 되지 않은 상태라서 별도의 매출을 올리기가 쉽지 않았다. 많은 고객들이 발을 만져주기를 원하면서도 돈을 내기는 싫어했던 것이다. 에스테티션들은 거꾸로 고객의 발을 만지는 것을 아주 싫어했다. 그때 나는 고객의 마음이 되어보려 노력했다. 결론은 돈을 내는 고객들이 원하는 것을 해주는 것이 옳다는 생각이었고, 나는 파격적으로 발 마사지를 무료서비스로 만들었다.

지금은 흔한 일이나 당시 반응은 폭발적이었다. 재구매는 100% 이루어지고 만족도가 높아졌음은 물론 직원들도 겸손해지고 이를 받아들이게 되었다. 아주 단순한 예이지만 매출의 10% 미만을 차지하는 매뉴얼의 경우 과감히 서비스로 돌려보라고 충고를 하고 싶다. 이것도 고객의 소리를 경청하는 자세일 때만 가능한 일이다.

또 한 가지는 가격 책정에서 고객의 마음이 되라는 것이다. 노력과 시간에 대한 대가로 치러지는 서비스 가격은 너무 높거나 낮아도 문제가 된다. 에스테틱&스파 프로그램의 하나인 왁싱의 경우, 우리나라는 왁싱 인구가 많지 않고 자주 하지 않는 프로그램이라 가격대가 높은 편이다. 고객의 입장에서는 빠르면 10분 만에 이루어지는 이 프로그램이 지나치게 비싸게 느껴질 수 있다. 특히 프랑스나 미국 등 외국에서는 왁싱하는 시간이 얼마 걸리지 않고 가격이 저렴하다. 그곳에서는 왁싱이 마치 미용실에서 샴푸하는 것처럼 필수 에스테틱 서비스이기 때문이기도 하다.

외국인이 많이 살고 있는 지역에서 오픈한 스파에서 외국인 고객을 잡기 위해 왁싱 프로그램을 시작하면서 가격 책정이 힘들었다. 상대적으로 수입 재료인 허니가 가격이 비싸기도 했고 경험이 풍부하지 않아 시간도 많이 걸렸다. 털이 많은 외국인의 전신 왁싱을 하는데 30분 이상이 걸리니 가격을 너무 싸게 할 수도 없었다. 정해놓은 가격에 첫 고객이 왔다. 아직도 잊을 수 없는 그 프랑스인은 정색을 하며 내게 프랑스인을 고객으로 잡으려면 왁싱 가격을 낮추라는 것이었다. 자기는 돈을 내고 가지만 계속 이 가격이면 다시는 오지 않을 것이라고 말했다. 나는 순간, 잠시 생각하고 고객에게 물었다. 그럼 어느 정도의 가격이면 만족하겠는가 하고. 고객은 프랑스의 가격을 얘기해 주고 나는 재료 때문에 단가가 맞지 않아 절충안을 내놓았다. 개업한 후 첫 고객이었던 그의 얘기는 매우 중요했다. 나는 간단한 다리 릴랙싱 마사지를 겸하고 가격을 조금 조정하면 좋겠는지 물었고, 그녀는 그 정도면 흔쾌히 받을 수 있겠노라며 자신의 의견을 존중해 주어 고맙다고 즐거워했다. 그후 우리는 왁싱을 주 매뉴얼로 정착시키며 적지 않은 고정 매출을 이룰 수 있었다.

지금 생각해 보면 내가 그때 그의 의견을 외면했더라면 프랑스 고객을 하나도 잡지 못 했을 것이라는 생각이 든다. 어떠한 경우에도 고객에게 끌려가서는 안 되지만, 고객의 진심 어린 충고와 고객의 심리를 받아들이는 것도 큰 미덕이라고 생각한다. 내가 갖고 있는 프로그램 중 고객이 외면하고 있는 프로그램이 있다면 적극적인 회의를 통해 무엇이 그것을 외면하게 하는지 검토할 필요가 있다. 고객에게 진심으로 묻는다면 진심으로 대답해 줄 것이라 믿는다.

∴ 활자화된 매뉴얼을 만들고 활용하라

앞에서도 얘기한 바와 같이 예전과 달리 요즘 고객은 문서화된 매뉴얼을 원한다. 스파를 찾기 전에 메일로 자세한 상담을 원한다거나 스파를 직접 찾아와서도 활자화된 매뉴얼을 찾는다. 심지어는 인터넷 사이트의 후기를 인쇄해서 그 후기에 적힌 서비스가 내게는 왜 안 들어가는지 따지기도 한다. 다시 말해 개별적으로 접근하던 과거의 고객관리 시스템이 먹히지 않는다는 것이다.

활자의 중요성은 대단하다. 눈으로 확인시키는 약속이기 때문에 입으로 하는 약속보다는 보여주는 것이 중요하다. 매뉴얼 같은 게 무슨 소용이랴 하다가도 이런 고객을 한번 만나게 되면 아주 난감한 일을 당하기 때문에 명쾌한 프로그램과 가격 제시는 매우 중요하다. 때로는 말로 하는 설명보다도 설문지가 더 위력을 발휘하듯 각각의 프로그램과 장비에 대한 간단한 설명과 효과를 적은 소소한 매뉴얼들이 필요하다.

비근한 예로 인공 선탠 고객의 경우 대부분의 스파 업체가 골치를 썩는 고객이기도 하다. 태닝족이라고 명명할 수 있을 만큼 다른 매출로 유도하기가 어렵다. 오로지 태닝만 하는 고객들인 것이다. 그리고 태닝의 피해 가능성을 아무리 알려줘도 막무가내로 시간을 늘리거나 주의사항을 무시하다가도 피부에 발진이 나타나거나 얼룩이라도 지면 불만을 토로하기 때문에 주의를 요한다.

아무리 저렴하고 단순한 프로그램이라 할지라도 고객 불만이 생기면 손해배상을 해야 하는 큰 문제로 발전하게 된다. 이 경우 태닝 고객을 위한 매뉴얼이 문서화되어 있다면 상황이 달라진다. 태닝 시 주의사항과 금기사항을 적어두고 집에 가서 애프터케어를 어떻게 해야 하는지 등을 간결하고 정확하게 정리하여 첫 방문 시 읽을 수 있게 하면 상당히 편해지고 입씨름을 덜하게 되며 고객 스스로 조심하는 모습을 보인다. 문서의 위력이다.

태닝뿐만 아니라 스파테라피를 위한 입욕 시 주의할 점이나 관리받은 후 주의할 점을 욕조에 코팅하여 비치하고, 필링 후 주의할 점을 매뉴얼로 만들어 필링 고객에게 전달하면 생각보다 큰 위력을 갖는다. 체계적인 스파의 모습을 갖고 고객에게 주의사항을 정확히 전달하면 고객 스스로 스킨케어나 바디케어는 결국 자신의 노력과 책임 여하에 따라 좋은 결과가 나온다는 것을 인식하게 되기 때문이다. 성인 여드름 고객에게 여드름의 원인과 주의할 점 등을 적은 매뉴얼을 준다면 여드름을 자신의 일부로 인식하면서 책임을 100% 우리에게 떠넘기지 않을 것이다. 매뉴얼은 고객과의 좋은 대화 도구가 될 수 있다. 적극적인 활용을 권한다.

뷰티 CEO의
차별화된 리더십

뷰 티 마 케 팅 인 문 학 으 로 하 라

01

매력 있는 CEO로 거듭나자

결국 사장이 문제다.
사업은 사람을 얻는 일이다. 내가 변하면 모든 것이 변한다.

∴ 매력적인 CEO는 사람을 얻는다

얼마 전 뉴욕타임즈에서 CEO가 갖추어야 할 덕목에 대해 현 CEO
를 대상으로 조사한 기사를 접하게 되었다. 위기를 기회로 바꾸고 어
려움을 극복하여 슬기롭게 사업을 영위하기 위해 CEO가 지녀야 할
덕목이 무엇일까. 과연 우리가 CEO로서 갖추어야 할 덕목이나 자세
에 대해 구체적으로 고민해본 적이 있는가. 혹시 여성이 쉽게 할 수
있는 사업이라고 단정하고 자기계발을 게을리 하고 있지는 않은가.

다사다난했던 격동의 세월을 보내고 이제는 한걸음 물러나 후배
양성에 더 힘을 쏟아야 하는 나이에 접어들고 보니 한 가지 진리를
발견하게 된다. 사업이란 '돈을 얻는 것이 아니라 사람을 얻는 것'이
라는 것이다. 사람을 얻는 일이 돈을 얻는 일보다 훨씬 귀하고 귀한

일이라는 것을 더 빨리 깨닫지 못 한 것이 너무 아쉽다. 이 모든 것은 나 자신에게도 언제나 채찍질이 되는 얘기이다. 모든 문제는 나로부터 비롯되고 내가 변해야 세상이 변한다는 진리를 이해하면서 변화와 개혁은 시작되는 것이기에 누구도 흉내낼 수 없는 매력을 지닌 따뜻하고 진취적이며 명쾌한 CEO가 되기 위해서는 주변 상황을 탓할 것이 아니라 자기계발을 게을리 하지 않을 것, 그것이 진정한 마케팅의 시작일 것이다.

CEO는 우선 위기대처 능력이 남달라야 한다. 위기대처 능력은 한 번에 얻어지는 기적이 아니라 고난과 역경 속에서 굴하지 않고 일하며 자기 자신을 채찍질할 때만 얻어지는 선물인 만큼 철저한 준비가 필요하다. 나는 사람을 설득해서 뭔가를 얻어내는 일에 재미와 보람을 느낀다. 쉬운 일은 쉽게 잊혀지고 어려운 일을 해내고 나면 그 결과는 나의 것이 된다. 흔히 사람들은 매력을 느끼는 사람에게 끌리고 설득당하게 된다. 강하게 끌어당긴다고 해서 원하는 결과가 내게 오지 않는다는 것을 경험을 통해 알게 되었다.

사람의 매력은 돈 주고 살 수 없는 값진 보물이다. 누구에겐가 매력을 발산한다는 것은 자연과 사람에 대한 애정이 있고 배려가 있을 때만이 가능하다. 매력 있는 CEO는 충직한 직원을 얻고 성실한 고객을 얻게 된다. 더러 매력을 외적인 강점으로 오인하기도 하는데 그 역시도 노력에 의해 가질 수 있게 되는 덕목이다. 보고 또 보아도 지루하지 않은 사람, 생긴 것과 상관없이 뿜어 나오는 그만의 aura, 그것이 매력이 아닌가 싶다. 에스테틱&스파 사업체에서는 CEO가 가진 매력이 사업의 성패를 좌우하는 경우가 많다. 외적 요인 때문에 사업이 힘들고 사람 때문에 사업이 힘들다고 언제나 푸념을 하는 CEO들은 자신을 진지하게 돌아볼 필요가 있다. 나는 과연 매력적인가. 나의 매력은 어디에서 오는가. 내가 갖지 못한 매력이 무엇인가. 그 매력의 항목을 하나씩 살펴보도록 하자.

❖ 성공한 CEO가 말하는 CEO의 덕목

_끊임없는 호기심

컨설팅이라는 명목으로 중소형 스파를 분석할 때 가장 먼저 보아야 하는 것이 CEO가 가진 성향이다. CEO는 세상을 향하여 열린 가슴을 지니고 있어야 한다. 내 분야가 아닌 어떤 분야라도 관심을 가지고 새로운 것을 추구하는 것이 무엇보다도 중요하다. 단순한 호기심이 아니라 발상의 다양성이다. 기업의 성패는 상품 개발에 달려있다. 미원과 미풍이 조미료 시장을 석권하고 있을 때 천연재료가 가지고 있는 장점을 살려 새로운 맛을 추구하겠다는 창의적 사고를 가진 CEO가 있었기에 천연 조미료 시장의 시대가 열린 것이다.

언제나 멈추지 않는 호기심과 창의성으로 상품을 개발하고 그 상품이 시장에서 가치를 발휘할 수 있도록 세상을 자극하고 마케팅을 할 수 있는 능력은 창조력이다. 내가 생각하는 창의력과 창조력의 차이는 아이디어를 상품화하고 팔리는 상품으로 만들 수 있는 지구력과 결과물을 만들어내는 역량일 것이다.

스파 프로그램이 다 그저 그렇고 인테리어가 다 그저 그럴 때, 독창적이고 상품적 가치가 있는 소프트웨어를 만들어낼 수 있는 사람이 그런 사람일 것이다. 애플의 스티브 잡스가 아이폰을 개발할 당시 "두 손가락으로 화면을 벌리면 화면이 확대되는 그런 게 없을까"라는 얘기를 했다고 한다. 그런데 한 직원이 어느 날 정말 그런 것을 만들어 왔다는 일화는 유명하다.

CEO라면 그런 지적 호기심을 가져야 한다. 끊임없는 지적 호기심은 IT산업에서나 필요한 것이며 우리 같은 서비스업 종사자들에게는 필요 없다는 식의 생각을 하고 있다면 그 고정관념부터 버려야 한다. CEO라면 우리 업계와 전혀 별개 업종에서 일어나고 있는 사건 속에서도 지적인 호기심이 발동하고 끊임없이 자극을 받아야 할 것이다.

젊은 CEO들이 새로운 스파를 오픈 할 때마다 나는 큰 기대를 가지고 바라본다. 경계가 없고 제한이 없는 끊임없는 지적 호기심이 직원들을 자극하고 일할 맛이 나게 한다는 것이다. 언제나 직원들을 향해 귀가 열려 있고 그들을 자극할 수 있는 아이템을 제공한다면 얼마나 매력적인 CEO일 것인가. 직원이 우리를 떠날 수 없게 만드는 제 1조건이 바로 남들과 다르다는 유일성과 독창성일 것이다. 프로그램 한 가지를 만들더라도 언제나 가변성을 고려하고 다양한 의견을 수렴하여 변화를 추구하는 열린 마인드를 가지는 것, CEO가 지니고 있어야 할 덕목이 아닐 수 없다.

TV 프로그램을 보면서도 언제나 나의 일에 창조적인 접목을 할 수 있도록 깨어있어야 한다. 남들보다 적어도 반 보 이상을 앞서면서 시대를 이끌어가는 젊은 사고를 지니는 것이 매력적인 CEO의 첫 번째 덕목일 것이다. 새로운 시장의 개척에는 언제나 희생이 따르고 난관이 있기 마련이다. 지치고 힘들고 가능성이 없어 보일 때 절대로 포기하지 않고 다양한 시도를 해보는 것, 나를 바라보는 조직원들에게 무한한 존경과 사랑을 받을 수 있는 원동력이 될 것이다.

_팀플레이를 가능하게 하는 조율의 능력

스파의 구성원은 한 치의 오차도 없이 연주를 해내야 하는 오케스트라와 같다는 생각을 한다. CEO는 그런 오케스트라의 지휘자이다. 지휘자는 크게 하는 일이 없어 보여도 한눈에 모든 것을 파악하여 오차 없이 조율해야 하는 능력을 지녀야 한다. 모든 단원은 각자의 연주를 하면서도 지휘자를 믿고 따르고, 지휘자는 각각의 팀원들이 불만을 갖지 않도록 팀플레이를 시키고 조율해야 한다. 스파의 조직같이 원형의 조직인 경우 더욱 그러하다. 제 아무리 능력이 있는 팀장이어도 팀원이 삐끗하면 능력을 발휘할 수가 없다. 그래서 자신을 높이기도 하고 낮추기도 하며, 때로는 강하게 때로는 부드럽게 조율해서 조직을 이끌어가는 능력을 가져야 한다.

이것은 팀장에게도 해당되는 중요한 덕목이다. 스파의 실장이 능력이 출중하다는 것은 가지고 있는 기술이 아니라 상위로부터 하위 조직까지 모두가 각자의 능력을 잘 발휘할 수 있도록 격려하고 때로는 스스로 낮추어 그 힘을 발휘하도록 돕는 조력자의 역할을 수행하는 것이다. 나는 이제 이 정도의 경력이 되었으니 일을 줄여야 하고, 너는 이제 갓 들어 왔으니 일을 많이 해야 한다는 식의 조직관리 태도를 버릴 때 비로소 능력을 인정받고 후배들에게 존경받게 될 것이다.

_두려움이 없을 것

이 덕목을 보면서 CEO만이 가지는 힘을 느낄 수 있었다. 아마도 이것을 대답하면서 많은 CEO들이 가장 자신 있게 자신이 가진 힘을 느꼈을 것 같다는 생각을 했다. 나 역시 과연 이 말이 무엇을 의미하는지 깊이 생각하게 된다. 그것은 바로 미래를 예측하는 힘이다. CEO는 미래를 예측하는 힘이 있어야 한다. 미래를 예측하지 못하면 조직의 나아갈 방향성을 잡지 못하게 되므로 두려움이 생길 수밖에 없을 것이다. 미래를 예측하는 힘은 과거와 현재의 정확한 분석에 의해서 생기는 것이지 흔히 말하는 직관이나 감으로 생기는 것이 절대 아니다. 따라서 사업을 하면서 주변의 상황을 정확히 살피고 판단하고 분석하는 것은 매우 중요하다.

CEO의 두려움은 조직원에게 바로 전달되어 조직을 떠나게 만드는 원인을 제공하게 된다. 조직원들이 결코 큰 회사, 월급이 많은 회사를 선호하는 것이 아니다. 특히 에스테틱&스파 같은 작은 조직에서 조직원들이 가장 가치 있게 여기는 근무 조건이 무엇인가에 주목할 필요가 있다. 설문조사를 기반으로 하는 여러 논문에 따르면 중소 규모의 에스테틱&스파에서 조직원들에게 애사심을 갖게 하는 가장 큰 저력은 재교육의 가능성에 있다는 것을 쉽게 알 수 있다.

재교육은 모든 경력자들에게 있어 지루한 직장생활의 활력소가 될 수 있다. 교육을 받으면 누구나 비전과 목표가 생기고 동기 부여가 되어 활력을 찾게 되고 자기 자신을 돌아볼 수 있는 기회를 갖게 되기 때문이다. 직원들에게 재교육의 길을 열어주고 능력 개발의 기회를 제공하고 투자를 하는 CEO는 미래를 준비하고 인재를 양성하려는 기본적인 미래 지향의 마인드를 가지고 있을 수밖에 없으므로 두려움을 가질 수가 없다.

두려움이 있다면 현재 상황에서 가장 효율적인 인원으로 눈앞의 영업 이익만을 위해 하루하루를 보내게 될 것이므로 직원들의 능력 개발에 신경 쓸 여력은 없을 것이다. 더구나 직원의 능력 개발을 위해 투자를 하는 것은 직원이 내 조직을 떠난다면 헛된 투자가 되고 말 것이라는 두려움 때문에 더욱 인색해지기도 한다. 이 두려움에서 벗어나지 않으면 결코 인재를 품을 수 없다는 것을 알아야 한다.

인재양성은 모든 리더와 CEO에게 있어 책임이자 의무라는 것을 말해주고 싶다. 결국 세상의 모든 창조적인 사람들은 공익을 우선하는 사람들이고 CEO에게 있어 돈을 버는 것보다 일자리 창출과 그 가치의 실현이 우선시 되므로 직원 개개인의 능력 개발과 성장에 대한 책임이 있음을 알아야 한다. 그 직원의 성장이 내게 직접적인 영업 이익을 가져오지 않는다 해도 그렇게 하는 것이 결국 나를 위하고 업계 전체를 위하는 일이어서 다 같이 수준이 상승하고 발전하게 되는 것이다. 그렇게 순환이 되어 모든 좋은 의도는 결국 내게 돌아오게 되는 것이 아닐까. 직원이 나를 떠나는 것에 두려움을 갖지 말자. 두려움이 없어야 사람을 얻을 수 있다.

_단순 명쾌한 사고의 틀

이 덕목은 CEO의 통찰력과 무관하지 않은 부분일 것이다. 나는 통찰력이란 직관과 이성적 판단의 조화로운 결과로서 엄청난 양의 정보가 뇌에 축적되어 나오는 힘이라고 믿는다. 성공한 사람들은 모두 섬광 같은 통찰력을 갖고 있다. 꿰뚫어보는 눈, 즉 통찰하는 능력이 있는 사람의 사고는 단순 명쾌할 수밖에 없다는 결론에 도달하게 된다. 무엇이든 통찰하고 있으니 어찌 단순하지 않을 수 있겠는가. 전 세계를 열광시킨 스티브 잡스의 3가지 통찰력을 '단순하라, 깨뜨려라(파격), 곧바로 하라(실천)'이다.

가장 멋진 CEO라면 이 세 가지를 갖춘 사람일 것이다. 세상을 리드하는 CEO들이 지목한 덕목이 모두 녹아있는 항목이 아닐 수 없다. 결국 끊임없는 호기심(파격)을 가지고 팀원들을 독려하여 모든 사람이 능동적으로 일하여 능력 발휘를 할 수 있게 하는 것, 미래를 예측하여 두려움 없이 바로 실천하는 사람이 진정한 CEO의 모습일 것이다.

∴ 선순환 리더십

『선순환 리더십(유영대)』에 따르면 선(GOOD)에서 출발하여 개인과 조직이 서로에게 좋은 결과를 창출하여 전체 사회가 행복한 삶에 이를 수 있다고 한다. 이 책을 접했을 때 나는 이러한 선순환이야말로 착함을 기본으로 삼아야 하는 우리 에스테틱&스파의 개인과 조직에 접목하고 받아들여야 할 개념으로 이해했다.

눈앞의 이익만 쫓으며 사업을 하는 사람은 에스테틱&스파인이 될 수 없다. 기본적으로 사람에 대한 배려와 따뜻함, 희생정신 없이 할 수 있는 일이 아니기 때문이다. 그 때문에라도 우리는 선함과 진정성, 공명정대함으로 내적인 나를 계발하고 발전시켜야 한다. 성실하고 정직한 Early Bird(일찍 일어나는 새가 먹이를 잡는다는 의미)가 되어야 함은 물론 청렴해야 한다. 이것은 조직원이나 CEO 모두에게 해당되는 중요한 덕목이다. 고객의 지갑을 열게 하면서도 감동을 선사할 수 있는 프로그램과 마케팅을 함으로써, 나도 고객도 만족할 수 있는 상생의 힘을 갖추는 것이 중요하겠다.

고객 만족의 시대는 갔다. 이제는 고객을 감동시켜야 한다. 사람이 사람에게 진정으로 감동하는 데는 반드시 선행되어야 하는 조건이 따른다. 감동이란 대체로 나와 동등한 입장의 사람이 정의롭고 배려 있는 행동을 할 때 느끼는 감정이다. 따라서 우리는 고객에게 무조건 나를 낮추는 태도를 보이기보다는 훌륭하고 멋진 전문가의 모습으로 진정한 감동을 주어야 할 것이다. 이러한 선순환 경영은 결국 아름다움과 건강을 목표로 하는 에스테틱&스파의 개념에 딱 맞는 옷이 될 것이다.

누구나 창업을 꿈꾸고, 많은 사람들이 CEO가 된다. 그러나 건강한 조직을 운영하는 CEO는 많지 않다. 아무리 생계형 사업이라 할지라도 CEO에게 직원이 있고 조직이 있는 한, 반드시 지고 가야 할 책임이 있다. 나를 변화시키고 결심한 것을 실천하는 것은 힘든 일이지만 CEO라면 반드시 해야 할 중요한 과제인 것이다.

02

리더십과 매니지먼트의 조화

매니지먼트란 일을 올바르게 하는 것(doing things right)이고,
리더십이란 옳은 일을 하는 것(doing the right thing)이다.
– Warren Bennis

∴ 조직이 있는 곳에 리더십은 필수이다

오래전 존경하는 지인의 리더십 교육자료 PPT에 Leadership의 철자 하나하나가 갖는 의미가 소개되어있었는데 참 흥미로웠다. 말단 사원이 그리도 되고 싶어 하는 매니저라는 자리가 어떤 역량이 필요한 자리인가에 대해 깊이 생각해보는 계기가 되어 이 글을 쓰게 되었다. 리더십과 매니지먼트, 전혀 다른 것 같지만 공존해야하는 능력, 우리에게 꼭 필요한 재능이다. Leadership이란 목표를 설정하고 구성원들에게 영향력을 발휘하여 조직의 목표를 달성해나가는 일련의 과정이라고 정의할 수 있겠다. 이제부터 리더십을 정의하고 리더십과 자주 비교되는 매니지먼트(관리)와의 조화를 염두에 두고 우리 업종 같은 소규모 조직에서의 역할 분담은 어떻게 해야 할지 그 적용

에 대해 정리해 보도록 하겠다.

수많은 리더십 훈련 과정을 보면 조직이 있는 곳에는 반드시 리더십이 존재해야 한다는 결론을 내리게 된다. 하지만 리더십은 아무나 쉽게 가질 수 없는 power이기도 하다. 현대사회에서 리더십의 새로운 정의는 조직을 이끄는 강한 힘도 아니요, 조직을 꾸려가는 단순한 능력도 아니다. 매니지먼트는 어떤 일을 옳게 되도록 올바르게 하는 것이고, 리더십은 옳은 일을 하는 것이란 정의가 있다. 하지만 다양한 구성원들을 이끌고 옳은 일을 하는 것도 어렵지만, 옳은 일이란 무엇인가에 대해 정의 내리기도 어렵다.

기업의 존재 가치는 결국 영리추구라는 측면에서 볼 때 적절한 힘의 조절과 함께 다양한 그룹의 구성원들이 조직 내에서 능력을 발휘하게 하여 궁극적으로 조직의 목표를 달성하게 해야 하는 것이다. 대체로 우리는 리더십을 조직을 이끄는 힘으로만 보기 때문에 적절한 균형감각과 조율의 힘을 가지는 지도자의 리더십을 갈구하는지도 모르겠다.

일반적인 조직과 달리 원형의 구조로 팀워크를 발휘해야 하는 에스테틱&스파에서 각 직급별로 요구하는 리더십은 무엇일까. 결국 '사람'이 중심이 되는 에스테틱&스파의 조직 특성상 어떤 능력을 가진 리더십이 요구되는 것일까. 덜컥 창업을 해놓고 직원이 내 마음대로 움직여 줄 것이라고 생각했다가 결국 직원 난에 허덕이면서 사업에 실패하는 경우도 왕왕 있다. CEO들이 모이면 직원 탓을 하고, 직원들이 모이면 CEO 탓을 하게 되는 우리 업종에서 가장 현실적인 리더십의 모델은 무엇일까 고민해 보아야 할 때이다.

∴ 에스테틱&스파의 리더십이란?

영업이 있다면 관리가 있어야 할 것이고 이 관리와 영업이 적절한 힘의 균형을 유지하고 있다면 최상일 것이다. 그러나 소규모 조직에서 힘의 균형을 유지하는 인적 자원을 적절하게 배치하면서 사업을 영위한다는 것은 현실적으로 어렵기 때문에 리더십의 적절한 역할 분담이 절실히 필요하다. 나 스스로를 평가하자면 언제나 실수를 거듭하는 부족한 CEO이지만 나름대로 기술이 중심이 되는 서비스업에서 리더십을 제대로 발휘하기 위해 가져야 할 마인드를 소개해 보겠다.

_Listen 구성원의 말을 경청하라

직원이든 고객이든 '경청'이 화두이다. 조금만 주의를 기울이면 상대방의 말을 경청할 수 있을 텐데 구성원들의 아이디어에 대해 큰 기대가 없고 직무 역량에 대해 정확한 개념을 정리할 수 없기 때문에 결과적으로 구성원의 말에 귀를 기울일 수 없게 되는 것이다.

내가 경험하고 인지하고 있는 것만 옳고 다른 사람의 의견을 받아들이지 않는 것은 사업 실패의 시작을 알리는 경고음이다. 경청을 하되 반드시 소통해야 한다. 나이 어린 젊은 직원들에게는 신세대의 사고를, 나이가 많고 경험이 풍부한 경력자에게는 그 경험과 연륜을 표준화하는 방법을, 소통을 통해 가르치는 것이 중요하다. 경청은 내가 이 책에서 처음부터 끝까지 주장하고 있는 소통의 시작이다. 경청에는 연습이 필요하다. 듣는 척이 아니라 맥락적으로 듣고 진심으로 인정해야 하는데 이것은 절실함에서 시작되며, 연습을 통해 발전된다.

연습은 결국 좋은 습관이 되고, 습관은 사람과 삶을 변화시키기 마련이다.

_Educate 구성원의 성장이 조직의 성장임을 믿어라

리더십의 두 번째 키워드는 '교육'이다. 소통을 기반으로 하는 교육은 사람을 변화시킨다. 맨파워가 가장 중요한 에스테틱&스파에서 직원을 성장시키기 위한 노력을 어느 정도로 하고 있는지 자가 진단을 해보도록 하자. 아래의 체크리스트는 조직 내의 교육환경과 방법을 자가 체크할 수 있는 질문지이다. Yes가 과반수 이상이 되지 않는다면 조직에서 구성원의 '성장'은 기대하기 어려울 것이다. 이 체크리스트에 따라 조직 내의 부족한 역량을 강화하는 프로그램을 만들어야 할 필요가 있다.

- 직원의 직무 역량 강화를 위한 단계별 교육에 시간과 돈을 투자하고 있는가?
- 직원의 강점과 단점을 정확히 파악하고 있는가?
- 직원의 비전과 10년 이내의 계획을 알고 있는가?
- 직원의 성장환경과 가정환경에 대해 알고 있는가?
- 직원의 직무 능력에 대해 평가하는 기준을 가지고 있는가?
- 정기적으로 직원과 소통하는 시간을 할애하고 있는가?
- 고객을 통해 직원의 능력이나 CS에 대한 피드백을 정기적으로 확인하는 시스템을 가지고 있는가?
- 직원의 부족한 점을 본인이 알고 수정하도록 정기적인 피드백을

하고 있는가?

- 사직을 원하는 직원의 말을 경청하는가?
- 직원의 역량 성장 지수를 판단할 근거를 가지고 있는가?

_Assist 자원을 아끼지 말라

회사의 자금이 늘 부족하고 CEO가 돈에 시달리게 되면 직원의 능력을 100% 활용하고 창조적으로 일을 하기가 정말 힘들다. 직원이 아이디어를 가지고 지원을 요구할 때 자금 때문에 지원해 주지 못한다면 참 가슴 아픈 일이 아닐 수 없겠다. 누구나 한번쯤 겪어보았을 일일 것이다.

아낌없는 지원은 자금뿐 아니라 적절한 '권한'을 주는 것으로도 표현될 수 있다. 말단 직원부터 상급자까지 직급별로 권한을 정해주는 것은 매우 중요한 동기부여가 될 것이다. 특히 고객을 상대하는 직업이다 보니 매번 CEO나 상급자에게 허락받아야 하는 불편한 상황을 고객 앞에서 만들지 않기 위해 적절한 권한의 부여는 절실히 필요하다.

_Discuss 함께 토론하라

무엇이든 혼자 결정하고 직원들을 의사결정에 참여시키지 않는 강력한 지도자는 외롭다. 하지만 그보다 더 슬픈 것은 직원들이 진심으로 인정해 주지 않는 한 어떤 시스템도 오래갈 수 없다는 사실이다. 직원들이 뭔가를 질문할 때 바로 답을 주는 것보다는 "너는 어떻게 생각하는가?"라고 되물어 보는 것이 훨씬 훌륭한 지도자일 것이다.

티타늄처럼 유연하게 직원의 성향에 따라 탄력 있는 소통의 방식을 선택해야 한다. 급한 직원에게는 더디게 갈 과제를 주고 결정을 못하는 직원에게는 결정권을 미뤄서 스스로 결정하고 실행하도록 하는 유연성 있는 소통이 매우 중요하다. 이 부분에서 내가 적극적으로 추천하는 방법은 역시 질문이다. 설명보다는 질문이 훨씬 설득력이 있기 때문이다.

_Evaluate 평가, 보상, 질책은 공정하게 하라

직원들이 가장 싫어하는 상사는 일을 시켜놓고 평가하지 않는 상사일 것이다. 몇 번 반목이 되고 나면 태만한 관계가 형성되어 조직의 목표 달성이 요원해지게 된다. 평가하고 검토하고 확인하는 것은 그래서 매우 중요한 상사의 덕목이다. 단, 공평해야 한다. 소통에는 탄성이 필요하지만 평가에는 공평한 잣대가 필요하다고 본다. 특히 몸을 많이 쓰는 직업의 특성상 공평한 잣대는 스스로 자신의 행동에 책임을 지는 품성을 기르게 한다. 나에게는 너그럽고 남에게는 공평치 못하다면 지도력을 잃게 될 것이다.

_Responsible 책임을 지게 하라

책임을 진다는 것은 아주 작은 것으로부터 시작한다. 예를 들어 회사의 집기를 망가뜨리면 그것을 사다 놓는 물리적인 책임으로부터 자신이 하는 일에 최선을 다하며 돈과 시간에 상관없이 기본적으로 책임의식을 갖는 것까지 '책임-responsibility'은 매우 중요한 가치를 갖는다. response라는 단어가 대답이라는 뜻이므로 결국 책임을 진다는 것은 무조건 좋은 결과를 만든다는 것이 아니라 자신의 입장에서 최선의 응대를 하는 것을 의미한다. 기본적으로 부담을 가질 단어는 아닌 것이다.

또한 팀 리더는 어떠한 상황에서도 직원을 책임지는 마인드를 가져야 한다. 책임을 지되 선동하지 않는다. 조직 구성원을 선동하는 것은 조직 내에 악성 영향을 미치므로 어떠한 상황에서도 신의를 지켜야 한다.

_Solution 문제해결을 적극 지원하라

어떤 상황에서도 유연하게 문제를 해결하는 능력을 구성원들에게 요구하기란 쉽지 않다. 팀 리더라면 문제해결을 위한 물심양면의 지원을 적극적으로 할 수 있어야 한다. 단련된 코칭 스킬에 의하여 지속적인 카운셀링을 함으로써 팀 구성원들이 자신의 문제를 스스로 해결할 수 있도록 조력자의 역할을 해야 한다.

_Harmony 조화와 조율에 앞장서라

조화와 조율은 여러 구성원들의 특장점을 잘 조율하여 최고의 시너지를 발휘하는 것을 목적으로 한다. 리더십이 가장 잘 발휘되는 부분일 것이다. 오케스트라의 지휘자처럼 리더의 역할이 돋보이는 가치이고 특히 리더의 소통 능력이 강력히 요구되는 항목이다. 다시말해 21세기형 리더십이 요구하는 최고의 가치일 것이다.

_Insight 통찰력을 가져라

빛나는 통찰력은 직관과는 다른 능력이다. 이론적 지식체계와 다양한 경험, 그리고 분석 능력 등이 종합되어 섬광 같은 통찰력으로 나타나게 된다. 쉽게 얻어지는 가치가 아닌 만큼 부단히 노력하라. 단, 리더의 '정의'와 '신념'은 매우 중요할 것이다. 이러한 통찰력은 노력하는 리더에게는 빨리 만들어지겠지만, 노력하지 않는 자에게는 결코 찾아오지 않는다.

_Purpose 목표의식을 가져라

목표가 없는 조직은 갈 곳이 없어 구성원들이 리더십을 발휘할 수가 없다. 리더십이 조직의 목표를 달성해 나가는 과정이기 때문이다. 목표는 확실히 정하되 달성에 대한 확인과 포상, 달성하지 못했을 경우 그 이유를 분석하고 재확인 하는 것이 중요하다. 주간, 월간, 연간 목표 설정과 액션 스케줄을 정하고 그것을 달성해 나가는 과정에서 리더십은 유감없이 발휘될 것이다.

∴ 매니지먼트와 리더십을 구분하라

관리능력을 리더십으로 보는 시대는 갔다. 한마디로 표현하자면 관리는 현재형이고 리더십은 미래형이다. 또한 관리는 통제를 하는 것이고 리더십은 변화를 추구하는 것이다. 이 두 가지의 차이는 성과로 나타난다. 큰 조직에서는 관리 부서와 기획 및 영업촉진 부서가 별도로 있어 조화롭게 균형을 맞춰 각자의 역할을 할 수 있으나, 작은 조직에서는 관리자가 리더이고 리더가 관리자인 경우가 많다 보니 제대로 미래지향적인 일을 해내기가 쉽지 않다.

영업촉진을 위해 뭔가를 기획하면 관리 문제를 들어 통제하려 하고, 통제가 되지 않는 촉진은 고삐 풀린 망아지처럼 조절이 되지 않는다. 흔히 스파에서는 관리는 원장이 맡게 되어 더더욱 어려움이 있는 것이다. 작은 조직에서는 기획과 영업 촉진을 맡는 직원이 있고 그 직원이 관리 능력도 함양하여 적절한 기획물을 내놓게 되는데 이 과정에서 뭐든 시도하려 하다가도 관리 통제에 부딪쳐 제대로 일을 수행하기가 어렵게 되는 것이다.

관리가 빠진 리더십은 길을 잃기가 쉽고 리더십이 빠진 관리는 갑갑한 감옥과 같다. 내가 제시하고 싶은 최상의 경영 관리는 CEO가 정확한 경영학적 지식체계를 가지고 경영관리 능력을 발휘하면서 효과적인 영업촉진 프로젝트의 수행 능력을 동시에 보유하는 것이다.

2013년도 중기청 통계자료에 기초해 2005년도 소상공인의 폐업 현황 및 원인을 살펴볼 때 폐업의 원인이 '기술력 부족'에서 '경영관리 능력 부실' 쪽으로 변화하고 있음을 알 수 있다. 폐업 원인의 약 40% 정도가 경영관리 부실에 있었다는 보고는 관리 능력을 기본으로 갖춘 CEO가 리더십을 추가로 보유하는 것이 옳다는 것을 말해준다.

하지만 CEO의 리더십과 관리 능력은 반드시 조화롭게 갖추어야 할 능력이므로 경영관리 능력에 대한 자가 테스트가 반드시 필요할 것이다. 경영관리에 대한 인식이 없는 CEO라면 현실적이지 않은 리더십이 도출될 확률이 높기 때문이다.

팀 리더가 가져야 할 리더십 덕목

얼마 전 여성의 날을 맞아 구글코리아에 강의를 하러 가게 되었다. 그런데 그곳의 분위기가 참으로 독특했다. 리더로 보이는 사람도 없고 자유분방한 분위기였는데 뭔가 자율적인 규율이 있어 보이기도 했던 것이다. 강의 내내 너무나 자유로운 그 분위기에 적응이 어려웠지만, 단 한 가지 그들의 눈빛만은 따뜻하여 무례하거나 불쾌하게 느껴지지는 않았다.

구글코리아 채용 담당 여직원과 대화를 나누며, 어떤 직원을 채용하느냐고 물었더니 구글이 원하는 1, 2, 3을 다 갖추어야 하고, 그 다음 일반적인 스펙을 본다는 것이다. 아무리 스펙이 좋아도 구글이 원하는 3가지 조건을 갖추지 못 하면 1년이고 2년이고 공석으로 둔다는 것이다. 또 한가지는 젊고 참신해야 한다는 것! 결국 조직에서 스스로 알아서 일을 할 수 있고, 창의력을 갖춘 사람을 뽑는다는 말이었다. 많은 것을 느끼게 하는 문화였다.

경영자의 입장에서는 여러 가지 장점을 두루두루 가진 직원이 좋을 것이라 생각하지만 사실 어떤 것 한 가지라도 몰두해서 잘 할 수 있는 직원이 분야별로 많은 것이 더 효율적일 수 있다. 우리 회사의 사훈이기도 한 아래 세 가지는 내가 생각하는 팀 리더의 리더십 덕목이기도 하다.

1. 창의력으로 창조하라

창의력만 있는 사람은 아이디어를 내는 데서 끝날 뿐이다. 창조력을 지녀야 결과물이 나오는 법. 창의력과 창조력을 동시에 갖도록 노력하라고 말하고 싶다.

2. 높이 겨냥하고 멀리 보라

리더라면 반드시 갖추어야 할 중요한 덕목이다. 드높은 이상이 비전을 만드는 것이므로 구성원들을 독려하여 팀을 이끌어 나갈 힘이 여기서 나오는 것이다. 현재를 바라보고 있으면 힘든 것을 견디지 못하지만 멀리 보면 희망을 갖게 되기 때문에 현재의 고통을 견딜 수 있는 것이다.

3. 꼭 최고일 필요는 없다, 유일하라

독창성을 갖는다는 것은 다른 사람과 객관적인 비교를 할 수 없다는 것이고 그 자체가 우월성이다. 독창적인 아이템과 유일한 능력을 구비하는 것이 조직의 가장 중요한 가치가 되는 시대임을 잊지 말자.

구분	평가 #1 : 사 업 관 리	체크
1	경영전략 및 방침이 준비되어 있는가? 경영자로서 역할은 충분한가? ① 경영관리에 대한 지식체계를 가지고 있으며 수행능력이 있다. ② 사업전략이 수립되어 있으며 사업 내용과 일치한다. ③ 사업방침이 설정되어 있으며 구성원 모두 정확히 인지하고 있다. ④ 경영관리를 위한 조직관리를 준비하고 시행하고 있다. ⑤ 년단위 경영계획을 수립하고 실천하기 위해 노력하고 있다.	

구분	평가 #2 : 조 직 관 리	체크
2	조직인사관리 능력은 충분히 보유하고 있는가? ① 인사관리 담당자를 지정하여 운영중이다. ② 직원의 인사관리를 일반직과 관리직으로 구분하여 운영중이다. ③ 인사/조직관리 업무수행 시 시행착오가 없는 편이다. ④ 주기적인 교육을 통해 인사 조직관리를 신중히 처리하는 편이다 ⑤ 합리적인 인사관리를 시행하고 있고 동기부여를 위한 성과급 제도를 시행하고 있다.	

구분	평가 #3 : 업무수행능력	체크
3	개개인의 업무수행 능력은 효율적으로 발휘되고 있는가? ① 내부규정 및 고객에 관한 약관을 준비하고 있다. ② 직원들이 경영자의 의도를 잘 인식하고 구현하는 편이다. ③ 개인업무 수행시간이 일일단위 작성되어 체계적으로 업무를 추진하고 있다. ④ 업무시간 단축을 위한 업무개선 의욕이 높다. ⑤ 업무에 시행착오가 없는 편이다.	

구분	평가 #4 : 업무활성화 능력	체크
4	업무개선활동에 관심이 높은 상태인가? ① 업무개선을 위한 제안활동은 지속적으로 시행하고 있다. ② 다양한 아이디어를 형식 없이 제시하는 편이다 ③ 업무개선의 필요성을 인지하고 있는 상태이다. ④ 경영자 및 직원간 의사소통이 좋은 편이다. ⑤ 업무활동 기록관리 자료가 작성되며 체계적으로 누적되고 있다.	

구분	평가 #5 : 고객 감동 경영과 서비스 관리	체크
5	**고객 서비스 수준은 어떠한가?** ① 고정고객과 유동고객 중 고정고객이 많은 편이다. ② 고객에 관련된 자료는 정보화하여 저장하고 있다. ③ 고객에 대한 정확한 정보를 가지고 활용하는 편이다. ④ 고객을 위한 별도의 서비스 규정은 없으나 불만은 없는 편이다. ⑤ 고객 한명 한명에 대한 관심이 많으며 관리 의욕이 많은 편이다. **고객서비스 관리를 얼마나 중시하고 있는가?** ① 직원간 인간관계는 대체적으로 양호하며 고객중시 인식이 충분하다. ② 고객관리자료는 잘 작성된 수준이다. ③ 고객서비스관련 정보조사표를 활용하고 있다. ④ 고객서비스 관리는 경영 방침으로서 채택하는 등 많은 관심을 가지고 있다. ⑤ 고객서비스업무 전담직원이 구성되어 체제를 갖추고 있다.	

구분	평가 #6 : 경영관리와 재무관리의 균형 유지	체크
6	**경영예산운영 관리에 어느 정도의 관심을 가지고 있는가?** ① 매월 손익분기점을 계산하고 있다 ② 원가 계산법을 포함한 고정비와 변동비에 대한 개념을 정확히 인식하고 있으며 실천하고 있다. ③ 분기단위 대차대조표를 작성하여 활용하고 있으며 분석과 평가를 주기적으로 시행하고 있다. ④ 계획적이고 주기적인 예산운영을 통해 체계성을 유지하고 있다. ⑤ 매월단위 비교를 통해 재투자의 범위를 효과적으로 산정하고 있다.	

위의 각 평가항목에서 과반수 이상의 yes가 나오지 않았다면 경영 관리에 허점이 있는 것으로 보아야 할 것이다. 각 문항을 실천하기 위한 계획을 실행한다면 훌륭한 경영관리를 할 수 있을 것이다.

03

21세기 새로운 리더십, 코칭

질문을 통해 설득하고 질문을 통해 감동을 주어
스스로 해결점을 찾도록 하는 마법의 기술,
그것이 바로 코칭이다.

∻ 코칭이란 무엇인가?

21세기는 에스테틱&스파의 새로운 장이 열리는 시기이다. 양적 팽창에 따라 질적인 향상도 이루어 내야 할 매우 중요한 때이기 때문이다. 다른 업종의 경우에는 분명 활용 가능한 리더십 매니지먼트 교육과정이 유독 우리 에스테틱 업계에는 잘 끼워맞춰지지 않는 이유는 무엇일가? 에스테틱을 포함한 미용업계는 분명 황금알을 낳는 거위로 인식되는 블루오션인데, 실제 이 업계에 종사하는 사람들의 입에서는 한탄만 흘러나오고 있는 현실이 안타깝기만 하다. 이제는 사람을 감동시키고 설득하는 능력이 없다면 업계에서 성공하기란 쉽지 않을 것이다.

모든 사람들이 입만 열면 쏟아내는 리더십이란 결국 무엇을 뜻하는 것일까? 한국사회에서의 수직적 경제 성장은 리더십을 말 그대로 무리를 이끌어가는 사람의 힘으로 보아왔고, 그 맥락에서 볼 때 훌륭한 리더는 훌륭한 mentor 역할을 수행하는 자의 모습으로 그려진다. 멘토란 존경받는 대상이며, 힘이 있고 끊임없이 방향을 제시하는 사람일 것이다. 다른 업종에 비해 상대적으로 원형의 구조를 갖는 조직인 스파에서 멘토링은 어찌 보면 말장난에 불과할 것이다. "열심히 일하라. 그리하면 성공이 보장될 것이다", "일하면서 배우라. 그게 너의 할 일이다."라는 식의 멘토링은 처음 몇 달간은 힘이 될 수 있으나 결코 오래가지 않는 빛바랜 멘토링이다. 15년이 넘는 세월을 에스테틱 업계에서 보내면서 또 수많은 에스테티션을 배출하면서 체감하는 현실은 이세대가 더 이상 참을성이 없으며 나아가서 직업이란 얼마든지 바꿀 수 있는 대상이라 여긴다는 것이다. 마치 소명의식을 가져야만 이 일을 할 수 있다는 식의 멘토링은 이제 어느 직업을 막론하고 통하지 않는 시대가 되었다.

새로운 21세기 리더십의 기본이 되는 코칭이란 적절한 질문형 대화를 통해서 상대방이 스스로 해결책을 찾도록 이끌어주는 리더십이다. 이러한 코칭의 방식을 이야기할 때 가장 자주 예로 드는 영화가 있는데 바로 「죽은 시인의 사회」이다. 이 영화에서 선생님으로 등장하는 주인공은 반항적이고 문제 많은 아이들을 가르칠 때 환상적인 코칭의 방식을 쓰고 있다. 언제나 이유 없는 반항과 반목을 일삼는 학생들에게 끈기를 가지고 질문을 던져 스스로 자가당착에 빠져있음을 깨닫게 한다. 결국 모든 일을 할 때 주체는 나 자신이며 모든 문제는 나로부터 시작한다는 것을 깨닫고 스스로 감동하게 하여 행동방식의 변화를 갖게 하는 것이다.

  그렇다면 어떤 질문이 스스로 해결하려는 의지를 일깨우고 나 자신을 바꾸게 하는가? 한 가지 상황을 예로 들어 보자.

  스파에서 자주 일어나는 일로 몸이 아픈 직원이 아침에 결근을 한다고 전화했을 때 대부분의 원장은 화부터 낸다. 화를 내는 유형도 두 가지로 구별되는데, 하나는 절대로 결근하면 안 된다며 나오라고 하는 것이고 다른 하나는 화가 나는 것을 참고 쉬라고 하는 것이다. 하지만 이런 경우 몸이 아파 쉬는 당사자보다도 그 사람 탓에 두 배로 일해야 하고, 예약이 꼬여 엉망이 되는 상황으로 인해 악영향을 받는 나머지 스태프들의 사기가 더 문제이다. 나는 이 같은 상황을 여러 번 겪으면서 몸이 아플 때 느끼는 감정과 몸의 상태를 이해하면서도 조직을 위해 힘든 결심을 하게 되는 경우가 많다. 훌륭한 리더라면 이런 대화를 나눌 것이다.

  직원: 원장님, 저 오늘 몸이 너무 아파서 하루 쉬어야겠는데요.

  원장: 많이 아픈가 보구나. 얼마나 아프니?

  직원: 몸살인 것 같습니다.

  원장: 그래 힘들겠구나. 약은 먹었니?

  직원: 예, 먹으려구요.

  원장: 그런데 오늘 예약이 너무 많아서 어쩌지? 예약을 변경하기 어려운 고객들인데 어떻게 하면 좋을까?

  직원: …… 원장님께서 알아서 좀 해주시면 안 될까요?

  원장: 김○○ 고객은 내일이 결혼식이고, 전부 다 예약변경은 어려울

것 같은데 큰일이네. 좋은 방법이 없을까?

직원: …… 어떻게 하지요?

원장: 직원들이 김선생의 상태를 이해하기가 좀 어려울 것 같은데 일단 나왔다가 조퇴를 하면 어떨까?

직원: 음, 너무 아픈데요.

원장: 말로 설득하고 통보하는 것보다는 김선생이 아픈 걸 보면 다들 안타까워하고 이해하지 않을까?

직원: 네, 그렇게 해볼게요.

원장: 고맙다. 따뜻하게 하고 나와. 든든하게 점심 힘나는 걸로 먹자.

직원: 네, 원장님.

자칫 서로 기분 나쁘게 전화를 끊고, 직원이 원장의 마음을 이해하지 못 하고 오해와 불신을 할 수 있는 상황을 너무나 단순하지만 현명하게 서로를 이해할 수 있는 상황으로 바꿔놓은 대화라 할 수 있다. 실제로 에스테티션이 몸이 아플 때, 스스로 책임감을 느낀다는 것은 쉬운 일이 아니다. 단순한 대화이지만 원형으로 돌아가는 팀워크를 평소에 잘 이해시키고 스스로 생각해 해결책이 없다는 것을 깨닫게 하는 간단한 예이다.

코칭은 어려운 대화가 아니고 높은 지적 수준을 요구하는 것도 아닌 그저 상대방의 얘기를 들어주고, 그러면서 적절한 질문을 던져 스스로 해답을 찾게 하는 방법이다. 따라서 끈기와 인내가 필요하고 지시형이 아닌 부드러운 대화법을 사용해야 한다. 대부분의 CEO는 스스로 강해져야 한다거나 리더십을 발휘하여 꼼짝 못하게 해야 한다는 강박관념을 갖고 있다. 혹시 직원들이 조금이라도 말대답을 하거나 예의 없이 굴면 '내가 너무 바보 같나, 혹은 내가 너무 쉽게 보였나' 하는 생각을 갖게 되는 것이 사실이다. 이런 생각을 하다 보니 큰소리를 내게 되고 자신의 본성까지 바꿔가면서 직원들에게 강한 모습을 보이려고 한다.

내가 CEO 코칭 프로그램에 참여했을 때, 그 자리에 모인 대부분의 CEO들이 이런 문제를 안고 있었다. 나는 어떤 문제가 있어서 직원들의 사기가 부족하고 열심히 일하지 않으며 늘 불만만 이야기하는지 궁금했다. 여러 가지 프로그램에 참여하고 역할극(role playing)을 하면서 우리는 우리의 문제를 스스로 깨닫게 되었다. 그곳에 모인 사람들 전부가 CEO인지라 성격이 급하고 지시형이며 독선적이고 멘토링을 하려 한다는 공통점을 발견하였다. '나를 따르라' 스타일을 지닌 CEO의 문제는 상대방의 생각을 읽으려 하지 않는다는 것이다.

상대를 읽으려면 직관도 중요하지만 그보다는 시간을 두고 대화를 하는 것이 더 정확한 방법이다. 그런 대화도 자기 방식이 아닌 철저한 코칭의 기술을 따라 질문을 해야 하는 것인데, 이것이 여간 어려운 일이 아니다. 대부분 참을성이 없고 상대방에 대해 성급히 결론을 내리기 때문이다.

∴ 코칭의 단계

코칭을 잘 하려면 일단 대상을 파악하고 유형을 이해해야 한다. 혈액형 유형법이 한창 유행했는데, 이는 일본의 한 작가가 여러 혈액형

집단의 행동양식을 연구하여 각 집단의 특성을 알아낸 것이라고 한다. 인간의 유형을 한 가지로 규정짓기란 쉽지 않다. 그것 보다는 인간이 가질 수 있는 몇 가지 유형을 만들어 어디에 가장 접근하는지를 보아 그에 맞는 대화법을 사용하는 것이 좋다. 코칭에서 사용하는 인간의 유형은 크게 네 가지로 구분한다. 우선 일 중심이냐, 사람 중심이냐로 나누고, 다시 사장형, 전략형, 사교형, 우호형으로 나눈다. 그 유형에 따라 대화의 방식은 달라져야 한다.

나는 학생과 고객을 만나면서 직관적으로 네 가지 유형을 빠르게 파악하여 대화법을 설정하는 연습을 하고 있다. 특히 고객과의 상담에서 이러한 코칭 스킬을 적용하면 판매 성공률이 가장 높아진다. 피부 문제나 비만 문제 때문에 스파를 찾은 고객들에게 질문을 통해 스스로 나에게 모든 원인이 있다는 생각을 하도록 하는 것이 참 재미있다. 비만 고객이나 문제성 피부 고객들에게 적절한 질문을 하여 스스로 관리를 받아야겠다는 말을 하게 만드는 것은 아주 중요한 일이기 때문이다.

코칭은 1단계 주제 설정, 2단계 가능성 발견, 3단계 실행계획 수립, 4단계 장애요소 제거, 5단계 마무리 클로징으로 적절한 질문을 하여 각 단계를 이끌어 가는 것이다. 아래는 각 단계에서 해야 할 질문을 예시해 본 것이다.

_1단계: 주제 설정

- 이 대화에서 당신이 필요한 것은 무엇입니까?
- 당신은 무엇을 가장 변화시키고 싶습니까?

• 이 문제들 가운데 가장 우선순위가 높은 것은 무엇입니까?

_2단계: 가능성 발견

• 어떤 결과를 원하십니까?

• 당신이 이미 시도해 본 것은 무엇입니까?

_3단계: 실행계획 수립

• 지금 해야 할 가장 중요한 것은 무엇입니까?

• 목표달성을 위해 해야 할 일은 무엇입니까?

_4단계: 장애요소 제거

• 예상되는 문제는 무엇입니까?

• 이 일을 하기 위해 또 무엇을 해야 합니까?

• 이 일을 하려면 당신이 어떻게 변해야 합니까?

_5단계: 마무리 클로징

• 오늘 무엇을 느꼈습니까?

• 다음 몇 주간 계획은 무엇입니까?

각 단계에서 코칭 스킬이 가장 필요한 부분은 2~4단계로 코칭 능력에 따라 상대방과의 대화가 진지해지고 스스로 해결점을 찾는 힘이 커질 수 있다. 내가 평소 고객과 체형관리 상담을 할 때의 상황을 예로 들어 각 단계를 풀어보겠다.

[1단계]

상담자: 안녕하세요, 고객님. 날씬하신데 어느 부분이 문제라고 생각하시는지요?

고객: 아, 아니에요. 저는 하체가 장난이 아니에요.

상담자: 아 네, 하체관리에 관심이 있으시군요. 그럼 하체에 어떤 문제를 가지고 계시는지요?

고객: 부종과 탄력이요. 아, 그리고 종아리도요.

상담자: 고객님, 그럼 부종이 더 급선무인 듯하니 부종관리에 대해 상담을 드리도록 하지요.

[2단계]

상담자: 고객님, 다리가 늘 부어 있다는 느낌이신가요? 아니면 저녁이 되면 더 많이 부으시는 건가요? 혹시 앉아 계시거나 서 계시는 직업이신가요?

고객: 네, 직업이 그래요. 학원강사예요.

상담자: 아 네, 그럼 직업적으로 많이 서 계시는 반면 운동은 못 하시는 편이시네요. 저녁이 되면 발이 많이 부으시지요?

(이 단계에서 고객은 부종의 원인이 본인에게 있다는 것을 깨닫고 운동량이 없다는 것을 동시에 얘기하여 문제해결을 위해서는 관리와 다른 무엇이 함께 진행되어야 함을 고객 스스로 깨닫게 한다)

고객: 아, 안 부으려면 운동을 해야 하나요? 저는 운동이 너무 싫고 시간도 없어요.

상담자: 예, 고객님. 림프는 원래 운동량이 없으신 분들에게 많이 나

타나는 문제예요. 아무래도 근육이 움직여야 림프가 움직이니까요. 제가 평상시 스트레칭을 할 수 있는 다리 운동법을 알려드릴게요. 간단하고 시간도 많이 안 걸리는 대신 관리와 병행하시면 도움이 많이 될 거예요.

[3단계]

고객: 얼마나 관리를 받아야 하나요? 자주 못 오는데요.

상담자: 부종을 오래 가지고 계시고 직업적으로 앞으로도 그러신 편이니 주 2회 관리가 필수적입니다. 많은 돈을 들여 관리하시는 것이니 효과를 꼭 보셔야 하므로 관리는 꾸준히 오래 받으시는 것이 좋겠지요? 단, 한 번만 받으셔도 바로 효과를 느끼실 거예요.

[4단계]

고객: 제가 따로 해야 할 일이 있나요?

상담자: 고객님이 직업적으로 오래 서 계시고 운동은 하실 시간이 없으시다니 짬을 내어 다리를 쉬게 하는 동안 스트레칭 같은 것을 할 수 있을까요? 손쉽게 책상에서 하실 수 있는 스트레칭을 알려드릴게요. 심한 근력운동이 아니고 정맥과 림프를 스트레칭 하는 운동을 하시는 것이 중요하지 않을까요? 또한 부종이나 셀룰라이트는 피부 진피에서 일어나는 일이므로 평상시 제품을 사용하시면 효과가 극대화됩니다. 홈케어로 함께 사용하실 제품을 추천해 드릴까요?

[5단계]

상담자: 저희에게 특별히 부탁하시고 싶은 말씀이 있으신지요? 이제 부터 생활의 변화를 조금씩 주시는 것이 좋겠지요. 식사일기를 쓰시고 운동 정도를 꼼꼼히 체크하시는 것이 필요한데 저희가 꾸준히 하실 수 있도록 도와 드리겠습니다.

고객은 병원을 찾을 때와는 달리 스파에서 관리를 받을 때는 전적으로 모든 책임을 관리자에게 돌리려는 경향이 있다. 사실은 내적·외적 요인을 모두 고객이 가지고 있기 때문에 혁신적인 생활의 변화가 있어야만 좋은 효과를 얻을 수 있음에도 이 부분의 책임 전가가 심한 편이다. 평상시 대화에서 자신에게 80% 이상의 책임이 있음을 꾸준히 느끼게 하는 것이 고객을 장악하는 힘이 되며 고객 불만을 예방할 수 있다. 따라서 좋은 결과를 도출하기 위해서는 반드시 고객스스로 해결점을 찾도록 유도하는 훌륭한 코칭형 상담이 필요하다.

미래 뷰티 마케팅의 키워드,
소통과 힐링

뷰 티   마 케 팅   인 문 학 으 로   하 라

01

관계의 예술, 소통의 힘

내 마음처럼 다른 사람의 마음을 보듬고
내가 원하는 방식으로 상대방을 대접하는 것,
그것이 소통이다.

∴ 소통의 방식은 다양하다

스킨케어나 테라피를 위한 상담을 하기 위해서 어떠한 기술이 필요한지는 앞서 다양한 사례를 들어 전달했다. 그럼에도 불구하고 대부분의 사람들은 듣고 읽고 배운 것과 상관없이 자신의 스타일대로 상담하고 판매한다. 그만큼 나의 스타일을 변화시키기 어렵다. 그렇지만 같은 이유로 우리는 다른 사람의 스타일 리딩을 할 수 있는 것이다. 조금만 바꾸어 생각하면 타인에 맞추어 나를 변화시킬 수 있는 가능성은 존재한다.

코칭(coaching)의 기술을 통해서 나는 다른 사람의 말을 경청하고 그 사람의 스타일에 맞추어 상담하고 소통하는 연습을 하게 되었고, 스스로 크게 상처 받거나 영향 받지 않으면서 타인과 소통하는 법을 배웠다. 그러나 배웠다고 해서 변하는 것은 아니다. 그런 방법들을 반복적으로 연습하며 습관이 되어야 비로소 내가 변하는 것이다.

물론 쉬운 일은 아니다. 내 중심으로 생각하는 패턴에서 타인을 생각하는 사람으로 바뀌는 것은 참으로 어렵다. 『사람의 마음을 여는 소통의 심리학』이라는 책에 따르면 이런 스타일의 소통 방식을 '티타늄' 방식의 소통이라고 한다. 어떤 상황에서도 부러지지 않고 자신의 모양을 변화시키며 구부러지는 티타늄의 성질을 나타낸 말일 것이다. 일반적으로 이런 티타늄 방식의 소통은 가장 안전하지만 내가 원하는 결과를 얻어내지는 못할 수도 있다.

타인의 직설화법이 내게 약이 되기도 하지만 주로 비수가 되어 내게 상처를 준다는 사실을 알면서도 나는 항상 남에게 그런 상처를 스스럼없이 주고 있다는 사실을 어느날 깨닫게 되면서, 내가 먼저 바꾸어야 한다는 사실을 통감했다. 하지만 습관은 언제나 결정적인 계기가 있어야만 만들어지는 법이다.

타고난 기질이 급하고 공격적인 사람은 판매 상담을 할때도 그 성품이 그대로 나타난다. 타고난 기질이 남을 설득해야만 즐거움을 느끼는 사람이라면 상담 스킬 자체가 강하고 직설적이며 말하기를 좋아한다. 말하기를 좋아하는 사람의 경우 대체로 상대방의 말을 경청하기란 쉽지 않다

반대로 '황금' 방식의 소통은, 내가 대접받기 원하는 방식으로 소통하는 것을 말한다. 상대방이 절대 'no'를 할 수 없도록 온 정성을 다해 소통한다. VVIP고객을 위한 소통 방식이다. 황금 소통의 경우 어느 정도 연령대가 있는 고객이나 영향력이 있는 고객, 혹은 반대

로 매우 골칫거리가 될 소지가 있는 고객에게 적용할 수 있겠다. '아낌없이 주라'에 해당되는 소통 방식이다. 아낌없이 주되 정말 환상적인 것을 대접해야 할 것이다. 세일즈는 결국 대상에 따른 소통 방식을 잘 선택하여 다양한 고객을 만족시키는 소통의 기술에 의해 결과가 나타나는 것이라 생각한다. 그러니 예술이 아니겠는가.

TIP

VVIP를 위한 황금 소통 방식의 세일즈 마케팅

Pre-open 행사로 '아낌없이 주어라!'

스파는 일반 뷰티 매장에 비해 분위기가 느리고 조용하다. 릴랙싱 코드로는 괜찮지만 내는 돈에 비해 지나치게 단조롭고 지루할 수 있다. 즉 스파에 재미적 요소가 없다는 점에서 고객들이 성실하게 오래 다니고 싶어도 변심하게 되는 것이다.

적어도 1년에 두 번 정도의 신상품이 론칭되고 프로모션이 있어야 지루하지 않은데, 이벤트를 진행할 때 대부분 프로모션이 할인이나 기타 세일즈 기법을 쓰기 마련이다 보니 VVIP를 만족시키는 어떠한 매력적인 제안도 찾아볼 수가 없다.

대부분 '~~이상 구매 시', 혹은 '마일리지 ~~이상 시' 등의 조건부 프로모션 일색일 때 유명 호텔이나 백화점 VIP행사에서나 봄직한 멋진 이벤트를 준비하라. VIP를 위한 특별한 네이밍을 만들어 두는 것도 좋다. 예를 들어 'slim gold club'이라든지 membership을 넣어 이름을 지어두고 신상품을 본격적으로 론칭하기 전에 'Pre-open' 행사를 진행한다.

VIP를 대상으로 반드시 무료로 만족할 만한 서비스를 제공한다. 초대권이나 DM 발송 혹은 스마트폰 초대장을 보내고 그 주간에 미리 예약을 받고 진행한다.

관리 후에는 적절한 형식의 후기를 적을 수 있는 Gold Book을 만들어 두고 실명으로 사용 후기를 적어 달라고 한다. 마케팅 기법 중 만찬 기법에 해당하는 이 행사는 효과 만점일 뿐만 아니라 VIP들에게 진정한 CS를 선사하는 계기가 될 것이다. 전단지로 무료 쿠폰을 뿌리고 50% 할인 쿠폰을 뿌리는 것보다 내게 황금 같은 VIP고객에게 이런 서비스를 하는 것이 훨씬 효과적이다. 매출은 물론 따 놓은 당상이다. 아래는 VIP를 위한 웰컴메시지 사례이다. 라커를 열었을 때 잘 개어진 스파 가운에 이렇게 멋진 환영메시지를 만들어 둔다면, 소중한 고객으로서 호텔 서비스를 받는 느낌이 들지 않겠는가.

∴ 에스테틱&스파에서의 힐링의 의미

한의원과 병원에서 진료를 받아보면 뭔가 소통의 방식이 다른 것을 느낄 수 있다. 이것 또한 매우 주관적일 수 있다는 가능성은 분명 있지만 대체로 우리가 경험하는 한의사와 양의사는 극명하게 대립되는 한 가지가 있는데 그것은 '경청'과 '질문'의 태도이다. 아마도 그것은 사람의 성향과 스타일에 관계없이 질병을 바라보는 시각의 차이에서 그 이유를 찾아볼 수 있을 것이다.

한방의학이라는 영역은 질병의 원인을 상당히 포괄적으로 찾아가기 시작하여 다양한 증상들을 조합하여 융합적인 투약과 치료를 하게 되어 있다. 즉, 감기가 걸렸으면 면역력이 약해졌고 그 사람의 장기 중 어느 부분이 약한지를 찾아내어 그 바탕부터 좋게 만들어가는 것이다. 이런 경우 환자의 다양한 증상을 경청하지 않고서는 절대적으로 좋은 결과를 얻어 낼 수 없기 때문에 수많은 질문을 하게 되고 그 질문에 대한 대답을 조합하여 치료를 시작하게 되므로 절대적으로 환자의 자가 증상에 대해 경청을 해야 한다.

의사는 질문하고 환자는 길게 이야기하게 되는 것이다. 의사는 그 대답을 듣고 다시 맥락적인 질문을 통해 결론에 도달하게 된다. 이 과정에 상당히 긴 시간이 걸리고 환자는 증상에 대해 편하게 얘기하는 동안 일정부분의 정신적 치유(힐링)를 경험한다.

반면 양의사는 대체로 symptom(증상)의 보편적 조합을 통해 병인을 찾아내어 그 병인을 주사요법이나 약물요법으로 치료하는 경향이 있어 환자의 증상을 듣기 보다는 원하는 정확한 증상에 대해 질문을 한다. 그러다 보니 환자는 병이 치료되어야 힐링이 되는 것이다. 각종 검사기록을 통해 그 결과를 확인해야만 힐링이 완료된다는 얘기다. 의사와 상담을 하면서 만족감을 얻기는커녕 매우 불안하고 스트레스를 받기 일쑤이다. 결과적으로 환자와 의사의 관계는 아주 명확한 거래 관계가 된다.

에스테티션과 테라피스트는 과연 어떤 상담을 통하여 고객에게 힐링을 선사하게 되는 것일까. 여기저기 스파마다 '힐링'을 화두로 내세우고 있는 요즈음, 우리가 할 수 있는 힐링은 무엇일까에 대해 많은 고민을 하게 된다. 개인적인 경험으로 보자면 힐링이란 매우 구체적인 액션이다. 타인을 통해 위안을 받거나 감정적인 위안을 받을 수 있지만 문제가 완전히 해결되기 어렵고 치유받기는 더더욱 어렵다.

우리가 스파에서의 힐링 코드를 규정짓지 못한다면 적절한 서비스가 나올 수 없을 것이다. 스티븐 코비의 『성공하는 사람들의 7가지 습관』에 따르면 성공하는 사람은 모두 '끝'을 정해놓고 일은 한다고 한다. 우리가 정해 놓은 끝은 '고객만족'인데 그 고객만족을 한마디로 정리해 내는 개념 정립이 되지 않는다는 것이다. 그러니 무엇을 해야 할지 모르고, 나는 뭔가를 많이 했다는 보상심리에 안주하는 것이다.

영어에서는 심리치료사를 테라피스트라고 한다. 심리치료의 기능을 수행하는 부분이 반드시 있어야 한다는 관점에서 보면 스파를 찾는 고객들의 욕구가 무엇인지를 먼저 살펴보아야 할 것이다. 고객은 어떤 목적으로 스파를 찾는가.

통증, 갖가지 피부문제가 있을 때, 혹은 대체의학이 필요할 때 등등 본능적으로 그 무엇인가 욕구를 느낄 때 찾게 되는 곳이 스파이다. 아무 이유 없이 시간을 내어 스파를 찾지는 않는다. 오랜 세월 고객들과 상담을 하면서 느낀 것은 고객이 원하는 것은 아주 구체적이라는 것이다. 그런데 우리는 그 구체적인 요구에 대한 답을 구체적으로 주지 못하는 경우가 많다. 그래서 언제나 가격을 낮추는 경쟁 등으로 제살 깎아먹기를 하게 되는 것이다.

에스테틱의 본고장, 프랑스의 예를 들어 에스테틱&스파를 설명해 보겠다. 프랑스 여성들에게 있어 에스테틱은 '왁싱'과 '피부 대청소' 그리고 '적절한 화장품을 추천 받는 곳'이다. 왁싱은 5~6주 만에 한 번은 주기적으로 반복해야 하는 것이므로 생활형 관리라 할 수 있고, '피부 대청소'도 대부분의 프랑스 여성들에게는 필수이다. 화장품의 추천 부분도 중요한 에스테틱의 역할인데, 프랑스 여성들이 주로 슈퍼마켓이나 약국 등 전문적인 카운셀링을 받을 수 없는 곳에서 화장품을 구입하기 때문이다. 즉, 에스테틱은 프랑스 여성들에게 있어 생활의 한 부분인 것이다. 아주 구체적인 이유로 에스테틱&스파를 방문하고 그 목적을 달성하게 되므로, 우리처럼 난데없는 가격파괴는 있을 수 없는 일이다.

또 한 가지 중요한 것은 임상적으로 결과를 도출하는 화장품을 사용하여 스킨케어를 하는 것이다. 프랑스의 에스테틱&스파의 경우, 분명 화장품이 핵심이다. 화장품이 결과를 도출해 내는 것이라는 믿음은 불변의 진리다. 그러므로 화장품 브랜드의 선택과 그 브랜드에서 내놓는 다양한 프로그램을 프로토콜에 맞춰 관리한다.

이것은 임상의 가치를 믿고 신뢰하며 고객에게 원하는 결과를 구체적으로 주어야 하는 에스테틱&스파의 책임감이 드러나는 부분이다. 임상적으로 효과가 있는 화장품 브랜드를 선택하고 그 화장품을 사용하여 꾸준한 효과를 볼 수 있도록 추천, 판매하고 고객은 좋은 결과를 얻게 되는 것. 이 가장 단순한 선순환 사이클이 고객이 원하는 것이고 에스테틱&스파가 고객에게 선사하는 힐링 포인트라는 점을 강조하고 싶다.

∴ 에스테틱과 스파는 무엇이 다른가?

비만 체형관리를 주 메뉴로 하고 있는 내가 운영하는 스파는 대부분 체형을 개선시키고 체중을 줄이고 싶은 다이어트 욕구를 가진 고객이 많다. 그러한 고객들에게 내가 해줄 수 있는 첫 번째 힐링은 '결과'를 주는 일이기에 가장 효과적이라고 판단되는 장비와 프로그램을 결정하여 관리하고 있다. '스파'라는 용어가 트렌드가 되면서 한 동안 럭셔리한 인테리어와 동양적인 서비스 등이 스파의 힐링 코드로 여겨지기도 했지만 중장기적인 프로그램을 운영하는 중소 규모 에스테틱&스파에서 가장 중요하게 여겨야 할 것은 역시 고객의 구체적 요구에 대한 구체적 결과 도출이라는 것은 변함없는 나의 신념이다.

'에스테틱'과 '스파'는 본질적으로 힐링의 구조가 다르다. '스파'가 스파 본연의 힐링을 결과물로 선사하기 위해서는 장소, 인테리어, 규모, 프로그램 등이 보다 종합적이어야 한다는 결론에 도달하게 된다. '스파'의 의미는 그래서 매우 포괄적이며 전인적인 것이다. 그런 전인적인 프로그램, 즉 휘트니스, 스파 푸드, 에스테틱 등이 어우러지기에 충분한 문화적 공간적 조건을 갖추지 못한다면 모호한 힐링의 개념으로 고객을 혼돈하게 만드는 것이다.

반면 에스테틱은 규모가 클 필요도 없고 인프라가 훌륭할 필요도 없다. 반대로 전문가 그룹이 되어야 할 것이다. 스킨케어나 화장품 혹은 체형 라인 관리 등 장기적인 프로그램을 다룸에 있어 절대적인 신뢰를 바탕으로 고객을 장악하지 않으면 안 되는, 보다 초점화된 고객관리 구조를 갖는다. 이 부분을 간과하고 있는 경우가 많아 고객의 불만이 생기게 된다.

마사지나 릴랙싱 목적의 1회성 관리는 어디서든 받을 수 있으나 '주치의' 개념의 카운셀링은 아무데서나 받을 수 있는 것이 아니다.

적어도 '나의 에스테티션', '나를 맡아 관리해주는 에스테티션'이라는 말을 들어야 하지 않겠는가. 나는 외국인 고객들이 'my aesthetician'이라는 단어를 사용하며 자신의 스킨케어 히스토리를 이야기할 때 '바로 이것이구나!' 하고 깨닫게 되었다. 우리는 주치의처럼 언제 어디서나 상담을 해줄 수 있는 스킨케어 조력자가 되어야 할 것이다. 우리의 책임을 무겁게 느껴야 할 것이다.

02

고객의 마음을 움직이는 비밀 병기, 라뽀

들어주기만 하고 공감하고 인정만 해주어도 사람은
하나가 되는 일치감을 맛볼 수 있다.

∴ 감정이입이 되는 친밀한 관계, 라뽀(rapport)

내게는 변호사이자 정치인을 남편으로 둔 고객이 한 분 있는데, 10년 이상 인연을 이어오고 있는 소중한 고객이시다. 선거철에 남편이 공천을 못 받아 의기소침해 계신 고객이 내게 "원장님은 ***당이지? 그럴거 같아"라고 하시는 거다. 나는 그녀의 마음을 알기에 "무슨 말씀을요. 우리 고객님 서운하게 하는 당은 전 절대 지지 안 합니다."라고 단호하게 말씀드렸다. 아이컨택을 하며 손을 맞잡아 드렸더니, 그분은 눈물까지 보이시며 감동하시는 모습을 보였다. 그 순간 나도 뭉클함을 느꼈다. '이런 게 가족이구나, 오래된 단골 고객과의 라뽀(rapport)는 이런 것이구나'를 몸소 느낀 순간이었다.

rapport는 본래 관계를 의미하는 불어이다. 관계는 관계인데 친밀하고 특별한 관계인 것이다. 유사성, 공통점이라는 뜻도 있다. 정신분석학 용어로 두 사람 이상의 관계에서 발생하는 조화로운 일치감, 즉 공감적이며 상호 반응적인 상태를 나타내는 용어이다. 메즈머 (Mesmer, 1965)는 18세기의 물리학에서 이 말을 따왔다. 그는 자신의 실험에서, 사람들은 서로에 대한 접촉을 통해서 우주로부터 나오는 에너지를 다른 사람에게 전달한다는 결론에 도달했고 이 에너지를 친밀 관계라고 불렀다.

고객이 문을 열고 들어오는 순간부터 나가는 순간까지 고객을 판매의 대상으로만 본다면 이런 공감의 rapport는 형성될 수 없다. 예전 같으면 고객이 스파의 판매 흐름을 잘 몰라 일방적인 판매가 가능할 수 있었겠으나 고객이 모든 정보를 가지고 있고 권력을 가지고 있는 현재 상황에서는 이러한 공감 능력 없이는 판매가 어렵고 그 판매의 유지도 어렵다.

가격이 저렴하거나 일회성의 물품을 판매하는 사람은 자연스럽게 당당해질 수 있다. 반대로 가치가 높은 무형의 상품이자, 특히 10회, 20회 권과 같이 물품을 선판매해야 하는 우리 같은 업종의 사람들은 자연스럽게 부담을 갖게 된다. 그 부담이 오히려 경직된 자세와 고압적이고 부당한 모습으로 비추어질 수 있다는 점이 안타깝다.

정신과 의사나 주치의 앞에서 자신의 고민을 이야기하듯이 고객이 우리에게 자신의 얘기를 할 수 있게 되려면 라뽀가 형성되어야 하는데, 내가 고객에게 무엇을 팔려고 하는 심리상태에서는 어려운 일이다. 감정의 이입이 되어야 하는데 상담하는 사람은 판매하려는 사람에게 반사적으로 방어 심리를 갖게 되기 때문이다. 판매가 기술이며 예술이라고 까지 하는 이유는 공감대를 형성하여 이 방어 심리를 무장해제시켜야 하기 때문이다.

그러나 스파나 에스테틱에서의 판매는 한 가지 큰 강점이 있다. 테라피스트로서의 판매는 1:1로 마주보고 있는 것보다 훨씬 장악력을 가지게 된다. 주로 고객이 벗고 누워 있는 바디워크 상태이거나 누워 있는 상태에서 위에서 내가 내려다보는 상황이기 때문에 충분히 주도권을 잡고 고객을 장악할 수 있는 이점이 있는 것이다.

따라서 어프로치 상태에서 고객을 마주보고 판매하는 것보다 관리실 내에서 관리 도중에 테라피스트의 상담을 통하여 판매가 확정될 확률이 높다는 것이다. 그러니 고객이 자든 말든, 듣든 말든 나는 최선을 다하여 정보를 주고 설명하는 것이 정말 중요하지 않을 수 없다. 이 단계는 스킨십을 통해 라뽀를 형성할 수 있는 중요한 과정이다.

∴ 고객의 마음을 얻는 공감의 소통 방법

선천적으로 라뽀 형성을 잘 하는 사람도 있겠지만 이것도 결국은 훈련에 의해 만들어지는 능력이다. 고객의 마음을 얻는 공감의 소통 방법 3가지를 소개해 보겠다.

_경청

듣고자 한다면 들릴 것이고, 말하고자 한다면 들을 수 없다. 코칭의 미학을 적용하여 경청에 집중한다. 공감의 경청은 아이컨택으로부터 음성, 말의 속도까지 모두 고려되어야 한다. 공감할 때 눈의 표정은 너무 중요하고 고객을 끄덕이거나 미소 짓는 것까지 모두가 하나의 언어가 될 것이다. 경청을 위해서는 반드시 상담자가 넓은 영역대의 주파수를 가져야 한다. 감정과 이성의 주파수가 넓어야 고객이 이해받는다는 느낌을 갖게 된다. 이 때문에 우리는 끊임없이 공부하고 노력해야 하는 것이다. 넓은 주파수를 갖기 위해서는 인간 심리에 대한 폭넓은 이해가 필요하다.

_아이컨택(eye-contact), 피할 수 없는 진실의 순간

따뜻한 시선을 타인에게 보내는 연습은 반드시 필요하다. 서양인들에게서 태도는 자유로워도 눈빛이 친절하고 따뜻한 경우를 많이 본다. 지극히 개인적인 성향의 사람들이지만 어릴 때부터 모든 세상의 중심이 '사람'이라는 것을 배웠으므로 언제나 타인을 향한 시선이 따뜻한 것이다. 우리나라 사람들이 눈을 똑바로 보지 못하거나 똑바로 보면 도전이라 생각하는 것은 어릴 적부터 개인보다는 단체를 중시하고 주변을 살피는 연습이 잘 되어 있어 그렇다. 1:1로 마주하여 진실의 순간을 맞게 되는 세일즈에서 동양인보다 서양인이 강한 이유가 여기에 있다고 본다.

이와 관련하여 아주 재미있는 통계가 있어 소개하고자 한다. 뷰티숍, 스파, 네일바, 헤어숍 중 어느 곳에서 소비자 판매가 가장 잘 될까? 특별한 교육도 받지 않고 특히 세일즈 교육이 전무하다는 네일바에서 단위당 매출이 가장 크다는 통계가 있다. 공급하는 상품 가격은 가장 저렴한 데도 불구하고 네일케어리스트 한 사람당 많게는 하루에 기백만 원의 판매를 한다는 것이다.

네일 바를 방문해서 페디큐어나 네일케어를 받아 본 사람은 그 흐름을 잘 알 것이다. 네일케어리스트는 시종 일관 고객의 손톱과 발톱과 씨름한다. 눈을 마주치고 말을 할 수도 없다. 목이 좋은 곳은 대기 고객이 많아 고객을 설득할 시간적 여유도 없다. 그런데도 판매가 잘 된다? 물론 상품 가격이 저렴한 편이어서 소비자의 '주워담기' 소비가 잘 이루어 질 수 있다는 점을 감안해야 하지만, 어찌되었든 아이컨택이 없이 끊임없이 정보를 주고 있는 것이다.

내가 주어야 할 정보를 밀착된 거리에서 끊임없이 주되, 아이컨택이 없다 보니 판매하는 사람은 부담스럽지 않은 것이다. 바로 '듣든 말든, 사든 말든, 나는 내 할 일을 하는' 판매의 가장 기본 원칙이 지켜지고 있는 현장인 것이다.

_공감(empathy)

머리로 이해하는 것이 아닌 감정이입으로 상대방과 소통하는 상태를 의미하는 empathy는 명확한 rapport 형성의 기본이라 할 수 있겠다. 이러한 공감의 능력은 아무나 가질 수 없는 것이며 꾸준한 노력과 경험으로 얻어지는 능력이다. 마음을 맞추고 눈을 맞추려는 노력을 통해 얻어낼 수 있을 것이다.

일례로 고객이 상을 당했다고 문자나 전화로 전해온다고 해보자. 이럴 때 바로 어떤 반응을 하겠는가? 바디랭귀지로 표현하는 여러 형태의 감정 표현 중에 손을 맞잡는다거나 허그를 하는 등의 표현이 아주 좋을 수 있으나, 전화나 문자로 이런 메시지를 받을 경우 참으로 공감의 감정을 전달하기 쉽지 않다. SNS나 카카오톡 등을 고객관리에 많이 사용하는 요즈음, 다정하고 따뜻한 감정을 몇 줄 메시지에 담아 전달한다는 것은 생각처럼 쉽지가 않다. 실제로 이모티콘을 잘못 사용하거나, 부적합한 말투를 사용한 메시지가 화를 불러일으키는 경우를 많이 보기에 특별히 조심해야 할 사항이 아닐 수 없다.

공감의 댓글, 공감의 메시지도 연습이 필요한 것이다. 그러나 가장 중요한 것은 마음이 있는 곳에 사랑의 몸짓과 말이 있다는 것이다. 마음이 있어야 공손하게 고개를 숙이게 되고, 마음이 있어야 따뜻한 눈빛이 나오는 것임을 알아야 한다.

결국 세일즈도 '사람'이 중심이고, '마음'이 먼저인 세상이기 때문이다.

03

글로벌 뷰티 시대, 영어로 상담하기

더 이상 미룰 수 없는 글로벌 시대의 핵심 역량,
'영어'이다.

∴ 영어로 상담하는 글로벌 뷰티 센터를 준비하자

에스테틱을 포함하는 스파가 웰빙과 웰-에이징의 중심이 되면서 스파산업은 부지불식간에 글로벌한 산업이 되었다. 태국 같은 나라처럼 전 국민의 마사지 테라피스트화를 정책적으로 하지 않더라도 외국인이 국내의 스파나 에스테틱을 찾는 경우가 늘고 있으며, 미용관광이 성행하고 있다. 뿐만 아니라 주한 외국인들이 장기 프로그램을 받는 경우도 많다. 내가 운영하는 에스테틱&스파만 해도 장기 슬리밍 프로그램을 받고 있는 주한 외국인이 꽤 있다. 대부분 인터넷 구글 검색으로 찾아오기 때문에 facebook이나 워드프레스 형태의 홈페이지에 영어로 소개를 해놓는 것이 매우 중요할 정도가 되었다.

현재 뷰티산업은 주한 외국인에게는 삶의 질을 향상시켜주는 서비스 산업이며 아울러서 외국투자 자본을 국내 내수기반 산업으로 전환하여 활용할 수 있는 좋은 산업임에 틀림없다. 또한 직접적인 소비자의 욕구를 충족시키는 생산 산업의 분야로 구분할 수 있어 국제화 시대에 발맞추어 단기간에 확장시킬 수 있는 국가 성장 동력이 되기도 한다.

뷰티산업은 미래 전략사업으로 중요성이 강조되기도 한다. 우선 뷰티산업의 특징과 주목 받을 수 있는 요소들을 생각해 보자. 첫 번째는 현대사회가 과거와는 달리 웰빙과 감성 소비적 성향이 강한 소비 트렌드로 이동하고 있으므로 뷰티산업은 그 중심에 있는 신성장 현대화 산업 분야라 할 수 있다. 두 번째는 국가적 차원에서 장려되는 관광개발이라든지 수출 산업적 콘텐츠 개발과 같이 뷰티산업은 국제 성장 잠재력 보유산업이라 할 수 있다. 세 번째는 국내외 고용 창출 효과가 큰 서비스 산업이라 할 수 있다.

최근 정부시책 중 일자리 창출과 여성인력 활성화라는 두 가지의 문제점들을 손쉽게 해결할 수 있는 좋은 산업이라는 것 또한 뷰티산업의 장점이라 할 수 있다. 네 번째는 비교적 대외 의존도가 낮은 산업으로서 물적 자원이 부족한 대한민국으로서는 인적자원의 개발 산업 중 중요한 위치를 점유하고 있다는 것이다.

여기서 소개하는 예문들은 독자들이 읽어보고 자신에게 해당하는 영어 문장으로 바꿔 사용할 수 있도록 작성되었다. 상황은 크게 3가지 유형으로 최초 전화안내 및 예약접수, 관리하는 동안 일어날 수 있는 일반적인 상황, 계산과 더불어서 마지막 고객을 마무리하는 부분으로 나누어 실용적 영어의 표현 방법을 제시하였다. 또한 한 가지

의미를 전달하는데 많은 표현방법이 있으므로 될 수 있으면 다양한 표현의 방법을 예시했으며, 동시에 가능한 가장 간결한 표현법을 제시하였다. 따라서 독자들은 관련된 내용을 종합적으로 판단하고 본인이 사용 가능한 상황에 맞게 조합하여 외국인 고객을 상대로 한 영어 문장을 익히고 숙달한다면 많은 도움이 될 것이다.

영어를 절대 틀리지 않고 말할 필요는 없다. 일상 속에서 예의에 벗어나지 않게 편안하게 의사소통을 하는 것이 중요한 것이지 문법적으로 좀 틀리더라도 당황할 필요가 없다고 생각한다. 편안한 마음으로 다양한 표현을 연습하고 시도해보는 것이 좋다. 무엇보다 우리는 touch로 touch(감동)를 제공하는 테라피스트이기 때문이다.

∴ 전화 안내 및 예약 접수

"00 Beauty shop(spa), good mornig?" (안녕하세요! 00입니다.)

뷰티산업 특성상 전화 예약이나 응대해야 할 상황이 자주 등장한다. 특히, 외국인이 전화를 통해 영어를 사용한다면 당황하게 되고 전화를 끊어 버리는 실수를 범하기가 쉽다. 대화가 가능하든 그렇지 않든 간에 전화를 일방적으로 끊는다는 것은 너무 예의 없는 행위이므로 최초 전화 응대로 "안녕하세요! 여기는 어디입니다" 정도의 표현을 익혀두고 사용할 수 있어야 한다. "This is~"라는 표현은 여기라는 의미로도 사용 가능하며 일상적으로 쓰이는 표현법이긴 하나 This is를 붙이지 않고 상호만 얘기하고 뒤에 인사를 붙이는 경우가 더 많다.

"How may(can) I help you?" (무엇을 도와드릴까요?)

이어서 "무엇을 도와드릴까요?"는 기본적인 전화 예절의 하나이며 서비스업을 하고 있는 우리는 상냥하고도 명쾌하게 발음하는 것이 중요하다. 간혹 "What can I do for you?"라는 식의 표현을 쓰는데, 이는 다소 어색한 표현이다. "How can"으로 시작하는 문장이 일상적이라면 May로 시작하는 문장은 좀 더 정중한 표현이라고 할 수 있다.

"I would like(want) to make an appointment." (예약을 하고 싶은데요.)

Can I make appointment now?

영어를 모국어로 사용하는 사람들은 "would like to do" 라는 표현을 많이 사용한다. 한국어로는 "하고 싶어요", "해 주세요" 정도로 번역하는 것이 자연스럽다. 좀 더 편한 언어로 대신해서 표현할 수 있는 것은 "want to do"이거나 "Be going to do" 정도일 것이다. 통상 전화는 예약을 위한 질문의 형식이 많을 것이다. 따라서 이 정도의 표현 방법을 귀에 익혀 두는 것이 좋을 듯하다.

"May I have your name please?" (성함을 말씀해 주시겠습니까?)

예약을 위한 첫 번째 질문은 이름을 물어보고 예약 접수를 진행하는 것이 일상적이다. 따라서 "What is your name?" 보다는 "Could(May) I have your name please?"라는 표현이 좀 더 예절 바르고 정중한 느낌의 영어식 표현이다. 서비스업의 특성상 예절에 중심을 두고 사용하기 바란다.

"How does it spell?" (영문자 표기가 어떻게 됩니까?)

Would you spell your name please?

C–h–r(r is as Robert, isn't it?)–i–s–t–i–n–a, Right?

영어식 표현에서 발음이 대단히 중요하다는 사실은 누구나 알고 있다. 특히 이름을 질문하거나 확인하고자 할 때는 영문 철자 역시 대단히 중요하다. 영어를 사용하는 대부분의 사람들도 반드시 이름과 더불어서 철자를 반복해 물어보는 습관이 있다. 이런 경우에 간단하게 이름을 물어보고 난 이후, "How do you spell your name?" 이라고 말하면 상대방은 영문 알파벳을 얘기할 것이다. 하지만 영문 철자를 발음하기 어렵거나 혼돈스러운 발음이 예상될 때 즉, L sound 나 R sound 그리고 P sound나 F sound 같은 것들은 영문 철자의 구분이 반드시 필요하다. 따라서 그들은 "r is as Robert"와 같은 표현을 자주 사용한다. 이는 우리나라에서도 흔히 볼 수 있듯이 "한국 할 때 한입니다"와 같은 의미인 것이다. 그리고 마지막 "doesn't or isn't it?" 정도의 표현은 직원이 고객의 영문 철자를 물어본 후, "그렇지 않습니까?" 라는 의미로 말하는 일상적인 표현 방법이다.

"Hold on, please!" (잠깐만 기다려 주세요.)

Would you mind holding please?

서비스 업무를 진행하다 보면 "잠깐만 기다려 주시겠습니까?"라는 표현을 자주 사용하게 된다. 영어 표현은 위에서 보는 "Hold on, please!" 정도인데 여러 가지 표현 방법이 있다. 예를 들어 "Give me a second please! / One second please!" 정도로 대신 할 수도 있다. 여기서 반드시 착안해야 할 사항은 "Please"를 붙여야 한다는 것이다. 모든 문장에 Please를 붙이는 것은 정중한 표현으로서 서비스업을 하는 사람으로서 기본일 것이다.

"Please try to understand. My English is not that good. Please speak slowly and be patient with me. Thank you."
(영어가 서툴러 죄송합니다. 조금 천천히 말씀해 주시면 감사하겠습니다.)

사실 뷰티산업에 종사하는 사람들이 영어적 표현을 많이 알 수는 없다. 따라서 잘은 못 하지만 노력하는 모습이 그들에게 감동을 줄 수 있다. 그러나 잘 하지 못하는 영어임에도 불구하고 실수의 말을 한다거나 문화적으로 맞지 않는 표현을 사용한다면 이는 더 큰 실수로 이어질 수 있으므로 핵심적인 대화 이전에 "영어를 잘 못한다"는 양해를 구하는 것이 예의에 어긋나지 않을 것이다. 위의 표현들은 그런 상황에 맞는 문장들이다.

"But I will try to help you as best as I can." (하지만 최선을 다해 당신을 돕겠습니다.)

But I will try my best to help you. Please be patient with me.

하지만 무턱대고 못 한다는 표현보다는 "그렇지만 노력해 보겠습니다" 정도의 표현을 함으로써 좀 더 신뢰감을 주고 노력하는 모습을 보이는 것이 좋다. 따라서 위의 예문에 바로 이어서 "But I will try to help you as best as I can."(하지만 최선을 다해 당신을 돕겠습니다)이라는 표현을 해 주는 것이 좋다.

"When do you want to make appointment? (예약을 언제로 잡아 드릴까요?)

When would you like to make an appointment?

When is the best time for you?

When would you like to come in?

지금부터는 예약에 대한 영어 사용을 소개하겠다. 통상 예약은 '언제'가 가장 중요한 요소이다. 일반적으로 "When do you want to make appointment?"라는 표현을 사용한다. 그러나 상황에 따라서 여러 가지의 질문의 형태를 추가 적용해 볼 수 있다. 예를 들어서 When will you make reservation? 정도이다.

"I want to make my appointment on this Friday."

(이번 주 금요일에 예약을 희망합니다.)

If possible, I want to make an appointment(reservation) on this Friday?

(June 25th, Friday / on Saturday in this weekend / on Friday in next week)

위의 문장대로라면 고객은 반드시 날을 지정하거나 언제가 가능한지 물을 것이다. 이때 자주 사용하는 것 중 하나가 "I want to make an appointment on Friday this week."이다. 이 문장에서 시기는 바꿔서 쓰일 수 있기 때문에 표현법을 잘 익혀두는 것이 좋겠다. 이런 형식에서 중요한 요소가 전치사이다. 예를 들어 '요일은 on'을 사용하고 주는 'in'을 사용한다. 또한 정확한 날짜를 지목하고자 할 경우에는 'at'을 사용한다는 것 정도는 알아두자.

"I am sorry we are booked this week. But any day next week in the morning would be great." (이번 주는 예약이 어렵습니다. 그러나 다음 주에는 아침시간에 언제든지 가능합니다.)

"Does it work for you? How about next Friday at 10 o'clock?" (어떻게 생각하십니까? 다음 주 금요일 오전 10시는 어떻습니까?)

"I made it on Friday in this week." (이번 주 금요일에 예약을 잡아드렸습니다.)

Your appointment is set for next Friday at 10 o'clock.

You are reserved for next Friday at 10 o'clock.

그러나 예약은 서로 간의 시간을 잘 맞춰야 하므로 많은 어려움이 따른다. 따라서 위와 같은 표현들이 필요하다. 즉, 예약이 어렵다는 표현과 다음 주로 넘기는 정도의 표현, 우리의 스케줄에 고객이 맞출 수 있도록 하는 표현 등이다. 잘 익혀두면 실수 없이 예약을 잡을 수 있고 보다 합리적이고 실현 가능한 스케줄을 정리할 수 있을 것이다.

"How do I get there?" (거기에 어떻게 가야 합니까?)

예약이 끝나거나 예약한 외국인 고객이 방문하기 위해 길을 물어보는 경우를 예측해 볼 수 있다. 통상 "How to go there? / How to get there?" 둘 중 하나는 일반적인 질문 형태이다. "How to"라는 관용적 표현 뒤에 동사를 활용하여 자유롭게 표현할 수 있다.

"Do you know where the 00 subway station is? You have to get off at 00 subway station. And then to look for the 0th gate and exit from the 0th gate. (00역이 어디인줄 아십니까? 먼저 00 역에서 내리셔서 0번 출구를 찾아 나오십시오.)

"When you go outside, you have to take turn left at the first corner." (나오셔서 첫 번째 좌측 코너에서 좌회전하십시오.)

When you get outside, please make a left turn at the corner.

"Just go straight about 100m! You can find the 'The name of brand' on the right." (100미터 정도 곧장 걸어오십시오. 오른쪽에 '특정한 지형지물'을 보실 수 있습니다.)

"When you see that you have to turn right at the first corner and then make a right turn again. Finally, You can find us. Then you will see 00 Beauty." (첫 번째 코너에서 오른쪽으로 회전하시고, 다시 한 번 오른 방향으로 회전하십시오. 그러시면 우리를 찾으실 수 있습니다.)

전화상으로 길을 안내하는 것은 쉽지가 않다. 그러나 몇 가지의 표현을 알고 익히면 생각보다는 어렵지 않고 쉽게 접근이 가능하다. 특징적인 몇 가지는 반드시 알아두어야 한다. "Do you know Where it is? / You have to get off from subway train. / find the place. / take turn left at the first corner. / go straight about 100m! / You can find the 'The name of brand' on the right. / You can find us." 정도만 알면 긴요하고 쉽게 사용할 수 있을 것이다. 우리나라는 지하철이 잘 발달되어 있기 때문에 지하철을 중심으로 설명하기가 쉬울 것이다. 대부분

실용영어라는 것은 문법중심이 아닌 몇 가지의 단어를 가지고 이루어지는 말들이다. 통상 미국에서는 20가지의 동사와 100가지의 명사만으로 하루에 일상생활의 영어를 모두 소화한다고 한다. 따라서 영어의 실용적 측면을 고려하여 좀 더 단순화 할 필요가 있다.

"Anything else you would like to know?" (또 다른 궁금하신 점이 있습니까?)

Is there anything you would like us to help?

"See you 00/00!" (그날 뵙겠습니다.)

마지막은 다른 궁금증은 없는지를 확인하고 그때 뵙겠다는 인사말을 할 수 있으면 족하다. 아울러 "Do you need another information?"이나 "Do you have any questions?" 정도를 함께 사용하는 것 또한 가능하며 예약한 날에 만날 것을 강조하는 "See you then." 또는 "See you on Friday next week."처럼 정확한 날짜를 언급하여 고객에게 상기시켜 주는 것 또한 바람직하다.

∴ 스파에서의 고객 응대

"Yes, Can I help you?" (안녕하세요. 무엇을 도와드릴까요?)

May I help you ? What can I do for you ?

고객과의 첫 만남은 고객이 문을 열고 들어올 때, 인사를 하는 것으로 시작된다. 이때 주의할 점은 보다 전문적이고 예의를 갖춘 인사와 "무엇을 도와드릴까요."라는 표현을 동시에 사용한다는 것이다. 즉, Yes는 "당신을 환영합니다."라는 표현과 더불어 고객을 인지하고 접근하려는 관심의 표현이다. 또한 구체적으로 고객의 말을 유도하기 위해 "Can I help you? / May I help you? / What can I do for you?" 등을 사용할 수 있으나 첫 번째의 문구는 지극히 평범한 사용의 표현이라면 두 번째 문구는 좀 더 예절 바르고 정중한 표현이라고 할 수 있다. 마지막 문장은 자주 사용되는 문장은 아니지만 고객이 먼저 말을 건네올 때 상황에 따라서 사용 가능한 문장이다.

"Hi! I booked an appointment last Friday. (지난 금요일 예약했는데요.)

I made a reservation last Friday.

"Could you check up the list of my appointment?" (제가 예약한 것을 확인해 주세요.)

Can you confirm my reservation or my appointment?

방문한 고객이 먼저 말을 시작할 경우에는 예약에 대한 내용일 것이다. 외국은 특히 예약제도가 활성화되어 있어서 예약 후 방문하는 경우가 대부분이다. 이때 자주 사용되는 표현이 "I made appointment. / Could you check up the list at my appointment?"이다. 예약이라는 단어는 appointment 또는 reservation이라는 표현을 모두 사용하는데 appointment가 병원과 같이 전문성이 강조되는 곳에서 사용되는 반면, reservation은 호텔과 같이 즐거움을 주는 곳을 예약할 때 사용된다. 하지만 서비스업에 있어서 두 표현 모두 사용하는데 문제가 없다.

"Of course! Ma'am, Give me a second Please!" (물론입니다, 잠시만 기다려 주세요.)

"Could I have your name please?" (이름을 말씀해 주시겠어요?)

May I have your name please?

고객이 먼저 예약 여부를 물어오면 당연히 직원은 예약을 확인해야 할 것이다. 이때 잠시 기다려 달라는 겸손의 표현과 더불어 예약을 확인하기 위해 이름을 물어보는 과정이 필요하다. 이때 Ma'am과 같은 극존칭을 사용하는 것이 바람직하다.

"Would(could) you please fill up(in, out) this form/paper/sheet?" (이 양식을 작성해 주시겠습니까?)

Would you please fill out the form?

"Following the each questions and Writing on space below the box." (밑에 양식에 따라서 작성해 주세요.)

Please answer questions as best as you can and return it to me.

또한 고객을 위한 설문지 및 신체 상태를 확인하기 위한 양식을 작성하게 하는 경우가 종종 있는데 특히 외국인이 고객으로서 방문할 경우에는 미리 영문으로 작성된 양식을 준비해 두었다가 활용하는 편이 좀 더 편리하다. 따라서 "양식을 작성해 주십시오."라는 표현 정도는 익혀두는 것이 바람직하다.(양식은 이하 첨부)

"Follow me(Come over here), please!"(저를 따라와 주시겠습니까?)
Please follow me!
Keep following me, please.

영어적 표현 능력이 부족한 대부분의 직원들은 몸과 행동으로 의사 표현을 하게 된다. 이때 가장 손쉽게 따라할 수 있도록 하는 표현 중 대표적인 것이 "Follow me(Come over here!), please! / Keep following, please!"라는 표현 방법이다.
이때 Please를 동반하지 않으면 자칫 불손하게 보일 수 있으니 유의해야 한다.

"Lie down(Relax yourself) straight on the bed, please!" (준비된 베드에 똑바로 누워주세요.)
"Please lie down on your side." (옆으로 누워주세요.)
"Lie on your face, please!" (앞으로 누워주세요)
Please turn your face down. (엎드려 주세요)
"Turn your body to the other side!"(바꿔 누워 주시겠습니까?)
Please turn your body to your right or left side.

관리를 시작하기 직전, 통상 베드로 안내하여 눕도록 해야 하는 상황이 만들어진다. 대표적으로 관리 도중 사용되는 표현들을 모아 가장 단순하게 표현하는 방법이다. 특히 "누우세요, 옆으로 누워주세요, 앞으로 누워주세요. 반대방향으로 돌아누워 주세요" 등 관리의 형태와 분류에 따라서 많은 주문을 해야 할지도 모른다. 따라서 가장 단순한 표현 방법을 쓰는 것이 좋다.

"From now on, let me start!" (지금부터 서비스를 시작하겠습니다.)
If you are ready, I am going to start(the treatment) now.

우리가 일상적으로 관리를 시작하기 전, 따라서 고객의 신체 부위에 손대기 전에 "시작하겠습니다."라는 얘기가 필요하다. 외국인 고객 역시 준비가 안 되어 있는 상태에서 시작한다는 말도 없이 시작하면 당혹스러울 것이기 때문이다.

"Would you like to pay by cash or credit card?" (현금과 카드 중 어느 것으로 지불하시겠습니까?)

"It's 120,000won." (12만 원입니다.)

"I'm sorry this credit card is not working! Do you have another card?"(고객님의 카드가 안 됩니다. 다른 카드가 있으세요?)

"I hope to see you soon!" (다시 한 번 찾아주시면 감사하겠습니다.)

"Please take care! Good luck!" (안녕히 가세요!)

일반적으로 마지막은 계산과 더불어서 이뤄지는 대화들이 대부분이다. 최근에는 Visa나 Master카드가 대중화되어서 외국인의 카드 사용이 일상적이다. 카드 결제는 평상시와 같은 방법으로 진행하면 된다.
또한 한화를 현금으로 지불하는 경우에도 동일한 표현을 쓰면 된다.

다음은 앞서 제시한 문장과 같은 의미이나, 다른 표현 방법들을 제시하여 좀 더 편히 선택하여 사용할 수 있도록 예문 형식으로 작성한 것이다.

안녕하세요!
"Yes! Can I help you? / May I help you?"

이쪽(저쪽)으로 앉으세요.
"Sit over here, please! / Sit over there, please! / Would you like to sit over there please?"

녹차나 커피 드시겠어요.
"Would you like something to drink? green tea or coffee?"

예약 잡아드릴까요? 아니면 지금 관리를 원하십니까?
"Are you here to make a reservation or to get a treatment now?"

어떤 종류의 서비스를 원하십니까?
"What kind of service would you like to have?"

얼굴은 한 시간 정도, 몸 전체는 1시간 30분 정도 걸립니다.

"The facial will take about an hour and full body treatment will take about 1 hour and a half."

금액은 10만 원입니다.

"That will be 100,000 won. / It will cost you 100,000 won."

안내해 드리겠습니다. 이쪽으로 오세요.

"Please follow me this way!" (손으로 가리키면서)

탈의를 하시고 가운으로 갈아입으세요.

"Please, take off your clothes and change to this gown."

화장실은 이쪽입니다.

"Restroom is over there."

샤워실은 이쪽입니다.

"The shower room is right there."

베드에 누우세요.

"Lie down on the bed, please!"

지금부터 시작하겠습니다.

"From now on, I'll get it started. / If you are ready, I will start the treatment."

당신에게 서비스를 제공할 (누구)입니다.

"I'm (이름) the therapist. I am going to service to you. / I am (이름) the therapist. I am going to give you a facial(body) treatment today."

최선을 다해 모시겠습니다.

"I will serve you best as I can. / I will serve you my best."

실내 온도는 괜찮으신가요?

"Is the condition (temperature) of this room fine? / Is room temperature ok? / Is it comfortable?"

아프진 않으세요?

"Are you hurt? / Is it too rough? / Does it hurt?"

앞으로 엎드려 누워주세요!

"Lay forward, Please! / Please lie down on your stomach / Face down please!"

옆으로 누워주세요.

"Please lie down on the side!"

일어나세요!

"Would you please get up?"

근육이 많이 경직되셨네요.

"Your muscle is very tight."

많이(잘) 풀리셨습니다.

"Your face(shoulders) slackened well. / Are you relaxed? / Your muscle got relaxed?"

피로가 많이 풀리셨나요? 기분이 좋아지셨나요?

"Did you rest well? / Are you all relaxed? / How are you feeling? / How was it? / How was the treatment?"

좀 더 쉬시겠습니까?

"Would you like to rest little longer?"

좋은 여행 되세요.

"Have a good trip!"

다음에 꼭 찾아주세요.

"I hope see you again! / Hope to see you soon! / I am looking forward to seeing you soon!"

만나 뵙게 되어 감사합니다.

"It was pleasure to have you with us!"

고객작성용 영문양식 (#1 : 고객정보)

Information			
성 명 (Name)		생년월일 (Birth date)	
주 소 (Address)		이메일주소 (E-mail Address)	
휴대전화 (Cell phone)		혈액형 (Blood Type)	
결혼유무 (Married / Single)		남녀성별 (Gender)	
마지막 출산일 (If you married, Fill out date of last delivery)		최초 방문일 (First visit day)	
Test for Skin			
01. 피부성 알러지 (Skin allergies)			
02. 세안습관 (Washing habits)			
03. 관리경험 (Any therapy experiences)			
04. 피부과 진료경험 (Any Dermatology care experiences)			
05. 수면상태 (Status of sleep)			
06. 현 피부상태 (Skin Condition)			
07. 본인이 생각하는 피부의 문제점 (Do you have any trouble with your skin?)			

Check List		
01. 예민도 (Sensitivity)		
02. 피지의 분비 (Amount of sebum secretion)		
03. 각질의 상태 (Keratin status)		
04. 수분함유도 (Moisture level)		
05. 탄력상태 (Elasticity)		
06. 주름 (Wrinkle)		
07. 여드름 (Pimple)		
08. 모공크기 (Size of pore)		
09. 피부의 두께 (Skin thickness)		
10. 노화정도 (Degree of aging)		
11. 과 색소 (Pigmentation)		
12. 혈액순환 (Circulation of the blood)		
13. 자외선 민감도(Sensitivity from ultraviolet rays)		

고객작성용 영문양식 (#2 : 신체정보)

Body		
1. 비만부위 (Obesity site) 셀룰라이트 부위 (cellutite site)		
2. 다이어트 경험 (Diet experiences)		
3. 체형관리 경험 (Have you ever gotten body management?)		
4. 변비 / 식사습관 (Constipation and your eating habits)		
5. 유전적 요인 (Any genetic factor of obesity?)		

Health		
1. 복용하는 약 (Are you taking any medication?)		
2. 운동량 (Quantity of exercise)		
3. 생리주기 (Menstruation cycle)		
4. 병력사항 (Your medical history)		
5. 콘텍트렌즈 (Do you use contact lenses?)		
6. 현재 건강상태 (How's your health condition?)		
7. 피임여부 (Have you ever had contraceptives?)		
8. 비만이 된 시기 (Date when you became obesity)		
9. 관리 / 비만 클리닉 경력 (Have you ever gotten treatment or obesity clinic?)		

∴ 트리트먼트 상담

최근 구글 검색을 통해 내가 운영하는 스파에 상담을 온 미국인 부부는 안티 셀룰라이트 슬리밍 관리를 받으면서 자세한 상담을 원하며 나를 괴롭혔다. 개념과 효과를 설명하는데 있어 테라피가 정리된 것이 없어 다음과 같은 내용을 정리하게 되었다. 언제나 고객을 통해 배운다. 일반적인 스킨케어나 화장품에 대한 설명이 아니라 각각의 트리트먼트나 마사지에 대한 영어 상담 자료이다.

_What's on the spa menu?

Read a brief history about the origins of spa and massage therapy, then scroll down for introductions to a wide range of spa, massage and other alternative health modalities and techniques.

_A brief history of Spa.

Although the proliferation of spas in recent years might lead one to think that they are a recent development of the 20th century, the earliest spas(baths) date back several thousand years to various civilizations, including Mesopotamia, Egypt and ancient Greece. But it was during the time of the Roman Empire that baths began making the transformations that would eventually lay the groundwork for the spas. we have come to know today. There are several

280 뷰티 마케팅 인문학으로 하라

theories suggesting how the word 'sp' came into being, including the Latin word 'espa', meaning fountain, or the word 'spagere', meaning bubble up, to scatter, sprinkle or moisten. Other possible origins include 'Salus Per Aquam', Latin for health by water; 'Solus Per Aqua', meaning to enter through water; 'Salut Per Aqua', Latin for health or relaxation through water; and 'Sanitas Per Aquas', for health through water. Initially, the Romans used natural hot springs and thermal baths as a means of health and wellness, initially for the benefit of wounded soldiers. Over time, however, thermal and mineral baths evolved into elaborate structures, used for socializing and relaxation, as well as continued medical treatment. Today, spas fill many of the same needs as they did thousands of years ago, including relaxation, wellness and stress relief by incorporating many of the same methods embraced by the ancients such as a multitude of hydrotherapy treatments, body scrubs and massage therapy, one of the most widely used spa treatments.

_Who's the Esthetician ?

The specialist highly trained in the care and healthy management of the skin. In a spa setting, esthetician provides various skin treatments primarily on the face, neck, back and whole body.

_What most likely is the talk being given to Massage Therapy?

Massage therapy is recognized as one of the oldest methods of healing, with references in medical texts nearly 4,000 years old. In fact, Hippocrates, known as the 'father of medicine', referenced massage when he wrote, in the 4th century B.C.:

'The physician must be acquainted with many things, and assuredly with rubbing.'

Now days, in addition to 'rubbing', massage therapy, often referred to as bodywork or somatic therapy, refers to the application of various techniques to the muscular structure and soft tissues of the body that include applying fixed or movable pressure, holding, vibration, rocking, friction, kneading and compression using primarily the hands, although massage therapists do use other areas of the body, such as the forearms, elbows or feet. All of the techniques are used for the benefit of the musculoskeletal, circulatory-lymphatic, nervous, and other systems of the body. In fact, massage therapy positively influences the overall health and well-being of the client. It's physical and mental benefits include (Below down the lists)

① Relaxing the whole body

② Loosening and relieving tired, aching and tight muscles

③ Increasing flexibility and range of motion

④ Diminishing chronic pain

⑤ Calming the nervous system

⑥ Lowering blood pressure and heart rate

⑦ Enhancing skin tone

⑧ Aiding in recovery following injuries and illness

⑨ Strengthening the immune system

⑩ Reducing headaches and mental stress

⑪ Improving relaxation

⑫ Promoting restful sleep

1. CranioSacral Therapy(CST) 두개 천골요법

Cranio Sacral Therapy was developed over 20 years ago by Dr. John Upledger, while he served as a researcher and professor at Michigan State University. This gentle, hands-on technique involves the craniosacral system — a system of the body composed of membranes and cerebrospinal fluid that surrounds the brain and spinal cord. Practitioners utilize CST to loosen and release restrictions or 'blockages' in the body that can contribute to pain and dysfunction; removing such blockages improves the functioning of the central nervous system and body as a whole.

CST is effective at treating a number of problems, including pain, headaches, central nervous system disorders, chronic fatigue syndrome, stress, tension and more. Proponents of CST also claim that it aids in improving mental clarity and emotional well-being.

2. Myofascial Release(MFR) 근막이완

Myofascial release deals with the fascia, or connective tissue, of the body. The fascia is interconnected to every other part of the body, and actually helps to support the body's very structure, including the musculoskeletal system. When injury, inflammation, or physical or emotional trauma occurs, the fascia can become tight and cause pain and/or restricted range of motion. Myfascial release — as its name suggests — aims to release the fascia and return it to a state of normalcy by applying gentle pressure to the restricted areas. MFR can help with a number of conditions, including chronic pain, headaches, and stress-related illnesses. See also Soft-tissue massage, connective tissue massage.

3. Visceral Manipulation 장기이완

Visceral Manipulation seeks to correct pain and dysfunction

caused by imbalance between the organs and structures of the body. According to the Upledger Institute, 'Visceral Manipulation(VM) is a gentle hands-on therapy that works through the body's visceral system (the heart, liver, intestines and other internal organs) to locate and alleviate abnormal points of tension throughout the body. VM employs specifically placed manual forces that work to encourage the normal mobility, tone and motion of the viscera and their connective tissues. Trained practitioners use the rhythmic motions of the visceral system to evaluate how abnormal forces interplay, overlap and affect the normal body forces at work. These gentle manipulations can potentially improve the functioning of individual organs, the systems the organs function within, and the structural integrity of the entire body.'

4. Trigger-Point Therapy 통증관리(통증유발점 관리)

Trigger points are areas of soft tissue in the body characterized by local pain, tightness, and tenderness. Often trigger points develop because of referred pain, or pain from another source that has manifested itself in a trigger point. Trigger points rarely refer pain to other areas. Trigger-point therapy seeks first to identify trigger points, then apply steady, appropriate pressure to the point to 'release' it. This is usually followed by massage to the surrounding area to help treat the cause of the trigger point. Clients are encouraged to drink a lot of water following a trigger-point therapy session to flush out any toxins released when the trigger point is released.

5. Connective Tissue Massage 결합조직 마사지

Connective tissue massage is similar to myofascial release in that it involves working with the body's fascia, or soft tissue, to relieve pain, tightness, and discomfort. The idea behind connective tissue massage is that restriction in one area of the body negatively affects other areas of the body. Practitioners of this technique 'hook' their fingers into the connective tissue and utilize pulling strokes to lengthen the area. Benefits include pain reduction, tension relief, improved mobility and stress reduction. See also Soft-tissue massage.

6. Iridology 홍채학

Iridology is the study and analysis of the iris, or the colored part of the eye, which practitioners believe can reveal information about a person's overall health and/ or tendencies toward disease. Iridology is not used to diagnose; however, practitioners utilize the technique to better determine a client's health, lifestyle and nutritional needs. Iridology is used to complement other natural therapies, including massage, acupuncture and traditional Chinese medicine, homeopathy, naturopathy, and energy work, to name a few.

7. Soft-Tissue Massage 연부조직마사지

Soft-tissue massage is a generic term for any modality that is used to treat the soft tissues in the body, including muscle, fascia, and scar tissue. Common modalities used include Swedish, myofascial release, deep-tissue massage, trigger-point therapy , connective tissue massage.

8. Swedish Massage 스웨디쉬마사지

Generally regarded as the most common form of massage, Swedish massage involves a combination of five basic strokes and concentrates on the muscles and connective tissues of the body for improved circulation, relaxation, pain relief, and overall health maintenance and well-being. Swedish massage is also one of the less demanding techniques for massage therapists to practice as it usually does not involve deep-tissue work.

9. Remedial Massage(Health Training package nationally endorsed massage therapy practice in Australia)

Remedial Massage treats the body holistically, sourcing the discomfort as far as possible back to the original cause, the object of Remedial Massage is healing both the cause as well as the symptoms.

The accredited remedial massage therapist honours the professional practice protocol to bring about the specific individualized therapeutic change with clinical reasoning.

Remedial Massage therapist often work in or establish their own clinic, find work in aged care facilities or health service.

10. Prenatal Massage 임산부 산전 마사지

Prenatal, or pregnancy, massage uses gentle techniques to help alleviate some of the ailments associated with pregnancy, including lower back, neck and shoulder pain; fatigue; joint tenderness; and stretch marks. Prenatal massage can help improve circulation, promote stress reduction and relaxation, and much more. Practitioners should be well-trained in prenatal massage in order to deliver safe and effective care, and patients should check with their doctors prior to receiving treatment.

11. Lypossage 리포사지

Lypossage combines several massage modalities for the purpose of enhancing skin tone and firmness, and to combat the effects of cellulite. Lypossage is often the preferred method of treating cellulite, since it provides a noninvasive alternative to expensive cosmetic surgery. Practitioners of lypossage usually emphasize the importance of diet and exercise, as well.

12. Manual Lymph Drainage(Vodder Technique) 보더식 림프드레니지

Manual Lymph Drainage was developed in the 1930s by Danish physical therapists, Emil and Estrid Vodder. The technique consists of light, rhythmic strokes to aid lymph flow and proper fluid circulation, and help stimulate the lymph vessels to ultimately drain toxic fluids from the body. See also Lymph Drainage Therapy.

13. Lomi Lomi 로미로미

Lomi Lomi literally translated means 'rub'. It is a form of Hawaiian bodywork that developed out of the Hawaiian philosophy of Huna; that is, a belief in harmony and balance in all areas of physical and emotional health. Practitioners work intuitively with clients using their hands, elbows, and forearms to apply long, gliding strokes, rhythmic movements, and pressure. This technique is very nurturing; practitioners acknowledge that love and a pure heart is important to the process, and sometimes the session will begin with a chant or prayer. Sometimes more than one practitioner will work on different parts of a client at the same time to facilitate a feeling of wholeness — a main component of the practice.

14. Lymph Drainage Therapy(LDT)

Developed by French physician Bruno Chikly, this technique involves the application of light, rhythmic strokes to help alleviate various conditions related to the body's lymph system. Among other things, the lymph system is responsible for flushing out toxins and draining fluid, which supports a healthy immune system. When lymph circulation stagnates, however, fluid can build up and cause physical problems, such as inflammation, edemas and neuropathies. LDT enables practitioners to restore proper lymph flow by using a 'mapping' system to assess congested areas in the body, then apply gentle, pressure using the fingers and hands on these areas to reactivate proper circulation. See also Manual Lymph Drainage.

15. LPG Endermologie

Performed by a specialist, a form of massage that assists in decreasing cellulite and increasing tone and definition.

16. Deep-Tissue Massage 딥티슈마사지

Deep-tissue massage utilizes slow strokes, direct pressure or friction applied across the grain of the muscles with the fingers, thumbs or elbows. Deep-tissue massage works deeply into the muscles and connective tissue to release chronic aches and pains; its purpose is to reach the fascia beneath the surface muscles. Practitioners must have a thorough understanding of the human body and have been trained to administer deep-tissue massage, as injury can occur if the technique is not performed properly. This technique is useful in treating chronic pain, inflammation and injury.

17. Watsu 와츄

Watsu is a hydrotherapy treatment quickly gaining popularity all over the world. Watsu, which combines the words water and shiatsu, is literally shiatsu performed on clients who float in warm water. The practitioner carefully holds the client and applies gentle stretching and shiatsulike massage techniques along the back, neck, shoulders, and limbs. This therapy is useful for a number of reasons: The warm water soothes muscles and promotes relaxation; the feeling of weightlessness promotes free movement; and benefits include pain relief, stress reduction and deep relaxation. Watsu also promotes self-reflection, connection and trust.

18. Color Therapy 컬러테라피

Color therapy is a form of energy work based on the theory that light deprivation leads to dysfunction in the body. Since each color has its own frequency and vibration, specific colors are used to treat designated parts of the body. The body, in turn, responds to the vibrational pattern of the color and corrects the dysfunction.

19. Reflexology 발반사요법

This technique is based on a system of points on the hands, feet and ears that correspond, or 'reflex', to other areas of the body. Similar in theory to acupressure, reflexologists believe that applying appropriate pressure to these points stimulates the flow of energy, thus helping to relieve pain or blockages throughout the entire body. A very pleasurable form of bodywork, reflexology is also used to ease stress and promote relaxation.

20. Chair Massage 체어마사지

Chair massage, also known as seated massage, is fast becoming one of the most popular ways in which to practice. Generally, chair massage is administered onsite at various locations, including health fairs, airports, shopping malls and in corporate settings. Clients remain fully clothed and treatments generally last from 15-30 minutes. Chair massage is usually limited to the back, neck and arms.

21. Ayurvedic Massage 아율베다

Ayurveda is a practice that originated in India several thousand years ago. The practice involves balancing the three life energy forces: vata, pitta, and kapha. Vata is the energy of movement; pitta, the energy of digestion; and kapha is the energy of structure. These energy forms are made up of the componenets and combinations of the five great elements: Space, Fire, Water, Air and Earth. Ayurvedic massage incorporates the knowledge of ayurveda and uses warm oils and herbs along the specific energy points to help restore balance to the body. Massage strokes, oils and herbs are selected based on a client's specific needs; hence, each treatment is highly customized. Benefits of ayurvedic massage include vitality, stress reduction, and relaxation. Proponents of ayurveda also report a renewed sense of spiritual connection and inner peace.

22. Aromatherapy

Many essential oils that are derived from plants, herbs, flowers, and roots have beneficial therapeutic qualities. Aromatherapy involves the 'burning' of essential oils to elicit a desired effect; for example, lavendar is known to induce calmness and relaxation. When combined with bodywork, aromatherapy can enrich the massage experience immensely. A few drops of essential oil can be added to massage cream or oil and applied to the skin. Professionally trained aroma therapists also blend oils to treat specific conditions. Only experienced professionals and/or those knowledgably in the properties of aromatherapy should attempt to blend oils or utilize them in practice, as some oil combinations can be toxic, while others can burn the skin.

23. Thalassotherapy 딸라소테라피(해양요법)

This hydrotherapy treatment is often used in day spas and

wellness clinics. It utilizes seawater and sea water products for their minerals and healing properties. Thalassotherapy treatments can involve body wraps, or, more commonly, heated seawater baths. Benefits include relaxation, increased circulation, and treatment of pain and injury.

24. Seaweed Wrap 딸라소 랩핑

A body wrap that follows similar protocol to an herbal wrap of sea water properties, including seaweed. Can also be used in facial masks. Seaweed wraps are thought to help hydrate and eliminate toxins from the skin.

25. Salt Glow 쏠트 글로우

A combination of oil and salts, often salt from the Dead Sea, are applied to the skin to aid in exfoliation.

26. Spa Treatments 스파트리트먼트

This term refers to several types of treatments generally performed in resort and day spas. Some of these include manicures and pedicures, mud wraps, body scrubs, sea salt scrubs, parrafin treatments, hydrotherapy treatments, scalp treatments, facials, and herbal and seaweed body wraps.

27. Hydrotherapy 하이드로테라피

Hydrotherapy involves the use of water in all its forms (internally and externally) to assist in the healing process. These water therapies can include the use of a whirlpool, the application of ice or heat packs, colonic irrigation, steambaths, body wraps and more. Hydrotherapy is commonly practiced in conjunction with other spa treatments.

28. Stone Massage 스톤마사지(테라피)

A massage that utilizes both hot and cold smooth stones usually harvested from natural rivers, springs or volcanos. Stones are used with massage oil, often in conjunction with deep-tissue massage to provide relief from tight or sore muscles. The alternate use of hot and cold stones in a single treatment creates a hydrotherapy effect that also helps to revitalize the body and restore energy.

29. Parrafin 파라핀

Parrafix is a special type of heated wax for the hands and feet, generally used in combination with a manicure or pedicure. Hands and feet are 'dipped' into the wax, then set aside for several minutes while the wax cools and solidifies.

After a time the wax is peeled off resulting in hydrated and moisturized skin.

30. Exfoliation 엑스폴리에이션

A process whereby dead skin cells are sloughed or 'exfoliated' from the surface of the skin, through the use of loofas, scrubs, brushes, or specialized skin care products or techniques.

31. Balneotherapy 발네오테라피(욕조법)

Therapies that use water to help a variety of conditions, including stress reduction, improved circulation and tension relief.

32. Vichy Shower 비쉬샤워

A Vichy shower, named after mineral springs in Vichy, France, is a multi-pressure rain-like shower, often used to rinse off herbal wrap, mud and salt glow treatments on a wet table, while simultaneously helping to improve circulation of the skin.

33. Thai Massage 타이마사지

Practiced in Thailand for over 2,000 years, Thai massage

— also known as yoga massage, Thai yoga massage and ancient massage — works to clear energy blockages and restore balance and harmony to the body. The practice combines typical Westernized massage therapy practices, including myofascial release and trigger point therapy, with light stretching similar to that of yoga. It has even earned the name 'lazy man's yoga'. Like yoga, Thai massage helps to strengthen the body and increase flexibility, while allowing the client to benefit from the relaxation and healing properties of massage. Rather than using a massage table, Thai massage is administered to fully clothed clients on floor mats. Practitioners use their own body weight to position clients into yoga-like forms while instructing clients on proper breathing for maximum results.

34. Shiatsu 시아츄

Shiatsu is a Japanese form of massage therapy similar to acupressure; in fact, the word shiatsu literally means 'finger pressure'. As with acupressure, the concepts of shiatsu hold that it can promote health and facilitate healing by correcting energy imbalances in the body. These imbalances are corrected by applying pressure to specific points along channels in the body known as meridians. While there is no exact date as to when shiatsu originated, the technique is believed to be hundreds, if not thousands, of years old. Shiatsu is usually delivered with the thumbs. However, some practitioners will use their fingers, palms, elbows — and even feet — to achieve the desired effect. Typically, a shiatsu practitioner will apply pressure not just to a few points on the body. The goal here is twofold: to release energy (qi in Chinese, ki in Japanese - pronounced 'chee') in areas where it may be blocked or stagnating, and to bring energy back to areas that are depleted. In addition to applying pressure, shiatsu practitioners may manipulate the soft tissue over and around meridians, and perform passive and active stretching exercises as part of treatment. Scientifically speaking, shiatsu is an excellent form of pain relief. Research has shown that applying extensive pressure initiates the release of endorphins, natural pain-killing substances produced by the body. Shiatsu may also lower the levels of adrenaline and other stress hormones, producing a relaxing effect.

35. Tuina 츄나

Tuina (pronounced 'twee nah') is a form of Asian bodywork that has been used in China for centuries. A combination of massage, acupressure and other forms of body manipulation, tuina works by applying pressure to acupoints, meridians and groups of muscles or nerves to remove blockages that prevent the free flow of qi (pronounced 'chee'). Removing these blockages restores the balance of qi in the body, leading to improved health and vitality. Tuina is best suited for alleviating chronic pain, musculoskeletal conditions and stress-related disorders that affect the digestive and/ or respiratory systems. Among the ailments tuina treats best are neck pain, shoulder pain, back pain, sciatica and tennis elbow. However, because tuina is designed to improve and restore the flow of qi, treatment often ends up causing improvements to the whole body, not just a specific area. There is anecdotal evidence that headaches, constipation, premenstrual symptoms and some emotional problems may also be effectively treated through tuina. Because it tends to be more specific and intense than other types of bodywork, tuina may not necessarily be used to sedate or relax a patient. The type of massage delivered by a tuina practitioner can be quite vigorous; in fact, some people may feel sore after their first session. Some patients may also experience feelings of sleepiness or euphoria. As with all forms of care, there are certain instances in which tuina should not be performed. Patients with osteoporosis or conditions involving fractures, for instance, should not receive tuina. Neither should patients with infectious diseases, skin problems or open wounds.

36. Cupping 커핑

Massage cupping has been used in traditional Chinese medicine practices for several thousand years. Practitioners light an alcohol-soaked cotton ball with a match and insert the lit portion into a bulb-like glass 'cup' in order to create a vacuum. The cup is then placed in a stationary position upon the body or moved using gliding strokes, depending on the client's needs. Massage cupping is ideal for performing deep-tissue massage and helps to drain toxins, loosen adhesions, facilitate blood flow, and stimulate the body.

왜 인문학인가?

이전에 출간한 『에스테틱&스파 뷰티바이블』은 실용서에 목마른 우리 업계의 후배들에게 미약하나마 힘이 되어주고 싶은 나의 작은 노력이었다. 참으로 많은 분들이 뷰티바이블을 통하여 감사하게도 나와 '희망'을 소통했다. 그리고 최근 몇 년간 나의 특강 주제는 전문기술보다는 마케팅, 세일즈, 경영에 관한 내용이었다. 내가 마케팅이나 경영학을 전공한 사람도 아닌데 이런 요구가 있다는 것은 더 이상 뷰티가 기술로만 승부하는 비즈니스가 아니라는 반증일 것이라 생각한다. 나는 마케팅, 세일즈, 상담심리, 경영관리, CS, 이 모든 분야에 인문학을 접목하여 뷰티션들에게 사람 향기가 나는 매력적인 브랜딩을 해주고 싶다.

스파, 웰빙, 뷰티 비즈니스는 미래의 핵심 산업이다.

세상이 아무리 변하고 발전한다 해도 사람이 중심이 되어 사람을 아름답게 하는 뷰티 비즈니스는 기계나 로봇이 대신할 수 없는 일이기 때문이다. 또한 그 중심에 있는 뷰티션이 '소통'과 '관계'의 진정한 가치를 모른다면 결코 성공할 수 없는 'touch'의 산업이기에 뷰티 비즈니스는 더더욱 인문학적 가치가 있다고 믿는다.

사람의 마음을 움직여야하는 세일즈와 마케팅은 마치 무거운 바위 덩이를 짊어지고 산을 오르다가 다시 굴러 떨어지는 일을 반복하는 것과 같다. 그만큼 힘들고 지치는 일이다. 그래서 나는 오늘도 우리 모두가 '긍정의 힘'을 믿으며 '회복탄력성'을 발휘해 멋진 산행을 준비하기 바란다.

이 책의 출간과 함께 앞으로 나의 10년은 내가 20여 년간 공부하고 경험하고 깨달은 모든 것을 이 땅의 멋진 뷰티션들과 나누고 소통하는 시간이 될 것이다. 뷰티바이블 출간 때부터 지금까지 부동의 신뢰로 아낌없는 지원을 해주신 고려원북스 설웅도 전무님과 임직원분들께 진심으로 사랑과 감사의 마음을 전한다.